아동상담과 치료

문혁준 · 김정민 · 김태은 · 양성은 · 이진숙 · 이희선

창지사

머리말

현대사회에 들어와 과학이 발달할수록 사람들은 불안과 초조를 점점 더 경험하게 되며, 다양한 심리적인 문제가 전 생애, 전 분야에 걸쳐 나타나고 있다. 특히 빠르게 변화하는 사회에서 아동들은 오히려 신체적, 정신적으로 상처를 받게 되는데 자기표현이 서툰 아동일수록 그 부정적 영향은 커지게 된다. 영유아기를 포함한 아동기는 자아존중감을 키워나가고 긍정적인 자아개념을 형성하며 정상적인 사회인으로서 살아가기 위한 사회적 기술을 익혀가는 중요한 시기이다.

이 시기에 형성된 아동 문제는 발달과업 성취에 문제를 일으켜 이후 청소년기와 성인기의 사회적 적응이나 성격발달에 부정적인 영향을 주게 되며 정신건강에도 악영향을 끼치게 된다. 최근에는 이러한 문제들을 조기에 적절한 상담을 통해 치료해야 한다는 사회적 요구와 관심이 커지고 있다. 아동상담 및 치료는 '상담소에서만 행하는 것이 아니고, 아동을 위한 보편적인 지원활동까지 포함하게 되었다.

'아동상담 및 치료'는 아동의 성격, 행동, 지능, 신체 등 여러 가지 문제와 가정, 학교, 지역사회 등 환경상의 문제로부터 일어나는 아동의 문제에 관해서 아동 본인 또는 보호자, 학교 등으로부터 상담을 받아, 그에 대해 전문적인 방법으로 원조활동을 하여 아동이 심신 모두 건전하게 성장하고, 아동이 가진 능력을 최대한 발휘할 수 있도록 원조해 가는 여러 활동이라 할 수 있다.

즉, 일반적으로 아동상담 및 치료라고 말하는 경우에 그의 대상, 영역은 폭넓으며 아동의 생활전반에 걸친 활동이라 할 수 있다. 본서는 아동상담의 개념, 관련 이론에 대한 개관, 진단평가 및 상담계획을 포함한 아동상담의 실제 과정, 그리고 아동상담과 관련된 다양한 실제 프로그램을 다룸으로써 아동상담 및 치료에 대한 기초를 제공하고자 하였다. 이를 통해 상담 및 치료에 대한 학문 영역을 전반적으로 이해하는 것뿐만이 아니라, 아동상담 및 치료자로서의 이론과 자질을 함양함으로써 현대사회의 많은 문제들을 예방하고 해결하는 데 도움을 줄 수 있도록 목표를 두었다.

또한 대학에서 아동학, 유아교육학, 보육학, 아동복지학, 심리학, 사회복지학을 전공하는 학부생이 교재로 사용할 뿐만 아니라 아동상담 및 치료에 대한 기본 과정을 이해하고자 하는 일반인에게 유용한 지침서로 사용할 수 있도록 목차를 계획하였다. 아동상담 및 치료 교과목에서 다루어야 할 내용은 많지만 한 학기 강의계획에 맞춰 12장으로 구성하였으며, 가톨릭대학교 문혁준 교수, 명지대학교 김정민 교수, 한양사이버대학교 김태은 교수, 인하대학교 양성은 교수, 전북대학교 이진숙 교수, 가천대학교 이희선 교수가 저자로 참여하였다. 넘치는 의욕과 열정으로 시작하였으나 집필 후의 소감은 항상 아쉬움이 남는다.

앞으로 부족한 부분을 보완해 나갈 것을 약속드리며, 기탄없는 비판과 충고를 부탁드린다.

끝으로 출판을 맡아 수고해 주신 창지사의 노고에 진심으로 감사드린다.

2021년 3월

저자 일동

목차

제1부
아동상담의 기초

제2부

아동상담의 이론적 모델

제3부
아동상담 과정과 평가

제4부

아동상담의 실제

제1부

아동상담의 기초

제1부는 아동상담의 기초적인 이해를 위한 내용으로 1장으로 구성하였다. 가족과 사회환경의 변화에 따라 아동의 문제가 다양화되고 있으며 아동상담의 필요성도 증가하고 있다. 아동은 발달과정 중에 있기 때문에 아동상담자는 아동의 발달적 특성 및 아동문제에 대한 깊은 이해가 요구된다. 특히 아동은 성인보다 상담자의 영향에 더 민감하여 상담자의 자질이 상담효과에 큰 영향을 미칠 수 있다.

제1장에서는 가족과 사회환경의 변화에 따른 아동상담의 필요성과 의의, 아동의 발달적 특성, 아동상담의 정의와 문제의 범위, 아동상담자의 자질과 역할에 대해 살펴볼 것이다.

제 1 장

아동상담의 개요

아동상담자는 가정과 학교, 사회환경 등 환경적 맥락 내에서 아동의 발달적 특성에 기초하여 아동의 문제를 다룰 수 있어야 한다. 특히 아동상담자의 자질은 상담효과에 영향을 미치는 핵심적 요인이다. 이에 본 장에서는 사회환경의 변화에 따른 아동상담의 필요성과 아동의 발달적 특성에 대해 살펴볼 것이다. 또한 아동상담에서 다루어지는 문제의 범위와 정의 그리고 아동상담자의 자질과 역할에 대해서 알아볼 것이다.

1. 아동상담의 이해

1) 아동상담의 필요성 및 의의

(1) 아동상담의 배경 및 필요성

아동기는 안정된 가정환경에서 양육자의 충분한 돌봄과 보호를 받으면서 신체적·인지적·정서적·사회적으로 성장·발달해 가야 할 시기이다. 성인 세계에서 요구되는 책임이나 성취와 경쟁 등 외부적 압력이 아니라, 자신의 연령에 적합한 발달과업을 수행하면서 아동 고유의 능력을 발달시키도록 기대된다. 그러나 현대사회에서 많은 아동들은 다양한 사회적 압력과 스트레스로부터 자유롭지 못한 상황이다. 오히려 가족구조 및 사회환경의 변화와 경쟁적인 교육구조 속에서 부모나 어른들이 생각하는 것 이상의 압력과 부정적 영향을 받을 수 있다. 아동의 삶에 영향을 미치는 가족 및 학교, 사회환경의 변화를 간략히 살펴보면 다음과 같다.

① 가족구조의 변화에 따른 아동문제의 다양화이다. 오늘날의 가족은 맞벌이 가족, 한부모가족, 재혼가족, 조손가족, 다문화가족 등으로 가족구조가 다양해짐에 따라 아동이 경험하는 어려움도 다양해지고 있다. 부모의 이혼은 아동의 삶과 유대관계에 깊은 영향을 미친다. 이혼이 아동의 발달에 미치는 영향은 연령에 따라 상이하게 나타날 수 있다. 예컨대, 6~8세 아동들은 종종 부모의 이혼이 자신의 잘못이라고 생각하거나 가족의 재결합에 대해서 비현실적인 희망을 갖게 된다. 9~12세 아동들은 분노감을 느끼고 부모를 비난하거나 혹은 불안으로 인한 신체적 증상이나 문제행동을 경험할 가능성이 높다(Wallerstein & Kelly, 1996). 한부모가족의 부/모들은 과중한 역할부담과 경제적·심리적 어려움을 겪을 가능성이 높고, 자녀들은 자신이 혼자 남겨질까봐 두려워하거나 과도한 책임감을 느낄 수 있다. 경제 불황과 가장의 실직 등으로 인한 가족의 빈곤문제 역시 아동에게 심각한 스트레스원으로 작용한다. 빈곤가정의 경우 부모의 자녀양육의 질이 떨어질 수 있으며, 이는 아동의 낮은 학업성취와 문제행동을 높일 수 있다.

② 아동의 양육환경의 변화이다. 어린이집이나 유치원 등 기관양육의 비율이 증가하면서 어린 시기에 안정적인 양육경험을 제공받지 못하는 아동이 증가하고 있다. 영아기의 긴 기관 이용시간은 발달적 위기를 초래할 수도 있으며(Belsky, 1988) 어린이집을 이용하는 영유아의 스트레스 수준이 오전에 비해 오후에 높다는 연구결과(Watamura, Donzella, Alwin & Gunnar, 2003)는 장시간의 기관양육에 따른 영유아기 정신건강의 위험성을 시사한다. 또한 방과 후에 적절한 돌봄을 받지 못하거나 사교육 기관을 전전하는 아동의 수가 급증하면서 아동의 정서적 불안정성과 스트레스가 증가하고 있다.

③ 아동기 성장환경의 변화이다. 최근 우리 사회의 급격한 출생률 감소는 형제자매의 감소와 외동아의 증가를 가져오고 있다. 외동아의 경우 자녀에 대한

부모의 과잉 기대를 가져올 수 있고, 형제아에 비해 가정 내에서 협동과 갈등, 경쟁, 방어 등 사회적 기술을 습득할 수 있는 상호작용의 기회가 제한적일 수 있다. 외동아가 형제아에 비해 비사회적이고 행동문제가 높다는 연구와 사회성 발달에 문제가 없다는 연구 등 상반된 주장이 제기되고 있으나(이순형·민하영·권혜진·정윤주·한유진·최윤경·권기남, 2012) 분명한 것은 이처럼 적은 수의 형제자매나 외동이로 성장하는 아동기의 성장환경이 아동의 심리사회적 발달에 영향을 미칠 수 있다는 것이다.

④ 아동의 놀이공간 및 놀이문화의 변화로 컴퓨터와 인터넷, 스마트폰 등에 대한 의존성이 증가하면서 아동기 정신건강에 대한 우려가 높아지고 있다. 2012년 인터넷중독 실태조사 결과에 따르면 전국 만 5~9세 이하 아동의 인터넷 중독률(7.3%)이 성인의 중독률(6%)보다 높게 나타났다(미래창조과학부·한국정보화진흥원, 2013). 또한 스마트폰 이용의 급증 및 최초 이용 연령이 하향화되면서, 영유아 스마트폰 이용률이 53.1%로 조사되었다. 소아정신과 등 치료기관에서 스마트폰 중독 관련 치료를 받고 있는 유아들의 행동특성을 살펴본 결과, 감정표현이 미숙하고 또래관계가 원만하지 못하며 의사소통의 어려움, 공격성이나 분노 발작 등의 특성을 보이는 것으로 나타났다(이정림·도남희·오유정, 2014). 인터넷이나 스마트폰 등 매체 관련 연구들은 매체의 과몰입/중독수준이 높을수록 아동의 분노 폭발이나 우울·불안, 충동성·공격성 등 정신건강 문제의 증가 경향을 보여준다. 폭력적인 게임이나 가상현실에의 지나친 몰입은 비현실적 사고와 행동을 높이고 심리적·사회적 발달에 부정적인 영향을 미치고 있다.

⑤ 경쟁적인 학교문화와 학업성취의 중시 등 교육환경의 문제이다. 특히 한두 자녀에 대한 부모들의 높은 기대수준이 경쟁 위주의 사회적 분위기와 맞물려 자녀들을 과잉 사교육·학습으로 내몰면서 아동의 스트레스가 높아지고 있으며(장미경·이상의·장민정·손금옥·조은혜·조은혜 외, 2013) 이에 학교 부적응과 문제행동 등 상담을 요하는 아동의 비율이 높아지고 있다.

⑥ 또래 괴롭힘과 폭력 등 학교환경의 문제이다. 아동은 학교에서 또래친구와의 수평적 상호작용을 통해 사회성과 자아존중감, 우정을 발달시킨다. 또래집단의 인정과 승인은 아동의 자존감과 가치관 형성에 영향을 미치는 주요 요인이라 할 수 있다. 또래집단에서의 거부와 소외시키기, 소문내기 등 또래 괴롭힘과 학교폭력의 문제가 끊임없이 지속되고 있는데, 이러한 부정적인 학교문화는 아동의 삶에 영향을 미치는 심각한 문제로 부각되고 있다.

위에서 살펴보았듯이 가족 및 학교, 사회환경의 변화는 아동에게 다양한 종류의 압력과 긴장, 스트레스를 증가시키고 있으며 이에 심리·정서적 혼란과 불안, 부적응을 경험하는 아동을 위한 아동상담의 필요성이 증가하고 있다.

(2) 아동상담의 의의

아동상담은 기본적인 아동의 권리, 예방적 관점, 사회 전체의 복지 차원에서 그 의의를 찾을 수 있다.

① 아동의 기본적 권리

아동상담은 아동의 특성에 대한 이해 및 건강한 삶의 보장이라는 아동의 권리 차원에 대한 인식에 근거해야 한다. 오늘날 세계의 대다수 국가들은 아동에 대한 특별한 보호와 도움에 주의를 기울이고 있으며 이러한 신념은 '유엔 아동권리협약'에 잘 반영되어 있다(유니세프, 1990). 아동이 건강하게 성장하기 위해서 아동은 독립적 인격체로서 존중되어야 하며, 부모·보호자의 돌봄과 사랑, 따뜻하고 지지적이며 안정된 가정환경이 필요하다. 부적절한 양육환경, 빈곤, 학대와 방임 등은 아동의 생존과 성장·발달을 제한하는 요인들이다. 아동상담은 아동의 생존권, 보호권, 발달권, 참여권 등 기본적 권리를 보장하는 관점에서 제공될 필요가 있다.

② 예방과 조기개입

유·아동기는 신체, 인지언어, 사회정서 발달 등 발달의 제반 측면에서 변화과정에 있기 때문에 발달과정에서 갈등이나 긴장, 어려움이 수반될 수 있다. 또한 초기 발달과정에서 양육자로부터 충분한 양육경험을 받지 못하거나 학대와 방임 등 부정적 경험에 노출될 경우, 이후 발달과정에서 정서적 혼란이나 부적응, 비행 등 문제가 심각해질 수 있다. 그러나 아동기는 그 어느 시기보다 교정효과가 높고, 발달적·환경적으로 취약한 아동일지라도 보호요인과의 상호작용에 따라 달라질 수 있기 때문에(정문자·제경숙·이혜란·신숙재·박진아, 2011) 아동문제를 조기에 발견하여 적절한 도움을 제공한다면 문제가 심각해지는 것을 예방할 수 있다. 따라서 아동문제에 대한 예방적 관점의 조기 개입과 중재의 필요성이 더욱 설득력을 얻고 있다.

③ 가족과 사회 전체의 복지

아동상담은 아동의 건강한 성장·발달뿐만 아니라 가족과 사회 전체의 복지에 중요하다. 최근 아동·청소년의 집단따돌림과 학교폭력, 약물남용, 중독, 가출, 자살 등의 출현 빈도와 강도의 증가, 아동문제의 연령 하향화 문제 등은 아동기 문제에 대한 국가 차원의 개입과 중재의 필요성을 역설하고 있다. 아동기 문제행동이나 부적응에 대한 조기 중재가 이루어지지 않을 경우 이는 아동과 가족의 고통뿐만 아니라 향후 사회적으로도 엄청난 비용을 초래할 것이다. 따라서 아동상담은 아동의 어려움에 대한 조기 중재와 개입을 통해 아동의 건강한 성장·발달을 돕고 나아가 우리 사회의 건강성을 유지·발전시키는 데 기여한다고 볼 수 있다.

2) 아동발달과 상담

아동의 정신건강을 이해하는 중요한 측면은 발달이 정상적인 발달적 이정표에 따라 성공적으로 이행하는지 여부이다. 아동상담자들은 아동의 정신건강을 이해하고 상담과정을 원활히 하기 위해 아동의 발달에 관한 충분한 지식을 가져야 한다. 다음에서는 아동상담에서 고려해야 할 아동의 신체·인지, 심리사회적 발달의 주요 측면에 대해 간략히 살펴본다(Henderson & Thompson, 2011).

(1) 신체발달

아동의 세계를 이해하는 데 있어서 뇌발달과 신체발달에 대한 지식은 유용하게 사용된다. 최근 뇌발달에 대한 지식의 증가는 아동의 행동을 이해하는 데 많은 영향을 주고 있다. 대뇌는 좌뇌와 우뇌로 구분되고 좌뇌는 언어와 논리적 사고, 우뇌는 시각과 동작기능을 담당한다. 뇌는 시각, 언어, 감각과 공간, 눈과 손의 협응, 말하기와 추론 등 특정 기능을 담당하는 각각의 영역으로 구분된다. 대뇌 피질은 사고와 정신과정을 담당하는 영역이다. 뇌는 뉴런으로 구성되며 처음에는 필요한 것보다 많은 수의 뉴런과 시냅시스를 만들지만 일부 사용되지 않는 것들은 제거된다. 불필요한 시냅시스의 제거는 청소년기까지 계속되며 이를 통해 더욱 효율적인 신경계가 형성된다. 아동기 초기에는 뇌반구 간의 정보전달이 좀 더 신속해지고, 아동기 중기(6~13세)에는 뇌의 연결이 더욱 효율화되고 뇌 영역의 전문화가 이루어지면서 아동의 성숙과 학습능력이 증가된다.

10대에는 급격한 뇌발달의 변화가 이루어지는데, 이는 청소년의 정서·판단·통제력에 영향을 주기 때문에 매우 중요하다. 예컨대 '모험의 감수'는 사회정서적 자극에 민감한 '사회정서적 네트워크'와 자극에 대한 반응을 조절하는 '인지-통제적 네트워크'의 상호작용의 산물이다. 사춘기에 사회정서적 네트워크는 더욱 활발해지는 반면, 인지-통제적 네트워크는 성인기 초반까지 점진적으로 발달한다. 이러한 뇌발달의 특성은 10대의 정서적 분출과 위험행동을 이해하는 데 유용한 정보를 제공한다(Steinberg, 2007). 따라서 상담자는 뇌발달에 대한 지식과 그 의미에 대한 많은 정보들을 알아야 한다.

한편 신체발달, 특히 사춘기의 급성장이나 조기성숙과 같은 특성을 고려할 필요가 있다. 예컨대 신체적 성숙이 또래보다 빠르거나 느리게 이루어지는 것은 아동의 적응에 영향을 준다. 성적인 성숙이나 사회적 압력에 대한 준비가 부족한 상태에서 여아의 조기성숙은 불안과 우울을 유발할 수 있다. 반면 소년의 경우 또래에 비해 이른 성숙은 사회적 발달에 긍정적인 영향을 주고 성숙이 늦을 경우에는 또래 괴롭힘이나 조롱의 대상이 될 수 있다. 따라서 아동의 세계를 이해함에 있어서 아동의 신체발달 양상을 중요하게 고려해야 한다.

(2) 인지발달

Piaget에 의하면, 아동의 사고과정은 감각운동기(0~2세), 전조작기(2~7세), 구체적 조작기(7~11세), 형식적 조작기(11세 이상)의 4단계에 걸쳐 발달된다. 효과적인 상담을 위해서 상담자는 아동의 인지발달 단계의 특성에 대해 알고, 아동의 인지능력에 맞추어 상담이 이루어져야 한다. 전조작기의 유아는 자아중심적인 사고 특성으로 타인의 입장을 이해하거나 상대방의 역할을 수행하는 데 한계가 있다. 전조작기 유아들은 오로지 자신의 생각이 유일하게 가능한 생각이며 옳다고 믿기 때문에 자신의 생각에 반대되는 증거를 보더라도 그 증거가 잘못된 것이라고 생각한다. Wadsworth(2003)는 아동이 6~7세가 지나서야 자신의 생각이 또래와 갈등을 일으킬 때 타인의 생각을 수용하기 시작하고 자아중심적 사고에서 벗어나기 시작한다고 보았다. 즉, 또래와의 사회적 상호작용은 전조작기 아동의 인지적 자기중심성을 해결할 수 있게 하는 중요한 요인이다.

청소년기는 형식적 조작기에 해당된다. 논리적·이성적·추상적 사고가 가능해지며, 문제의 원인을 찾고 문제해결을 위해 다양한 사실과 아이디어를 결합할 수 있다. Elkind(1994)는 청소년기의 자아중심적인 사고 특성으로 의사소통의 과정이 어려워질 수 있다고 하였다. 청소년기 사고의 한 특징인 '상상의 청중'은 자신이 항상 모든 사람의 관심의 중심에 있다는 믿음에서 파생된 자의식으로, 대중의 비판은 10대들에게 파괴적인 결과를 가져올 수 있다. 청소년의 '개인적 우화'는 자신에 대한 과장된 기대와 위험을 행동을 가져온다. 따라서 상담자는 아동·청소년이 갖는 인지적 사고 특성을 고려하여 작업할 필요가 있다.

한편 Selman(1980)이 제시한 우정과 조망수용 능력의 발달, 인지발달에 대한 사회문화적 시각을 제안한 Vygotsky(1978)이론, 기억과 인출에 대한 전략 습득에 도움을 제공하는 정보처리이론 등에 대한 이해 역시 아동과의 작업에 유용하게 적용할 수 있다.

(3) 심리사회적 발달

Erikson(1968)은 출생에서 성인에 이르기까지 심리사회적 발달단계를 8단계로 구분하고 각 단계에 따른 발달과업을 제시하였다: 신뢰 대 불신(0~1세 반), 자율성 대 수치심(1세 반~3세), 주도성 대 죄책감(3~6세), 근면성 대 열등감(6~12세), 정체성 대 혼란(12~18세), 이후 성인단계(6~8단계). 아동상담자는 각 단계에서 기대되는 발달과업을 이해하고 그에 따른 적절한 개입을 제공해야 한다.

Bowlby의 애착이론은 모-자녀 간의 초기 애착패턴이 이후 관계의 기초가 된다는 점에서 아동의 사회적 발달과 관계능력을 이해하는 중요한 시각을 제공한다. 유아는 양육자와의 경험을 통해 애착대상의 유용성에 대한 일련의 기대를 형성하며, 이러한 기대가 아동기로부터 성인에 이르기까지 친밀한 관계를 이끌게 된다. Bowlby(1988)는 상담자는 내담자에게 신뢰를 제공하는 애착대상이 되며, 그러한 관계는 내담자가 자기 자신 혹은 타인과의 관계를 탐색하는 데 필요한 안전기지(secure base)가 될 수 있다고 보았다.

한편 아동은 성인과의 관계뿐만 아니라 형제관계, 또래와의 관계를 발달시켜야 한다. 아동은 성장하면서 사회적 기술을 발달시키고 자신에 대한 긍정적 자아개념을 형성할 수 있어야 한다. 사회적 기술이 부족한 아동은 위축되고 또래집단으로부터 거부되기 쉬우며(Dodge & Feldman, 1990) 자기 자신에 대한 긍정적인 가치감을 발달시키는 데 어려움이 있을 수 있다. 아동의 심리사회적 발달특성에 대한 깊이 있는 이해가 아동과 소통하는 상담자의 역량을 증진시킬 것이다.

2. 아동상담의 정의와 문제 영역

1) 아동상담의 정의와 특성

(1) 아동상담의 정의

상담에 대한 정의는 한마디로 명확하게 설명하기가 용이하지 않으나 일반적으로 어려움을 겪는 개인이 상담전문가의 도움을 통해서 자신의 문제를 해결하거나 새로운 대처전략을 습득하는 과정으로 이해하고 있다. 국내외적으로 상담에 대한 정의가 다양하게 이루어져 왔는데 먼저 국내 학자들의 정의를 보면, 이장호(2005)는 상담이란 "도움이 필요한 사람이 전문적 훈련을 받은 사람과의 대면관계에서, 자기의 생활과정상의 문제를 해결하고 사고·감정·행동 측면의 인간적 성장을 위해 노력하는 과정"이라고 정의하였다. 홍경자(2001)는 상담을 "내담자가 상담자와의 관계에서 촉진적인 의사소통을 통하여 내담자가 개인적인 문제에 대한 자기이해와 자기지도력을 터득하도록 도와주는 과정"으로, 현재의 문제해결과 미래의 삶의 문제에 대한 조망 및 해결능력을 갖게 되어 자기효능감을 느끼도록 인도하는 일련의 학습과정으로 보았다. 또한 "상담자와 내담자가 면 대 면의 전문적인 관계를 맺음으로써 내담자가 문제를 해결하거나 환경에 유능하게 대처할 수 있는 새로운 행동을 익히는 체계적인 활동"(이동렬·박성희, 2003), "도움을 필요로 하는 사람과 도움을 줄 수 있는 사람 사이의 개별적 관계를 통해서 내담자의 문제해결과 성장발달을 위한 새로운 학습이 이루어지는 과정"(김춘경, 2012)으로 정의하고 있다.

한편 국외의 경우 상담이란 "한 개인이 자신의 개인적 성장을 방해하는 장애물을 만나더라도 그 어려움을 극복하고, 자신의 자원을 활용하여 최적의 발달을 이루도록 돕는 과정"(APA, 1956), 혹은 "인지적·정의적·행동적·체계적 개입전략을 활용하여 병리적인 문제뿐만 아니라 한 개인의 복지와 개인적 성장·발달을 돕기 위해 정신건강·심리학적·발달적 원리를 적용하는 것"(ACA) 등으로 정의하였다. Atkinson(2002)은 상담을 통해 개인은 의사결정방식을 배우고 새로운 행동, 감정, 사고방식을 습득하며 특히 상담자는 내담자의 건강한 성격, 개인적 강점과 자원, 긍정적인 정신건강에 초점을 두어야 한다고 하였다. Handerson과 Thompson(2011)은 "상담이란 두 사람 간의 관계에 기초하여 문제해결을 위해 상담자가 내담자를 돕는 과정으로, 한 개인이 자신을 돕는 방법을 배우는 과정"이라고 하였다. 여기서 상담자와 내담자라는 용어는 도움을 주는 사람과 도움을 받는 사람(아동, 청소년, 성인, 개인)으로 대체할 수 있다.

이러한 정의들을 종합하면, 상담이란 "도움을 필요로 하는 자(내담자)와 도움을 제공하는 자(상담자)의 관계에 기초하여 내담자의 문제해결 및 변화와 성장을 목적으로 하는 조력과정"임을 알 수 있다. 아동상담은 본질적으로 성인상담과 동일하나 아동을 대상으로 한다는 점에서 차이가 있다. 아동복지법상 아동은 18세 미만을 의미하고 발달적으로는 영유아, 아동, 청소년기가 포함되나 본서에서는 유아와 학령기 아동을 주요 대상으로 본다. 위에 논의된 정의에 기초하여 아동상담이란 "도움이 필요한 내담자(아동)와 전문적 훈련을 받은 상담자와의 관계에 기초하여 아동이 지닌 어려움을 효율적으로 해결할 수 있도록 돕고 아동이 건강한 성장·발달을 이루도록 지원하는 전문적인 활동"으로 본다.

(2) 아동상담의 특성

아동상담은 내담 아동의 문제해결을 돕고 대처능력을 길러 건강한 성장·발달을 돕는 과정이라는 점에서 성인상담과 동일하나 아동을 대상으로 한다는 점에서 몇 가지 차이가 있다. 즉, 아동상담은 성인상담과 달리 이론과 기법의 적용 면에서 아동의 발달적 측면에 대한 고려가 필요하며, 좀 더 효과적인 소통기법을 활용하는 것이 좋다. 또한 부모에 대한 아동의 의존성 등 다양한 측면을 고려할 필요가 있다. 아동상담을 효과적으로 진행하기 위해서 상담자가 고려해야 할 특성을 살펴보면 다음과 같다(김순혜, 2010; 김춘경, 2012; 이숙·정미자·최진아·유우영·김미란, 2004; 최영희·김영희·심희옥·심미경, 2009).

① 아동 문제는 성인에 비해 변화가능성이 높다

아동은 성장·발달하는 과정에 있기 때문에 그 특성이 고정되지 않고 변화가능성이 높다. 따라서 아동기의 문제를 다룰 때는 '장애'보다는 '성향' 또는 '어려움'에 초점을 두고 현재의 상태를 기초로 앞으로의 성장 정도를 판단하고 장애로 발전하는 것을 예방한다는 입장에서 접근하는 것이 바람직하다. 아동은 발달과정 속에 있기 때문에 특정 증상을 장애로 진단하거나 규정하는 데 더욱 신중해야 한다. 한편 아동은 변화가능성이 매우 높다는 점 때문에 아동상담은 성인상담에 비해 그 효과가 빨리 나타나고 오래 지속할 수 있다.

② 아동의 발달특성을 고려한 개입방법이나 기법을 활용해야 한다

상담의 이론과 방법을 적용할 때 아동과 성인의 적용방법에 차이가 있으므로 아동상담의 경우에는 아동의 발달수준에 맞게 상담기법들을 변형할 필요가 있다. 특히 어린 아동일수록 논리적 사고에 한계가 있으며 정서와 행동을 언어화하는 데 어려움이 있으므로 아동의 발달특성을 고려한 상담기법과 매체를 도입해야 한다. 아동상담 현장에서는 일반적으로 아동에게 자연스러운 소통의 매체인 놀이, 미술, 모래놀이, 게임, 음악 등을 활용하고 있다. 이러한 치료적 매체들은 아동과의 치료적 관계를 촉진하고, 아동이 내적 감정을 안전하게 표현하며 스스로 자신의 문제를 해결해 갈 수 있도록 돕는다.

놀이치료

모래놀이치료

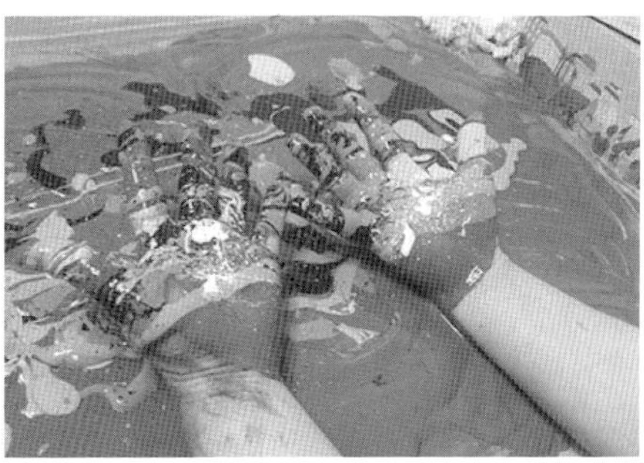

미술치료

음악치료

[사진 1-1] **아동상담에 적용하는 치료적 기법**

③ 아동의 상담동기에 대한 고려가 필요하다

상담실에 오는 대다수의 아동들은 스스로 내원하기보다는 부모나 교사, 사회복지사 등 성인의 의뢰를 받아서 오게 된다. 이와 같은 상황에서 아동은 스스로 자신의 문제가 무엇인지 모를 수도 있고, 원치 않는 변화를 강요당한다고 느껴 상담에 저항하거나 수동적인 태도를 취할 수 있다. 따라서 아동상담자는 아동의 자발적 협조가 이루어지지 않을 수도 있음을 이해하고, 상담 초기에 문제에 대한 아동의 인식과 상담동기를 파악하고 아동과의 치료적 관계 형성에 중점을 두어야 한다.

④ 부모나 가족, 이웃 등 환경맥락에 대한 고려가 필요하다

아동은 부모나 가족, 이웃 등 주위환경의 영향을 많이 받기 때문에 아동 자신의 변화 못지않게 환경맥락에 대한 고려가 필요하다. 특히 부모와의 관계 변화가 중요하며 부모상담과 교육을 병행하는 것을 적극 권장한다. 즉, 문제의 원인이 부모의 잘못된 양육방식이나 태도, 부부갈등이나 부모의 성격문제 등 불안정한 가정환경에 있을 경우 부모상담 및 교육을 통해서 그러한 문제를 다룰 수 있어야 한다. 놀이치료에 대한 메타분석 결과(Ray, Bratton, Rhine, & Jones, 2001) 연구자들은 부모의 관여와 35~45회기의 치료지속성이 효과적인 놀이치료의 공통 요소임을 밝혔다. 부모의 개입이 있을 때 상담 효과가 높았다는 점은 아동상담에 있어서 부모역할의 중요성을 시사한다. 한편 빈곤한 가정·이웃환경은 아동에게 심한 스트레스원이 될 수 있는데, 이러한 구조적 문제가 원인일 경우에는 생태학적 맥락에서 아동에게 도움을 제공할 수 있는 환경적 자원을 고려해야 한다.

2) 아동상담의 범위와 문제 영역

(1) 아동상담의 범위

상담에서 다루는 문제의 범위와 관련하여 학자들은 생활지도, 상담, 심리치료 등의 용어를 사용하고 있다. 이장호(2005)는 생활지도는 주로 교육장면에서 정상적인 대다수 학생을 대상으로 하는 교도활동으로 본 반면, 상담은 문제를 가진 소수의 사람들의 생활과제 해결과 적응을 돕는 활동으로 정의하였다. 반면 심리치료는 신경증이나 정신장애와 같은 좀 더 심각한 문제를 다루는 활동으로 구분하였다.

특히 상담과 심리치료의 차이에 주목한 학자들은 성장과 예방 차원에서 양자를 구분하고 있다. 즉, 상담은 인간의 병리적 측면보다는 건설적이고 건강한 면을 강조하며 관계형성과 의사소통을 통해 내담자의 힘을 북돋는 데 초점을 두는 반면, 심리치료는 인간의 심리적 문제들을 의학 모형에 근거해 다루며 질병의 심층적 원인 제거에 초점을 두는 경향이 있다(홍경자, 2001). Nystul(2003)은 상담과 심리치료의 주된 차이를 상담은 의식에 초점을 두는 반면, 심리치료는 무의식적 과정에 중점을 두는 것으로 보았다. 다음 〈표 1-1〉은 대상, 문제영역, 치료 초점, 접근법 등 다양한 점에서 상담과 심리치료의 차이를 보여준다.

〈표 1-1〉 **상담과 심리치료의 비교**

	상담(counseling)	심리치료(psychotherapy)
대상	내담자(clients)	환자(patients)
증상	덜 심각한 문제	심각한 장애
문제 영역	개인, 사회, 직업, 교육 등 전반적인 의사결정 문제	성격문제, 정신장애
관심사	교육적·발달적 관심	치료적 관심
장소	교육적·발달적 장면 (eg. 학교, 지역사회기관 등)	임상적·의학적 장면 (eg. 병원, 심리치료센터 등)
관심의 초점	의식	무의식
접근법	교육적 방법	치유적 방법

출처: Henderson, & Thompson(2011). p. 16 재구성.

이렇게 볼 때 아동상담은 아동의 부적응이나 문제행동에 대한 예방과 발달적 관점을 강조하는 반면, 아동심리치료는 좀 더 심각한 문제나 장애에 대한 치료적 성격을 지닌 접근으로 볼 수 있다. 그러나 상담과 심리치료는 모두 유사한 목적과 기법을 가지고 있으며, 건강한 개인일지라도 좀 더 건강한 자아발달과 성숙을 위해 심리치료를 받을 수 있으므로 양자를 엄밀히 구분하는 것은 용이하지 않다. 따라서 상담과 치료 영역은 그 영역의 구분이 명확하지 않으며 일련의 연속선상에서 중복된 개념으로 보는 것이 일반적인 견해이다.

따라서 아동상담에서 다루는 문제의 범위는 교육적·발달적 장면에서의 아동의 부적응이나 문제행동으로부터 임상적 장면에서 다루어지는 심각한 문제나 장애에 이르기까지 넓은 범위에 걸쳐 있다고 볼 수 있다. 아동상담의 범위는 아동상담자(치료자)가 다룰 수 있는 자신의 전문성의 영역을 어떻게 한정하느냐에 따라서 달라질 수 있으며, 이와 함께 상담자의 역량에 따라 자신이 다룰 수 있는 범위 내에서 문제를 다루는 윤리적 책임이 요구된다.

상담이 필요한 아동문제의 예*

- 전반적인 발달지연, 지적장애, 말더듬, 언어발달지연 등
- 의산만, 충동성, 반항 및 공격성 등 행동문제
- 틱, 야뇨증, 유분증 등
- 분리불안, 등교거부, 학교생활 부적응 적응상의 문제
- 또래관계, 형제관계, 부모-자녀관계 등 관계문제
- 우울, 불안, 위축 등 심리적 어려움
- 학대 및 방임, 부모의 이혼 및 사망 등의 외상 경험
- 학습문제, 컴퓨터 과몰입 등

*사설 아동상담소에 주로 의뢰되는 아동문제의 예(최명선, 2011 참조).

(2) 문제 영역

위에서 살펴보았듯이 아동상담에서 다루어지는 문제의 범위는 정상적인 발달과정에서의 부적응이나 문제행동으로부터 임상적 장애에 이르기까지의 연속선상에서 살펴볼 수 있다.

먼저 일반적으로 교육적·발달적 장면에서 발생되는 주요 문제의 범위들을 살펴

보면 다음과 같다. Keat(1990)는 Lazarus의 상담 개입모델을 아동상담에 적용하여 HELPING 모델을 개발하고 아동의 문제를 다음과 같은 7가지 유형으로 분류하였다(심미경·김영희·심희옥, 2009 재인용). ① 건강문제(Health), ② 불안·분노와 같은 정서문제(Emotion), ③ 학습문제(Learning), ④ 또래관계 등 대인관계문제(Personal relationship), ⑤ 낮은 자존감 등 심상의 문제(Imagery), ⑥ 잘못된 사고, 정보부족 등 알고자 하는 욕구(Need), ⑦ 행동결핍, 동기문제 등에 대한 지도(Gui-dance) 등이다.

또한 Henderson과 Thompson(2011)은 아동기에 다루어지는 주요 문제의 범위를 다음과 같은 5가지 유형으로 구분하였다.

① 대인 간 갈등 문제: 아동은 부모, 형제, 교사, 또래와의 관계에 어려움이 있으며 그들과 좀 더 좋은 관계를 원한다.
② 개인 내적 갈등, 자신 자신과의 갈등: 아동은 의사결정 문제를 가지고 있으며, 그 대안과 결과를 명료화하는 데 도움이 필요하다.
③ 자신에 대한 정보부족 문제: 아동은 자신의 능력, 강점, 관심, 가치에 대해 학습할 필요가 있다.
④ 환경에 대한 정보부족 문제: 아동은 성공적인 학교생활, 직업교육에 대한 정보가 필요하다.
⑤ 기술 부족으로 인한 문제: 아동은 효율적인 학습방법, 자기주장, 경청, 친구 사귀기 등 구체적인 기술(skill)을 학습할 필요가 있다.

한편 아동기 정신건강 문제의 출현율이 높아짐에 따라서 임상장면에서 다루어지는 장애에 대한 이해가 요구되고 있다. 아동의 문제를 증상에 따라 진단·유형화하는 것은 아동을 특정 장애범주로 구분하여 낙인효과를 가져올 수 있는 측면이 있는 반면, 문제의 원인과 예후를 짐작하는 데 유용할 수 있다. 아동기 정신병리에 대한 분류는 다음과 같이 나누어 볼 수 있다.

① 정신병리적 진단 분류이다. 임상에서는 세계보건기구(WHO)가 제시한 국제

질병 분류 기준표(ICD-10)와 미국정신의학회의 진단기준인 정신장애 진단과 통계편람(DSM: The Diagnostic and Statistical Manual of Mental Disorders) 등을 사용하고 있다. DSM-5(APA, 2013)는 임상에서 주로 사용되는 장애 진단으로 행동적·심리적·생물학적 기능장애로 나타나는 주요 행동·심리적 증후군이나 양상들을 분류한다. DSM-5의 분류체계에 따라 아동 및 청소년기에 주로 진단되는 장애를 살펴보면 〈표 1-2〉와 같다. 아동 및 청소년기 주요 장애로는 지적장애, 자폐 스펙트럼 장애, 주의력 결핍/과잉행동 장애, 특정 학습장애, 틱 장애, 분리불안장애, 선택적 무언증, 반응성 애착장애, 유뇨증과 유분증, 적대적 반항장애, 품행장애 등이 있다.

〈표 1-2〉 아동·청소년기 주요 장애

구분		내용
신경발달장애	지적장애	- 지능 저하로 지적 기능과 적응 기능에 결함을 나타냄 - 표준화된 지능검사 결과, 70 미만의 지능지수(IQ)를 나타냄
	자폐 스펙트럼 장애	- 다양한 맥락에서 사회적 의사소통 및 상호작용의 손상을 보임 - 제한적이고 반복적인 행동, 흥미, 활동을 나타냄
	주의력 결핍 과잉행동 장애	- 세부적인 것, 일 또는 놀이에 주의를 집중하지 못하거나 타인의 이야기를 주의해서 듣지 않는 등 부주의한 면을 나타냄 - 손이나 발을 가만히 두지 못하거나 앉아 있어야 하는 상황에서 자리를 이탈하는 등 과잉행동 및 충동성을 나타냄
	특정 학습장애	- 지능이 정상이고 정서적 문제가 없음에도 불구하고 지능에 비해 현저히 낮은 학습능력과 수준을 나타냄 - 읽기 곤란형, 쓰기 곤란형, 산술 곤란형으로 구분
	틱 장애	- 빠르고 갑작스럽게 그리고 반복해서 얼굴 등 신체 일부를 움직이거나 이상한 소리를 내는 증상 - 뚜렛장애, 지속적(만성적) 운동 또는 음성 틱 장애, 일시적인 틱 장애로 구분

구분		내용
불안장애	분리불안장애	– 제 나이에 맞지 않게 애착대상과 분리되는 것을 과도하고 부적절하게 두려워함 – 애착대상이 다치거나 사망할지 모른다는 걱정을 과도하게 하거나 분리불안으로 학교에 가기를 거부하는 등의 증상을 보임
	선택적 함구증	– 말을 할 수 있음에도 불구하고 학교, 또래모임 등 특정 사회적 상황에서 말을 하지 않음
외상– 및 스트레스 사건–관련 장애	반응성 애착장애	– 스트레스를 받을 때에도 양육자에게서 위안을 얻으려 하지 않는 등 성인 양육자에게 억제되고 감정적으로 위축된 행동을 보임 – 타인에게 사회·정서적으로 잘 반응하지 않는 등 사회·정서적 장해를 나타냄 – 방임이나 박탈 등 잘 양육되지 못한 경험이 있어야 함
배설장애	유뇨증	– 5세 이상의 아동이 의도치 않게 반복적으로 잠자리나 옷에 소변을 보는 증상
	유분증	– 4세 이상의 아동이 의도치 않게 반복적으로 적절치 않은 곳(예: 옷, 방바닥)에 대변을 보는 증상
파괴적, 충동통제 및 품행장애	적대적 반항장애	– 화/짜증, 논쟁적/반항적 태도, 복수심을 나타냄
	품행장애	– 사람과 동물에 대한 공격, 재산파괴, 사기 또는 절도, 심각한 규칙 위반 행동을 나타냄

출처: American Psychiatric Association(2013)

② 중다변인 통계적 접근이다. DSM은 아동의 장애 유무에 따라서 아동을 분류하는 '분류적 접근'을 하나, 다른 접근인 '차원적 접근'에서는 특정 장애와 일치하는 증상이나 문제행동을 보이는 정도에 따라 아동을 평가한다. 범주적 분류는 아동을 우울하거나 혹은 우울하지 않다고 구분하는 반면, 차원적 접근은 정상과 정신병리 사이에 연속선이 존재한다고 보고, 증상의 수가 그 심각성을 나타내는 것이라는 생각에 기초하고 있다(Achenbach, 1995). 아동의 문제를 차원적으로 평가하는 한 방법이 중다변인 통계적 접근으로, Achenbach (1991)는 아동행동 체크리스트(CBCL)를 사용한 경험적 연구에 기초하여 아동의 문제행동 증후군을 내재화 문제(internalized problem)와

외현화 문제(externalized problem)로 나누었다. 내재화 문제는 보통 자신의 내부로 향하는 감정이나 상태로 타인에게 해가 되기보다는 아동 스스로 고통을 받는 경우로 위축, 신체증상, 불안·우울 등이 포함된다. 반면 외현화 문제는 문제를 외부로 향하여 타인에게 해가 되거나 문제를 야기하는 경우로 비행과 공격성을 포함한다. 혼합증상으로는 사회적 미성숙, 사고의 문제, 주의집중문제가 있다. 내재화—외현화는 아동의 유형이 아니라 행동 차원이라는 점을 유의해야 한다. 즉, 어떤 아동은 양극단의 어느 한쪽 극단에 해당하지만, 대부분의 아동은 슬퍼하기도 하고 공격적이기도 한 것처럼 내재화-외현화 요소를 모두 가지고 있다(Wenar & Kerig, 2004).

(3) 아동문제에 대한 이해

위에서는 아동상담 혹은 심리치료의 대상이 되는 문제의 범위와 영역에 대해서 살펴보았다. 그러나 아동의 문제는 이처럼 단순하게 분류·진단하기 어려우며 다양하고 복합적인 특성이 있으므로 그 특성을 충분히 이해할 수 있어야 한다. 다음은 아동문제의 특성 및 아동의 문제를 바라볼 때 유념해야 할 사항들이다.

첫째, 아동의 문제는 아동의 욕구(need)가 충족되지 못하거나 혹은 부적절한 방법으로 충족시키고자 할 때 발생된다. Maslow(1970)의 욕구이론에 의하면, 인간은 낮은 단계의 욕구가 충족되지 않으면 상위 욕구를 충족시킬 수 없다. Glasser는 5가지 기본욕구(생존, 소속과 사랑, 힘, 자유, 즐거움)를 가정하고, 이 기본욕구가 충족되지 못할 때 심리적 문제가 발생한다고 보았다. Adler학파는 아동의 문제를 아동이 잘못된 방향으로 욕구를 충족시키고자 한 결과로 보고 '잘못된 행동목표'의 파악을 중시한다. 행동주의에 의하면 아동의 행동문제는 부적절한 강화나 모델링과 같은 잘못된 학습의 결과이다(Henderson & Thompson, 2011). 따라서 아동문제에 대해 다양한 관점에서 문제의 원인을 이해하고 접근하는 자세가 요구된다.

둘째, 아동의 문제를 환경에 적응하기 위한 노력의 일부로 이해하고 문제의 증상보다는 원인을 파악하고 해결하는 데 초점을 맞출 필요가 있다. 도움을 필요로 하는 아동의 문제 증상들은 주로 자신과 주위 사람들을 힘들게 하는 외현적인 문제들이다(예: 떼쓰기, 때리고 괴롭히기, 훔치기, 상호작용 결핍). 이렇듯 아동의 문제는 주로 행동적인 형태로 증상이 나타나므로 증상에만 관심을 갖기 쉽다. 그러나 아동은 발달과정에서 어려움을 극복할 수 없을 때 사회에서 수용되기 어려운 방법으로 자기 욕구를 표현하는 경향이 있으므로 문제의 원인을 파악하여 아동의 마음을 알아주려고 노력할 필요가 있다(이숙 외, 2004).

셋째, 아동의 정신건강 문제는 연령, 시기를 고려해야 한다.

정상적인 성장·발달과정에서 나타나는 행동문제·부적응 외에 임상적인 문제와 장애 출현율이 증가함에 따라 아동의 정신건강에 대한 관심이 높아지고 있다. 이때 아동의 특정 행동의 정상성(normality) 여부는 아동의 연령, 시기와 관련지어 판단해야 한다(Henderson & Thompson, 2011; Surgeon General, 2000). 예를 들어, 2세 아동이 양육자와 분리된 후 우는 것은 정상이지만, 10세 아동이 우는 것은 혼란스러운 증상이다. 자기주장 욕구를 표현하기 시작하는 걸음마기 아동이 떼를 쓰고 고집을 피우는 것과 10세 아동이 그러한 행동을 심하게 하는 것은 정상성의 기준에서 큰 차이가 있다.

〈표 1-3〉은 아동의 연령에 따른 주요 발달적 성취와 함께 정상발달 과정에서 나타날 수 있는 문제행동 및 유아·아동기의 주요 임상적 장애들을 보여준다. 유·아동의 발달상의 문제로는 화를 잘 내고 적응이 느리거나 반응이 부정적인 까다로운 기질, 불안정 애착, 고집이나 반항, 과잉행동, 주의집중문제, 두려움, 사회적 위축 등이 포함된다. 또한 유·아동기의 주요 임상적 장애로는 지적장애, 섭식장애, 자폐스펙트럼장애, 의사소통장애, 불안장애, 우울, ADHD, 학습장애, 품행장애 등이 있다.

넷째, 아동문제의 원인을 이해하기 위해서는 아동의 개인 내적 요인(생물학적·유전적, 심리적 특성)과 외적 요인(부모, 가족, 학교, 이웃 등) 그리고 이들 요인들 간의 상호작용 방식 등 아동을 둘러싼 다중적 환경요인에 대한 이해가 필요하다.

〈표 1-3〉 발달적 관점의 주요 아동기 문제

연령	정상적 성취	일반적 행동문제	임상적 장애
0~2세	먹기, 잠자기, 애착	고집, 화, 대소변문제 애착문제	지적장애 급식 및 섭식장애 자폐스펙트럼장애 말/언어장애 학대와 방임문제 불안장애 ADHD, 학습장애 등교거부, 품행장애
2~5세	언어, 배변훈련 자기보호기술 자기통제, 또래관계	고집, 반항, 주의 끌기 과잉행동, 두려움 취침시간 거부	
6~11세	학습기술과 규칙 규칙있는 게임 낮은 책임감	논쟁 주의집중 문제 자의식, 자기과시	
12~20세	이성과의 관계 개인 정체감, 가족과의 분리, 증가된 책임감	논쟁, 허풍	거식증, 폭식증 비행, 자살시도 약물과 알코올남용 정신분열, 우울

출처: Henderson, & Thompson(2011). p. 41 재인용.

아동의 개인 내적 요인에는 기질이나 유전, 신경생리적 특성 그리고 인지·정서 특성과 같은 후천적 특성이 포함된다. 또한 외적 요인에는 부모, 가족, 학교와 이웃환경 등이 포함된다. 개인과 환경 간의 상호작용은 아동의 건강과 삶의 모든 측면에 영향을 미친다. Brofenbrenner(1993)의 생태학적 모델에 의하면 아동은 신체·심리적 발달과정에서 수많은 외적요인과 체계의 영향을 받는다. 부모와 가족은 사회화 대행자로 성장하는 아동에게 지배적인 영향을 미치는 환경이다. 학교와 지역사회, 정부정책, 사회적 규범, 시간경과 역시 중요한 환경 요인이다. 생태학적 모델에 의하면 인간은 겹구조의 원 속에서 살아가고 있으며 각각의 수준은 아동에게 다양한 영향을 주고 있다. 따라서 아동문제의 원인은 단 한 가지의 요인이 아니라 아동과 환경 간의 지속적인 상호작용의 결과라 할 수 있다. 이처럼 아동문제에 대한 다양한 고려 요인들은 문제의 복잡성을 지나치게 단순화할 위험을 낮추고 아동의 회복에 필요한 요인을 찾는 데 도움을 줄 수 있다.

3. 아동상담자의 자질과 역할

상담은 상담자와 내담자 간의 관계에 근거하므로 상담자의 자질과 역할은 상담의 효과를 결정짓는 핵심적인 요인이다. 특히 아동의 경우 성인보다 감수성이 풍부하고 예민하여 상담자의 자질과 역할에 더욱 큰 영향을 받을 수 있다. 다음에서는 상담자의 자질을 인격적 자질과 전문적 자질로 나누어 살펴본 다음 아동상담자의 역할에 대해 살펴본다.

1) 아동상담자의 자질

(1) 인간적 자질

인간중심상담의 창시자 Carl Rogers는 상담자에게 요구되는 기본적인 태도의 핵심을 진실성, 무조건적 긍정적 존중, 공감적 이해라고 보고 이러한 일관성 있는 태도가 내담자의 변화를 가져올 수 있다고 하였다. Brammer(1988)는 상담자의 인간적 자질로 자신의 가치관과 의식에 대한 자각, 인간문제에 대한 관심, 정서적 안정과 감정의 통제, 모델로서의 상담자, 인간관계능력, 인간에 대한 이해와 관용이 있어야 한다고 하였다(최영희 외, 2009 재인용). 정문자 등(2011)은 아동상담자의 자질을 인관관계에 대한 민감성, 인격적 통합, 상담자의 자기이해, 내담자에 대한 존경, 공감능력, 정서적 분리, 객관적 태도, 관련지식에 대한 전문성 등으로 제시하였다. 이처럼 상담자가 갖추어야 할 인간적 자질에 대해 다양한 견해가 있으나 진솔성, 인간에 대한 깊은 관심, 정서적 성숙, 심리적 안정감, 민감성, 타인에 대한 수용과 존중, 공감, 자각, 유연성, 온화함 등을 공통적으로 제시하고 있다(노안영·송현종, 2011). 특히 감수성이 예민한 아동과의 상담에서 상담자의 인격은 아동과의 관계 및 상담결과에 큰 영향을 미칠 수 있다. 따라서 이러한 인간적 자질을 완벽하게 갖추는 것이 어렵다 할지라도 이러한 자질을 갖추기 위한 지속적인 성찰과 노력이 요구된다. 선행연구를 참조로 아동상담자의 자질을 다음과 같이 살펴보았다.

① 진솔성

아동은 상담자와의 관계가 진실하고 상담환경이 안전하다고 믿을 수 있어야 한다. 이를 위해서 아동상담자는 아동과의 관계에서 느낀 감정과 태도를 긍정적이든 부정적이든 일관성 있고 진실하게 표현할 수 있어야 한다. 즉, 아동을 대할 때 가식이나 왜곡이 없어야 하는 것을 말한다. 이러한 진솔함에는 상담자의 인격적인 성숙, 즉 상담자의 인격이 통합되어 있고 진솔하고 일관성 있고 안전해야 하기에 상담자의 자각과 끊임없는 자기 성찰이 요구된다.

② 아동에 대한 수용과 공감

Carl Rogers는 내담자의 감정과 사고·행동을 평가하거나 판단하지 않고 있는 그대로 받아들이는 '무조건적인 긍정적 수용'을 강조하였다. 아동을 인격체로서 존중하고 평가하거나 판단하지 않는 태도를 보여줄 때 아동은 자유롭게 자신의 내적인 감정을 경험하고 표현할 수 있다. 상담자의 비-판단적이고 수용적인 태도를 통해서 아동은 진정한 자기 자신이 되고, 내면의 힘들고 어두운 부분들을 충분히 탐색할 수 있는 기회를 갖게 된다. 따라서 상담자는 아동이 하는 말이나 행동에 대해서 최대한 수용적이고 판단하지 않는 태도를 보이는 것이 중요하다(Geldard & Geldard, 2008). 특히 아동이 치료자와 치료 상황에 신뢰감을 갖기 위해서는 시간이 걸린다는 점을 인식하고, 상담자는 지속적으로 수용적인 태도를 견지할 수 있어야 한다.

또한 공감적 이해능력은 아동상담자에게 요구되는 중요한 자질이다. 공감이란 아동의 입장이 되어 내면의 마음의 상태와 움직임을 이해할 수 있는 능력으로, 아동이 느끼고 있는 아픔과 고통, 기쁨과 슬픔을 함께 하는 것이다. 아동의 마음을 알아주고 아동이 느끼는 고통에 깊은 관심과 애정을 가지고 대하는 상담자의 진심 어린 마음이 전달됨으로써 아동은 회복과 치유의 힘을 얻게 된다.

③ 정서적 분리

아동상담자는 수용적인 태도뿐만 아니라 정서적으로 적절히 분리될 수 있어야 한다. 상담자의 따뜻함과 친밀함은 아동과의 관계 형성에 중요하지만 지나칠 경우에는 문제가 될 수 있다. 예를 들어, 상담자의 승인이나 호감을 얻지 못하는 행동을 하면 상담자와의 친밀한 관계를 잃을 수 있다고 생각하기 때문에 아동은 상담자의 마음에 드는 행동만을 보이려고 할 것이다.

상담실에 오는 아동들은 대개 힘들고 고통스러운 문제를 가지고 온다. 만약 상담자가 정서적으로 분리되어 있지 않다면 아동과 똑같은 고통을 경험하게 되고, 아동은 자신 때문에 고통받는 상담자를 보면서 이중의 고통을 겪고 자신의 힘든 문제를 드러내지 않으려고 할 수 있다. 그러므로 상담자는 자신의 정서적 스트레스를 과도하게 드러내거나 아동의 문제와 관련하여 강한 정서적 반응을 보이지 않도록 해야 한다(Geldard & Geldard, 2008). 상담자는 아동에 대한 동정심이 아니라 아동의 경험을 타당화해야 하고, 안정되고 균형 있는 태도를 가져야 한다. 평온하고 안정적인 촉진자로서 아동과 함께하며 아동의 이야기를 잘 들어주고 지지적이어야 한다.

④ 정서적 성숙과 자기이해

상담자는 자신의 내적 욕구와 감정을 인식하고 정서적 문제를 잘 처리하여 정서적으로 안정된 상태를 준비해야 한다. 상담자 자신의 경험이 왜곡되어 있거나 미해결된 감정들이 드러날 경우 아동에게 오히려 해가 될 수 있기 때문이다. 아동은 상담자가 제공하는 안전한 공간 속에서 내면의 불안이나 문제를 마음껏 표출하고 심리적인 성장과 치유의 과정을 경험하게 된다.

아동상담자는 자기 자신의 정서적 패턴이나 능력의 한계 또는 단점에 대해서 충분한 이해와 지식을 가지고 있어야 한다. 이러한 자기자각 능력을 갖춤으로써 아동상담자는 자신의 역량의 범위 내에서 아동의 최선의 이익을 위해 도움을 제공할 수 있다.

⑤ 아동의 세계에 대한 민감성

다른 사람의 감정이나 인간관계에 민감해야 한다. 특히 아동상담자는 아동의 세계를 잘 이해하는 특별한 성인이어야 한다. 아동의 마음을 헤아리고 민감하게 반응하며 소통할 수 있어야 한다. 성인의 세계는 아동의 세계와는 매우 다르다. 성인으로서 아동상담자는 어떻게 아동의 세계를 이해하고 소통할 수 있을까?

성인인 상담자 역시 내면에 아동이 있으며, 이러한 내면아이(inner child)는 인격의 일부분이다. Geldard와 Geldard(2008)는 상담자가 자신의 '내면아이'에 접촉할 수 있다면 아동과의 작업이 더욱 조화롭고 순조로워질 것이라고 제안한다. '내면아이'의 수용은 아동기로의 퇴행이나 유치함이 아니라, 아동의 세계와 편안하게 만날 수 있는 자신의 일부와 접촉함을 의미한다. '내면아이'와 접촉하고 미해결된 아동기문제를 다룰 수 있다면 상담자는 고통뿐만 아니라 문제의 직면을 통해 얻는 혜택도 체험할 수 있다. 즉, 상담자 스스로 자신의 감정에 개방적이고 내면과 접촉할 수 있을 때 아동의 세계에 대한 민감성과 의미 있는 소통 역시 가능해질 것이다.

(2) 전문적 자질

인간적 자질 외에 상담자는 상담이론 및 기술, 경험 등 전문상담자로서의 자질이 요구된다. 즉, 상담자는 심리·상담이론에 대한 지식과 상담기법을 성공적으로 활용할 수 있는 능력을 갖추어야 하며, 내담자의 욕구에 지속적으로 민감성을 유지하며 내담자를 돕기 위해 최선의 노력을 기울여야 한다(Welfel, 2006; 공윤정, 2008 재인용). 이러한 전문적 자질을 갖추기 위해서는 상담이론, 상담의 효율적인 진행방법과 절차에 대한 이해 등 전문지식의 습득과 함께 임상장면에서의 실습훈련과 지도감독경험 등 상담자로서의 일련의 훈련과정이 요구된다(김춘경, 2012; 이장호·정남운·조성호, 1999).

① 상담 및 발달관련 전문지식

아동상담자는 인간의 심리 및 상담이론에 대한 지식과 발달이론에 대한 지식에 정통해야 한다. 특히 발달적 지식을 근거로 아동의 연령 및 발달단계에 따른 발달과업을 성공적으로 이행하고 있는지, 개인 내 발달이 균형 있게 이루어지고 있는지 여부를 이해하고, 아동의 성장·발달에 영향을 미치는 다중적 요인을 고려할 수 있어야 한다.

② 상담과정 및 기법에 대한 이해

아동을 위한 적절한 상담환경의 준비와 구조화, 상담의 진행 및 종결 등 상담절차 그리고 아동과의 효과적인 상담기법에 대해 숙지해야 한다. 유아·아동의 경우에는 자신에 문제를 객관적으로 인지하고 언어적으로 전달하는 데 한계가 있으므로 발달수준을 고려하여 적절한 기법(놀이, 미술, 게임 등)을 적용할 수 있어야 한다.

③ 충분한 임상경험

상담이론과 기법, 절차 등 충분한 지식과 함께 임상장면에서의 충분한 실습경험과 사례참관, 전문가의 지도감독을 통한 수련과정을 통해 꾸준히 노력하는 자세가 요구된다.

2) 아동상담자의 역할

상담자 역할에 대한 견해는 이론적 지향에 따라 다양할 수 있으나 아동상담자는 자신의 철학과 경험에 적합한 모델을 선택하고 고유의 역할을 정립해 가야 한다. 아래에서는 아동상담자에게 공통적으로 요구되는 역할을 간략하게 살펴본다.

① 적절한 상담환경을 준비하고 구조화한다

아동에게 편안한 놀잇감이나 준비물이 갖춰진 상담실을 마련하여 아동이 불편해하거나 저항하지 않고 편안하게 상담을 시작할 수 있도록 준비한다. 상담실은 너무 넓거나 좁지 않으며 외부 소음으로부터 분리되고 적절한 설비와 도구, 놀잇감들이 준비되어야 한다. 상담자는 물리적 환경뿐만 아니라 신체적·심리적으로 안정된 상태에서 아동에게 전념할 준비가 되어 있어야 한다.

상담자는 적절한 적정한 상담시간과 횟수 등 구조화를 제공해야 한다. 규칙적인 상담시간을 정해서 상담시간을 잘 지켜 주는 상담자의 태도는 상담자가 아동과의 만남을 중요하게 여긴다는 태도를 전달하게 되며(김순혜, 2010) 적절한 구조화는 아동에게 치료 장면의 안정감과 예측가능성을 제공하게 된다.

또한 상담자는 아동의 어려움을 파악하고 상담의 진행방향을 계획하기 위해 관찰과 면담, 검사(의뢰) 등을 실시한다. 아동의 생애사와 발달사, 가족관계, 교육환경 등 배경정보와 객관적 심리검사 등을 종합하여 사례에 대한 가설을 세우고 적절한 개입 방안을 계획해야 한다.

② 아동과 상담자 간의 상담관계를 형성한다

아동과 상담자 간의 관계는 상담 효과에 영향을 미치는 가장 중요한 요인으로 간주한다. 아동과 상담자 간의 관계는 아동의 세계와 상담자의 세계를 연결하며, 상담자에게 아동의 세계와 경험들을 관찰할 수 있는 기회를 제공한다. 아동과 상담자 간의 관계는 독점적이고, 안전하고 진실하며, 비밀이 보장되고 침입적이지 않아야 하며, 목적이 있어야 한다(Geldard & Geldard, 2008).

첫째, 아동과 상담자 간의 관계는 제3자의 개입이 없는 독점적 관계이어야 한다. 독점적 관계란 아동이 부모나 형제 혹은 다른 어떤 사람의 방해도 받지 않고 상담자와 독특한 관계를 경험하는 것으로, 아동에게 안정감을 주고 상담자와 아동 간의 신뢰관계 형성에 도움이 된다.

둘째, 아동과 상담자 간의 관계는 안전하고, 진실해야 한다. 상담자는 아동이 자유롭게 행동하고 주도감을 가질 수 있는 안전한 환경을 제공해야 한다. 상담자가 제공하는 허용적인 환경 속에서 아동은 두려움과 불안, 갈등 등 내면의 감정을 자유롭게 표현할 수 있기 때문이다. 또한 상담자와 아동과의 관계는 가식이 없는 진실한 관계에 기초해야 한다. 진실한 관계란 어떠한 검열이나 억압 없이 자연스럽고 자발적인 상호작용이 이루어지는 관계이다.

셋째, 아동과의 관계에서 비밀을 보장해야 한다. 아동이 자신의 감정과 생각을 충분히 표현하기 위해서는 안정감을 느껴야 하고, 이를 위해 비밀보장이 요구된다. 상담자는 아동이 이해할 수 있는 언어로 상담의 비밀보장에 대해 이야기하고,

비밀보장의 한계에 대해서도 설명해야 한다.

넷째, 침입적이지 않아야 한다. 상담과정에서 아동에게 너무 많은 질문을 하거나 나누고 싶지 않은 일들에 대해 캐묻는 것은 아동에게 두려움을 줄 수 있다. 상담자가 너무 침입적이라고 느끼게 되면 아동은 침묵하거나 산만한 행동을 보일 수 있다.

마지막으로, 상담자는 상담 목적을 분명히 해야 한다. 아동이 상담을 받으러 온 이유를 명확하게 이해하도록 도움으로써, 아동은 상담과정에서 좀 더 열심히 참여하고 상담관계가 목적적인 관계가 될 수 있다.

③ 환경의 영향을 재구성하거나 변화시킨다

아동상담자는 부모의 부적절한 양육방식이나 정서적 지지부족, 아동방임과 학대, 부부갈등이나 폭력, 부모의 별거와 이혼 등 가정 내 불안정성, 또래나 이웃환경의 위험요소 등 아동문제를 유지·악화시키는 요인들을 찾고 환경을 변화시킬 수 있어야 한다. 예를 들어, 상담에 소극적인 부모를 설득하여 부모교육 또는 치료과정에 참여시키는 것은 성공적인 상담을 위해 매우 중요한 요소이다. 또한 아동의 강점과 활용할 수 있는 자원이 있는지 파악하여 상담과정에 통합해야 한다. 아동상담자는 아동을 지도하는 선생님이나 사회복지사와 연계하여 아동을 도울 수 있도록 협력할 수 있다.

요약하면, 아동상담자는 아동을 위해 편안한 상담환경을 준비하고 아동과 관계를 형성하고 효율적으로 상담을 진행해야 한다. 또한 아동과의 관계 외에 부모·보호자, 교사, 사회복지사나 관련기관과 교류하고 협력하는 등 다양한 역할이 요구된다.

제2부

아동상담의 이론적 모델

제2부는 아동상담의 다양한 이론적 모델로 구성된다.

제2장에서는 정신분석적 상담모델을 통해 인간의 무의식이 어떻게 심리적 문제와 연결되는지를 살펴보고, 주요 상담기법에 대해 학습할 것이다.

제3장에서는 대상관계 상담모델을 통해 생애 초기에 겪는 주양육자와의 관계경험이 이후 다른 사람과의 관계형성에 어떠한 영향을 주는지에 대해 살펴본다.

제4장에서는 개인심리학적 상담모델을 통해 사회적 맥락 안에서 개인의 문제가 어떻게 개념화되는지 고찰할 것이다.

제5장에서는 인간중심 상담모델을 학습하면서 상담의 목표가 현재 당면한 문제의 해결을 넘어서서 인간의 근본적 성장 잠재력의 발현에 있다는 것을 이해할 것이다.

제6장에서는 행동주의 심리학에 기반을 둔 상담모델을 소개할 것이다. 이를 통해 환경적 자극, 보상, 학습 등의 기제가 인간의 행동을 어떻게 형성하는지를 고찰할 것이다.

끝으로, 제7장에서는 인지행동주의적 상담모델을 통해 인지, 정서, 행동의 연계성을 살펴보고, 합리적 사고와 신념체계의 중요성을 이해할 것이다.

제2장

정신분석적 상담모델

1. 이론가

▲ Freud

Sigmund Freud(1856~1939)는 지금의 체코슬로바키아의 영토인 모라비아에서 태어났다. Freud의 어머니는 젊은 나이에 이미 2명의 아들이 있던 가난한 모직 상인과 재혼하였다. 양아버지 밑에서 복잡한 형제자매 관계를 경험한 것은 이후 그의 정신분석이론의 형성에 영향을 미쳤다.

총명했던 Freud는 17세의 나이로 비엔나 대학의 의과대학에 진학해 1881년 의학박사 학위를 받았다. 하지만 유태인이라는 제약 때문에 전공 선택이 자유롭지 않았고, 결국 생리학과 신경학을 공부하기 시작하였다. Freud는 당대 유명한 생리학자인 Bruche의 실험실 연구원으로 지내면서 에너지의 변환과 보존에 관해 연구하였다. 이는 심리적 역동(dynamics)에 대한 그의 이론적 개념에 영향을 미쳤다. 또한 Charcot의 최면술에 관심을 갖게 되고, 자유연상과 꿈을 분석하면서 히스테리 환자들을 치료하였다. 이 경험을 바탕으로『꿈의 해석』이라는 저서를 출간하면서 Freud의 이론은 세상에 알려지기 시작했다.

프로이드가 중년이 되면서 그의 이론에 매료된 젊은 학자들이 매주 모여 집단 토론을 열었는데, 이는 정신분석학파로 발전하게 된다. 그의 초기 제자들로 Adler

와 Jung이 있었는데, 이들은 이후 정신분석학파를 탈퇴하고 자신들의 고유한 이론을 발전시킨다. Freud는 말년에 16년 동안 암과 투병하면서 자신의 이론을 발전시켰다. 하지만 1933년에 베를린에서 나치가 그의 책을 불살랐고, Freud는 결국 런던으로 이주해 1939년에 사망하였다.

2. 주요개념

1) 정신구조

Freud는 인간은 의식의 영역 밖에 존재하며 비합리적이고 통제할 수 없는 무의식적 본능의 지배를 받는 수동적인 존재로 본다. 그는 인간이 성적 본능과 공격적 본능을 가지고 있으며, 이러한 본능이 사고와 감정에 영향을 주고, 행동으로 나타나게 한다고 믿었다.

Freud는 생애 초기 경험이 인간의 성격 형성에 어떠한 영향을 미치는지에 초점을 두고 의식과 무의식에 대해 설명하였다. 그는 정신세계를 의식(consciousness), 전의식(preconsciousness), 무의식(unconsciousness)의 세 가지 다른 영역으로 나누었다. 빙산에 비유한 정신세계는 가장 아래 잠겨서 수면 밖으로 나오지 않는 무의식, 물 표면으로 나타났다 다시 잠겼다 하는 전의식, 수면 위로 보이는 의식으로 나눠진다. Freud는 인간의 행동에 영향을 미치는 것은 전의식과 무의식이며, 인간행동의 결정적인 역할을 한다고 믿었다. Freud가 주장한 정신세계는 빙산 그림으로 형상화할 수 있다.

[그림 2-1] 빙산으로 형상화한 인간의 정신

(1) 의식

의식은 인간이 인식하고 사고하는 정신활동의 일부를 일컫는다. Freud는 의식이란 전체 정신활동의 일부분에 지나지 않으며 짧은 순간이라고 설명했다. 사람들은 대부분 자신의 행동이 '의식적'으로 계획하고 의도한 것이라고 믿는다. 하지만 Freud는 의식의 역할에 대한 과도한 믿음을 비판하면서 전의식과 무의식을 강조하였다.

(2) 전의식

전의식은 즉각적으로 인식되지는 않지만 어떤 자극에 의해 쉽게 자각되고 가벼운 주의집중을 통해 떠오르는 부분이다. 이로 인해 전의식은 '이용 가능한 기억' 또는 '기억의 저장소'라고 불리며, 무의식과 의식의 중간에 존재한다. 예를 들어, 어린이집 교사가 주말에 있었던 일을 질문하면 유아들이 이를 기억하고 이야기를 나누는 활동, 지나가는 사람을 보고 첫사랑의 기억이 떠오르는 것 등이 전의식의 예라고 할 수 있다.

(3) 무의식

무의식은 정신분석이론에서 분석의 기초가 되는 영역이다. Freud는 인간의 행동은 무의식에서 발생한 욕구나 욕망의 표출이라고 생각하였다. 때문에 상담 시 내담자가 인식하지 못하는 충동, 욕망, 공포, 소망, 환상 등의 무의식들을 분석할 필요가 있다고 주장했다. 무의식은 사람들이 의식에서 어떻게 생각하고 느끼는지에 영향을 미친다. 특히 무의식적 공포, 충동, 욕구 등은 자아의 기능이 약해졌을 때 문제행동으로 나타난다. Freud는 표면으로 발현된 문제행동에 초점을 두지 말고 이를 야기한 무의식적 충동을 분석할 것을 주장하였다.

2) 성격구조

Freud는 『원초아와 자아(*the Id and Ego*)』라는 저술을 발표하면서 인간의 성격은 원초아, 자아, 초자아로 구성되어 있다고 주장하였다. 이 세 요소는 각각 분리되어 존재한다기보다는 통합적인 전체로서 상호 간에 영향을 주고받는다.

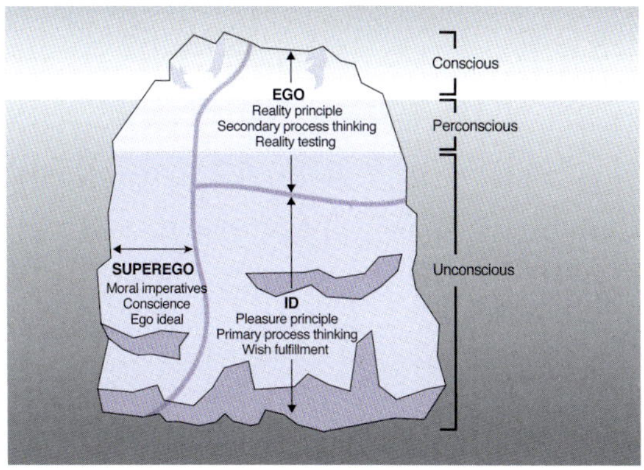

[그림 2-2] 프로이드의 성격구조

출처: Kenny, D. T. (2018). From id to intersubjectivity: Talking about the talking cure with master clinicians. Routledge.

(1) 원초아(id)

원초아는 배고픔, 성적 욕구, 공격성 등 본능적 충동의 덩어리로 볼 수 있다. 성격의 원형으로 불리며, 생득적으로 타고나는 생물학적 구성요소이자 정신에너지의 저장고라고 할 수 있다. 원초아는 지속적으로 본능의 욕구를 만족시켜 긴장을 줄이려고 하며, 쾌락을 추구한다.

예를 들어, 신생아는 자아와 초자아에 영향을 받지 않는 원초아 상태라고 할 수 있다. 신생아의 경우 상황에 따라 행동을 조절하는 것이 아니라 배고프면 즉각적으로 운다. 배고픔이라는 본능에 즉각적으로 반응함으로써 정신에너지를 방출하기 때문에 자기중심적이며, 비현실적인 특성을 갖는다.

(2) 자아(ego)

자아는 원초아의 욕구와 본능을 현실세계와 연결해 중재한다. 즉, 자아는 외부세계와 내부세계를 소통하게 하는 정신세계이다. 영아기로 접어들면서 충동을 표출하기만 했던 원초아에서 긴장을 참고 만족을 지연시킬 수 있는 자아의 기초적인 특성이 생성된다. 자아는 현실 원칙을 따르기 때문에 쾌락 원칙만을 지닌 원초아와 갈등을 유발한다.

예를 들어, 값비싼 스테이크를 먹고 싶은 욕구를 가지고 있는 사람이 자신의 경제적 현실을 생각해서 간단한 비빔밥을 먹는 것을 생각해 볼 수 있다. 자아는 현실적인 비용 부담을 고려하여 스테이크를 먹고 싶은 식욕을 억제 혹은 지연시킨다. 이 과정에서 자아는 방어기제의 일종인 합리화를 이용하기도 한다. 즉, "붉은 육류는 지방이 많아 내 건강에 좋지 않을 거야. 대신 야채가 많은 비빔밥이 좋지."라는 식으로 생각하는 것이다. 방어기제는 긴장상태가 지속되어 이를 극복하기 어려운 경우, 원래의 욕구를 다른 방법이나 목표로 대체하는 일종의 심리적 균형을 위한 적응기제라 볼 수 있다(정인석, 2006). 억압, 합리화, 부정, 투사, 전위, 승화, 퇴행 등의 방법을 통해 본능을 누르고 심리적인 균형을 이루고자 한다.

(3) 초자아(superego)

초자아는 유아기 후반부터 발달하게 되는데, Freud에 따르면 오이디푸스 콤플렉스를 경험하는 과정에서 초자아를 형성하게 된다. 초자아는 일차적으로 부모의 사회화 과정을 통해 습득되며, 사회적 규범이나 도덕적 기준 등이 내면화된 신념을 말한다.

초자아는 양심과 자아이상이라고 하는 두 개의 하위체계로 이루어져 있다. 예를 들면, 원초아의 충동에 의해 행동했을 때 부모로부터 처벌을 받는다면 유아는 죄책감을 느낀다. 이러한 죄책감은 자기검열 체계인 양심의 형성에 중요하다. 한편 착한 행동을 하였을 때 부모로부터 칭찬을 받는다면 유아는 자부심과 같은 자아이상을 형성하게 된다. 초자아가 너무 강하면 자신에 대한 기대나 기준이 너무 높아서 과도하게 완벽을 추구하는 반면, 초자아가 너무 약한 사람은 반사회적 행동을 보일 가능성이 크다.

3. 성격의 발달

Freud는 인간의 성격발달은 성적 에너지인 리비도가 어느 시기에 집중되느냐에 따라 달라진다고 주장하였다. 생애 초기가 인간의 성격발달에 가장 중요하며, 성적 에너지의 변화에 기반을 둔 심리성적 발달단계를 이론화하였다. 구체적으로 심리성적 발달단계는 구강기, 항문기, 남근기, 잠복기, 생식기로 나누어진다.

1) 구강기(oral stage)

출생부터 18개월까지 해당되는 구강기는 말 그대로 입, 입술, 혀 등을 통해 쾌락을 경험하는 단계를 말한다. 이때 영아는 씹기, 깨물기, 빨기 행동을 통해 성적인 쾌락을 만족시킨다. 구강기의 욕구는 음식물을 섭취하는 것을 용이하게 하기 때문에 인간의 생존을 위한 필수적 요소라고 볼 수 있다. 하지만 영아기에 구강기의 욕구가 충족되지 못했다면 구강기 고착이 이루어질 수 있다. 이는 성인이 되었을 때 흡연, 폭식, 탐식 등의 행동적 특성이나 욕설이나 빈정거림 등의 언어적 공격성으로 나타날 수 있다.

2) 항문기(anal stage)

항문기는 생후 18개월부터 만 3세까지에 해당하는 단계로 리비도가 항문 영역으로 옮겨간 시기이다. 이때 유아는 배변 통제에 대한 훈련을 하게 된다. 이 시기에는 괄약근의 보유와 방출을 통해 쾌락을 얻는다. 유아들은 배변을 스스로 조절할 수 있는 능력을 갖게 되며, 부모와 통제권에 대한 쟁탈을 하기 시작한다. 즉, 유아가 스스로 배변 통제를 할 수 있도록 기다려 주고 격려하는 것이 필요한 시점인데, 부모가 너무 서둘러서 강압적으로 배변훈련을 시킨다면 유아는 실패감과 좌절감을 느낀다. 이는 부모에 대한 저항으로도 이어지는데 의도적으로 배변 통제에 실패하기도 한다.

반복적 배변 통제의 실패와 부모와의 갈등을 경험하면 항문기 고착적 성격이 되는데, 이는 항문기 보유적 성격으로 완고함, 인색함, 강박적 특성으로 나타나거나 또는 항문기 방출적 성격으로 지저분하고 정리정돈을 안하거나 낭비벽, 성적 문란 등으로 표현된다.

3) 남근기(phallic stage)

남근기는 만 3세부터 6세까지 해당되는 시기로 리비도가 성기에 집중된다. 이때 유아들은 자신의 성기를 만지작거리는 행동을 통해 쾌감을 느낀다. 이 시기에는 이성의 부모에게 무의식적으로 성적 소망을 느낀다. 남아는 어머니를 사랑하는 것을 아버지에게 들키면 자신의 성기를 거세할지도 모른다는 거세불안을 느낀다. 한편 여아는 아버지에 대한 성적 환상을 가지고 있기 때문에 어머니에게 경쟁심을 느낀다. 남아가 이 시기에 극복해야 하는 것을 오이디푸스 콤플렉스(Oedipus complex)라 하고, 여아가 경험하는 것을 일렉트라 콤플렉스(Electra complex)라고 부른다. 이러한 콤플렉스를 극복하는 과정에서 이성 부모를 모델링하며 양심이나 도덕적 기준을 학습하게 된다. 하지만 긍정적 적응이 어려워 남근기에 고착된 성인 남성은 과장이 심하고 야심적이며, 여성은 성적 문란을 나타낼 수 있다고 Freud는 주장했다.

4) 잠복기(latency stage)

잠복기는 만 6세부터 12세 정도까지의 사춘기 이전의 학령기를 말한다. 이 시기에는 성적 에너지가 무의식 속에 잠복하며 내적 갈등이 다소 줄어든다. 학령기에 접어든 아동은 유아적 성욕 대신 타인과의 관계 형성을 확대하는 데 에너지를 집중시킨다. 또래들과 함께 취미생활을 하고 우정을 쌓으면서 성적 충동을 승화시킨다.

잠복기를 잘 보낸 경우는 적응능력이 향상되고 학업에 매진하거나 원만한 대인

관계를 갖게 된다. 반면 잠복기에 고착되면 이후 이성에 대한 정상적인 발달을 이루지 못하고 동성 간의 우정에 집착할 수 있고, 극단적인 경우 신경증이나 공격적 행동을 취하게 된다.

5) 생식기(genital stage)

생식기는 사춘기와 함께 시작되며 이후 청년기에 해당하는 시기로 급격한 신체적 성장과 함께 호르몬 변화가 일어난다. 잠재되었던 성적 에너지가 다시 급격히 활동하면서 이성을 상대로 육체적·정신적 사랑을 느끼며 이를 충족시키고자 한다. 생식기에 원만하게 잘 적응하면 성인으로서 안정감 있고 주체적인 생활을 하게 되지만 그렇지 못한 경우는 실패한 과업에 고착된다.

4. 상담의 기법

1) 자유연상

자유연상은 어떤 대상과 관련되어 마음속으로 떠오르는 장면, 생각, 기억, 감정 등을 자기검열이라는 과정 없이 자유롭게 이야기하는 것이다(최영희 외, 2009). 이는 무의식에 있는 욕구, 충동, 소망 등을 의식수준으로 끌어올리기 위해 사용하는 상담기법이다.

자유연상을 사용할 때 상담자는 내담자에게 스스럼없이 떠오르는 모든 것을 가능한 한 많이 그대로 말해 달라고 요청한다. 전통적인 정신분석에서는 내담자가 편안한 긴 의자에 눕는다. 내담자가 이야기하는 동안 상담자는 내담자의 시선이 미치지 않는 곳에 앉아 내담자의 주의를 분산시키지 않도록 한다. 내담자가 과거 속으로 들어가 경험을 회상하는 동안 상담자는 인내심을 가지고 내담자의 이야기를 경청한다. 이야기 내용이 서로 관련성이 없어 보이지만 상담자는 내담자의 의식의 흐름 속에서 표현되는 심리적 패턴을 찾을 수 있어야 한다.

[그림 2-3] 프로이드가 사용했던 쇼파

2) 꿈 분석

Freud는 사람이 수면을 취하는 동안은 깨어 있을 때보다 자아의 방어기능이 허술해지기 때문에 무의식에 억압된 욕구, 충동, 소망 등이 쉽게 표출된다고 믿었다. 내담자는 잠을 자는 동안 꿈을 통해 원하던 것들을 표현하고 충족시킬 수 있게 된다. 이러한 원리에서 내담자의 무의식을 분석하는 데 가장 좋은 수단이 이들이 꾸는 꿈을 분석하는 것이다. 상담자는 내담자가 자신의 꿈에 대해 자유롭게 진술한 내용을 분석하여 무의식적 욕망을 의식화하도록 돕는다.

Freud는 꿈에 나타나는 특정한 대상들을 보편적 상징과 관련하여 분석하였다. 예를 들어, 숫자 3은 남자의 성기를 뜻하며, 보석상자는 여성의 성기, 떨어지는 꿈은 도덕적 기준에 못 미치는 것에 대한 두려움 등으로 관련지었다. 또한 악몽은 자기처벌에 대한 욕망에 기인하는 것이라고 해석했다. 하지만 꿈의 내용이 단순히 특정 의미로 짝 지워지는 것은 아니며 내담자의 생애사, 대인관계, 처한 상황 등에 대한 복합적 해석이 함께 이루어져야 한다. 정신분석모델을 따르는 상담자는 장기간의 수련을 통해 내담자의 무의식 속에 억압되고 잠재된 본능을 통찰할 수 있어야 한다.

3) 전이 분석

정신분석에서는 내담자가 자신의 삶에 등장한 주요 인물들에 대해 갖고 있는 감정을 상담자에게 전이한다고 분석한다. 전이는 내담자가 과거 경험을 회상하거나 무의식에 대한 이야기를 나누면서 자연스럽게 발생한다. 그러므로 상담자는 내담자가 자신에게 보이는 태도, 행동, 감정 등을 주의 깊게 관찰하면서 전이가 일어나는 것을 포착해야 한다. 상담자는 내담자가 보이는 반응이 상담자 자신에 대한 개인적인 것이 아니라 과거 주요 타자에 대한 것임을 인식해야 한다. 만약 상담자가 전이를 적절히 다루지 못해 객관성을 잃게 된다면 다른 상담자에게 의뢰할 필요가 있다.

Geldard와 Geldard(1997)는 아동상담에서 전이를 다루는 상담자의 태도에 대해 다음과 같이 제안하였다. 첫째, 상담을 받으러 온 아동의 행동이 상담자에게 자신의 미해결된 과제나 특별한 감정을 떠오르게 하는지 명확히 인지해야 한다. 둘째, 상담자가 부모처럼 행동하는 것을 지양하고 객관적이 되도록 노력해야 한다. 셋째, 아동이 자신의 행동에 대해 스스로 인식할 수 있도록 해야 한다. 넷째, 아동이 일반적인 부모-자녀관계에 대한 지각을 하게 한 후 자신의 가족을 살펴보도록 돕는다.

4) 저항의 분석

저항은 내담자가 현재 상태를 유지하려고 하면서 상담의 진행을 무의식적으로 방해하는 것을 말한다. 내담자들이 저항하는 일차적 이유는 문제에 대한 죄책감 같은 고통스러운 감정을 회피하기 위해서이다. 내담 아동들은 당면한 문제에 대해 말하기를 꺼리면서 회피하거나, 침묵으로 일관하거나, 공격적으로 행동하거나, 산만하게 행동하는 경우가 있다. 이는 상담자가 내담자의 핵심 문제에 집중하지 못하도록 방해하는 행동들인데 이것이 일종의 저항이다. 상담자는 아동이 문제를 해결하고자 하나 문제를 밖으로 드러내기를 꺼리는 것을 인식하고, 아동 본인이 저항에 직면하도록 도울 수 있어야 한다.

예를 들어, 부모에게 신체적 학대를 받은 아동이 상담현장에서 상담 중에 갑자기 부모에 대한 질문에는 침묵으로 일관한다거나 또는 부모에 대한 이야기가 나오면 회피하면서 인형에게 가혹한 행위를 보일 수 있다. 이때 상담자는 "엄마나 아빠에 대해 선생님에게 말하는 게 겁이 날 수도 있겠구나. 나도 화가 나거나 겁이 나면 너처럼 말을 하고 싶지 않을 때가 있어."라는 반응으로 내담자의 두려움을 인정하고자 노력한다.

제3장
대상관계 상담모델

본 장에서는 정신분석이론에서 발전된 대상관계 상담모델에 대해 고찰할 것이다. 대상관계 상담모델은 인간의 기본 동기를 성적, 공격적 충동으로 보는 정신분석이론과는 달리 타자와의 관계, 정서적 교류 등을 기본욕구라 전제한다. 대상관계이론의 중심 이론가들을 살펴보고, 주요개념, 상담기법에 대해 알아보자.

1. 이론가

▲ Melanie Klein

대상관계이론에서 유명한 이론가나 임상가는 Melanie Klein, Donald Wi-nnicott, Ronald Fairbain, Margaret Mahler, Ottto Kernberg 등이 있다. 그중 본격적으로 대상관계라는 새로운 정신분석이론을 소개한 자는 Melanie Klein이다.

대상관계이론에서는 주양육자인 어머니와의 관계를 중시한다. Freud의 정신분석에서 아버지와 아동의 관계에 초점을 두었다면 대상관계이론에서는 어머니와 아동의 관계에 초점을 두었다. 아동의 성장발달에 있어 어머니는 주양육자로서 중요한 역할을 하기 때문이다. 이에 대상관계이론에서는 어머니와 아동의 심리적 갈등과 자아형성에 중점을 둔다. Freud가 말하는 대상의 개념이 어떤 욕구를 충족시키기 위한 이차적 개념인 반면, Melanie Klein은 대상과 관계를 형성하는 자체가 인간의 본능적 욕구라고 생각했다. 대상관계 이론에서는 내적 대상은 외부세계와의 상호작용을 통해 변화된다고 생각하였다. Melanie Klein은 이러한 관점에서 투사(projection), 내사(introjection), 분열(splitting), 투사적 동일시(projective identification) 등의 개념을 확립하였다.

이후 Margaret Mahler에 의해 대상관계의 발달과정이 정립되었다. 대상관계의 발달과정에서 영아는 주위환경과 자신을 구분 지을 수 없지만, 점차 발달하면서 타인의 존재를 인식하게 됨으로써 분리개별화(separation individualization) 과정을 경험한다는 것이 핵심이다. 분리개별화가 잘 이루어진 영아는 정서적으로 건강한 아이이며, 이는 어머니의 양육방식에 따라 달라진다고 주장하였다.

2. 주요 개념

1) 대상관계

대상관계(object relation)란 아동이 성장하면서 대상과 갖는 인격적 관계의 개념이다. 즉, 유아기 때 자신을 돌봐 주는 주양육자와 맺는 관계에서 비롯된다. 하지만 여기서 말하는 대상과의 경험은 단순히 그 대상과 지냈던 기억을 말하는 것은 아니다. 아동의 자아 안의 심리적 구조를 말한다. 즉, 아동의 입장에서 주요 대상들과의 경험이 내재화된 것을 의미한다. 이때 아동은 성장 초기나 현재 아동의 주변에 실제적으로 존재하는 사람, 사물, 장소 등의 외부대상(external objects)과 그 사람, 사물, 장소와 관련된 개념, 환상, 기억 등의 내부대상(internal objects)과 나누어 설명될 수 있다.

외부대상과 내부대상은 밀접한 관계를 갖는다. 예를 들어, 유아기에 개에게 물린 경험이 있는 유아라고 하면 현재 강아지와의 접촉을 두려워할 가능성이 있다. 내부대상인 개에게 물렸던 경험은 현재 외부대상을 선택하는 과정이나 관계에 영향을 미치기 때문이다. 하지만 자신이 사랑하는 할머니가 나이가 들어가면서 애완견에 대해 각별한 사랑을 표현한다면 강아지에 대한 경험이 수정되기도 한다. 즉, 내부대상은 현재의 외부대상에 의해 영향을 받아 수정되어 상호적 관계를 맺을 수도 있다.

이처럼 대상관계는 자기와 대상의 두 개체로 나누어진다. 하지만 대상과 자기간에 미분화가 이루어진다면 자기와 대상이 분리되지 못하고 엉켜 있는 상태인 공생관계를 맺는다. 공생경험은 심리적 문제를 가진 사람들만 경험하는 것은 아니다. 일상생활에서 음악을 듣거나, 대화를 나눌 때, 사랑을 나눌 때 공생경험을 할 수 있다. 음악에 심취하거나, 힘든 일이 있을 때 서로 대화를 나눔으로써 그 사람입장이 될 때, 사랑하는 연인이 마치 자기 자신이라고 느낄 때의 경험 등을 공생경험이라 할 수 있다. 하지만 심리적 문제를 갖고 있는 사람들은 자기와 대상 간의 경계를 구분하지 못하고 조절하지 못해 어려움을 겪는다.

2) 투사

투사(projection)는 자기의 일을 다른 대상에게 반영시키는 것을 말한다. 예를 들어, 두 형제가 있다고 하자. 형은 엄마가 사탕을 먹지 말라고 이야기한 것을 뒤로 하고, 동생에게 "너 사탕 먹고 싶지?"라고 물어본다. 이것은 자신이 사탕을 먹고 싶은 마음을 투사한 것이라 할 수 있다. 이렇듯 투사는 다른 사람에게 무의식적으로 책임을 전가하는 일종의 방어기제이다. 투사를 사용하면 자신이 견디기 어려운 정서에서 자유로워진다. 형은 동생에게 사탕을 먹고 싶지 않느냐고 물어봄으로써 자기 자신이 사탕을 먹고 싶은 욕구를 자유롭게 표현하였다.

3) 내사

내사(introjection)는 투사와 반대로 외적 대상의 행동, 태도, 기분, 자세 등을 받아들이는 과정이다. 즉, 나와 대상을 통합해 내면화시키는 것이라 할 수 있다.

내사의 개념은 동일시와 유사한 심리적인 기제라 할 수 있다. 유아들은 자신에게 중요한 사람들의 행동, 말, 감정을 내사하게 된다. 즉, 엄마의 냄새, 아빠의 목소리, 엄마가 안아주는 행동 등을 내사하게 되는 것이다. 이와 같이 좋은 대상으로 내사된 이미지는 이후 타인들과의 관계에 있어 자신을 돌보는 능력의 기반이 되지만, 반면 학대나 가학증과 같은 부정적 이미지들을 내사하게 된다면 이후 타인들과의 부정적 관계를 형성하게 된다.

4) 분열

분열(splitting)이란 자신에게 중요한 대상을 상반된 성질에 따라 나누어 인식하는 정신기제이다. 분열은 자기와 그 대상이 어떠한 경험을 했느냐에 따라 좋고 싫음의 성질이 표상화된다. 좋은 측면과 나쁜 측면은 공존하기 마련인데, 한쪽 측면만 의식하고 다른 측면은 배제하면서 분열한다. 유아기 때 욕구가 어떻게 만족되는가에 따라 대상의 좋고 싫음이 판별된다. 보통 유아들은 사탕을 먹고 싶은 욕구를 좌절시키는 엄마에게 부정적인 정서를 갖고 나쁜 사람으로 인식하지만 점차 성숙하면서 유아기 때의 좌절경험은 내적 평형을 이룬다. 중요한 것은 초기발달과정에서 좌절이 만성적으로 되거나 과도하게 되면 내적 평형을 이루기가 어려우며, 부분과 전체를 통합하지 못하고 단편적으로 남아 성격장애와 같은 질환으로 나타날 수 있다.

5) 분리-개별화 과정

분리-개별화는 자신을 주변과 분리하고 독립된 객체로 인식할 수 있는 것을 말한다. 신생아는 출산과 동시에 어머니로부터 신체적 분리를 경험한다. 이 당시는 신체적 분리만 이루어지며 심리적으로 분리된 것은 아니다. 분리-개별화 과정에서는 신체적 분리와 심리적 분리가 함께 이루어졌을 때 자신의 개별성을 얻는다고 하였다. Mahler는 이를 '심리적 탄생의 과정(a process of psychological birth)'이라고 불렀다.

분리-개별화는 출생 후 만 3세까지 이루어지며 크게 4단계를 거쳐 발달의 과정을 겪는다. 먼저 1단계인 정상적 자폐단계(0~2개월)의 영아는 내적인 상태에만 집중한다. 그러다 2단계인 정상적 공생단계(2~6개월)가 되면 외부의 자극에 반응하고, 자신과 어머니는 하나라고 인식한다. 이 시기 영아들은 배고픔을 표현하면 어머니가 젖을 주며 자신의 욕구를 충족해 주고, 어머니의 냄새, 목소리 등을 이미지로 기억하기 때문에 자신과 동일하다고 생각한다. 이 단계에서 중요한 것은 미분화된 영아가 어머니와 상호작용하면서 점차 분화가 이루어진다는 것이다. '상호신호 주고받기(mutual cuing)'를 통해 영아들은 점차 성숙해 간다. 상호작용의 과정을 통해 영아는 3단계인 분리개별화(6~24개월)단계를 거친다. 이 때 영아는 어머니와 본격적으로 분화되기 시작하며, 어머니에게 의존해 있다가 잠깐씩 떨어지는 것을 연습하는 시기를 맞는다. 이러한 연습 중의 하나가 '까꿍놀이'이다. 눈앞에 있던 엄마와 잠깐 떨어지고, 다시 만나는 경험을 통해 점차적으로 분화를 연습하는 것이다. 16개월에서 24개월쯤이 되면 분리에 대한 인식이 증가하면서 어머니에게 다시 의도적으로 재접근을 하는 시기가 찾아온다. 이때는 어머니에 대한 사랑의 욕구가 증가하고 어머니에게 의도적으로 신체적 접촉을 하고 다시 멀어지기를 반복한다. 이 시기 영아들의 행동특성은 어머니의 무릎 위로 기어 올라가는 등 신체적 접근을 하면서도 "싫어."라는 말을 자주 사용함으로써 언어적으로 어머니를 밀어낸다. 4단계는 대상항상성이 발달(24~36개월)하는 단계이다. 재접근기가 끝나면서 어머니에 대한 긍정적 내적 이미지를 발달시킴으로써 어머니와 분리가 가능해진다. 대상항상성이 형성되면 특정 대상에 대해 정서적으로 일관된 태도를 보인다. 어머니와 잠시 떨어져 있어도 불안해하지 않고, 어머니가 돌아오면 다시 반기며 웃을 수 있다. 이는 자신에 대한 항상성과 대상에 대한 항상성이 안전하게 형성되었기 때문이다.

〈표 3-1〉 분리-개별화 발달과정

단계	개월	주요 특징
1단계: 자폐기	0~2개월	• 정상적 자폐단계 • 내적인 상태에만 집중함.
2단계: 공생기	2~6개월	• 정상적 공생단계 • 외부자극에 반응하지만 어머니와 하나라고 인식함.
3단계: 분리 개별화기	6~24개월	• 분화(6~10개월)-연습(10~16개월)-재접근(16~24개월)을 거침. • 어머니와 점차 분화되며, 어머니에게 잠시 의존해 있다가 떨어지는 연습을 시작함. • 분리에 대한 불안을 느끼며 어머니에게 재접근을 시도함.
4단계: 강화기	24~36개월	• 대상항상성 발달 • 특정 대상에 대한 정서적 지각이 일관됨

3. 상담의 기법

1) 안아주기

안아주기(holding)는 신체적으로 안아주는 것뿐만 아니라 심리적·정서적으로 지원하고, 충분히 안정적 환경을 제공하는 것까지 포함한다. 충분히 좋은 엄마로서 아동을 돌보고, 아동들의 욕구를 충족시켜 주는 엄마와 같이 상담자는 아동의 욕구에 민감하게 반응해 주고 이를 수용해 주어야 한다.

안아주기 기법은 상담시간에 아동이 따뜻하고 안정된 심적 공간을 느낄 수 있도록 상담자가 이해와 공감해 주는 것을 말한다. 일관성 있는 목소리로 아동을 대하고, 상담실 안에 물건이나 분위기가 연속적이어야 하며, 아동이 예상할 수 있도록 규칙적인 상담이 이루어져야 한다. 이로써 아동들로 하여금 내가 있는 그대로 수용받고 있다고 느낄 수 있도록 해야 한다. 이와 같은 상담과정을 통해 아동은 자유롭게 자신의 감정을 표현할 수 있게 된다.

2) 담아내기

담아내기(containment) 기법은 아동의 감정을 다른 사람이 수용, 흡수, 변형시켜 담아내는 것을 말한다. 부모는 적극적 경청과 관찰의 내용을 토대로 아동의 감정을 알아채고, 이를 수용하고 조절하는 방법을 내면화할 수 있도록 도와야 한다. 유치원에 가기 싫다고 떼를 쓰는 유아에게 "저런, 화가 많이 났구나."라는 말을 통해 아이의 화를 담아내면, 유아는 곧 진정하기도 한다. 이처럼 유아들은 자신의 속마음을 주요타자인 어머니가 알아주기를 원하는 경우가 많다.

상담에 있어서도 부모와의 관계에서처럼 담아내기 기법이 적용된다. 상담자는 조용히 경청하고, 내담자의 감정표현을 방해하지 않음으로써 내담자의 감정을 담아낼 수 있어야 한다. 하지만 담아내기는 무조건적인 수용을 의미하지 않는다. 만약, 상담 시 자신의 감정을 조절하지 못하고 계속 발버둥치거나 물건을 부수려는 등의 행동을 보이는 아동에게는 단호하게 붙잡고 제지함으로써 아동의 감정표현이 잘못되었음을 알려 줄 필요가 있다.

3) 공감

신생아는 본능적 욕구와 충동을 몸으로 표현한다. 이때 부모가 영아의 입장에서 생각하고 이해하고, 민감하게 반응해 준다면 영아는 자신의 욕구와 실제가 접목되면서 전능감을 경험하게 된다. 이것은 영아가 성장하면서 자신만의 주관적 세계를 만들고 창조적 활동을 가능하게 한다. 만약 주양육자인 부모가 영아의 욕구와 충동에 적절하게 반응해 주지 못한다면 영아는 자신의 욕구가 충족될 수 없다는 것을 인식하고 동심세계를 잃게 되고 만다.

상담과정에서는 아동이 잃어버린 초기경험을 재구성할 수 있도록 돕는 역할을 한다. 상담자는 내담자의 입장에서 민감하게 욕구를 파악하고, 이를 반영·지지해 주어 내담자가 자신의 욕구가 현실화될 수 있다는 것을 인식할 수 있도록 도와야 한다. 이때 상담자는 내담자에게 새로운 환경을 제공해 줄 수 있는 촉진자이자 환경제공자의 역할을 담당하게 된다. 새롭게 형성된 내담자와 상담자의 관계에서 내담자는 자신이 원하는 세계를 펼쳐 나아갈 수 있다. 상담자의 공감적 반응은 내담 아동들이 건강한 자기 이미지를 내면화할 수 있도록 돕는다. 내담 아동 스스로가 자신을 공감하고 자신 스스로 위로하는 능력을 내면화할 수 있게 된다.

제4장

Adler의 개인심리학적 상담모델

Adler의 개인심리학적 상담모델의 출발점은 인간을 단순히 환경의 영향이나 유전에 의해 결정되는 수동적 존재로 보지 않는다는 것이다. 개인 심리학적 상담모델의 인간관은 각 개인이 스스로 상황을 해석하고 서로에게 영향을 끼치는 창조적 능력을 가진 존재로 운명을 스스로 개척해 나가는 자율성과 책임을 가진다는 것이다. 본 장에서는 Adler가 제안한 이론의 주요개념과 상담기법들을 살펴보면서 인간을 전체적이고 통합적인 관점에서 고찰할 것이다.

1. 이론가

▲ Adler

개인심리학의 창시자인 Alfred Adler(1870~1937)는 비엔나에서 여섯 형제 중 둘째로 태어났다. Adler는 어릴 때부터 구루병이나 폐렴 같은 여러 가지 질병을 앓았다. 또한 수학을 너무 못해서 구두수선공이나 하라는 교사의 말을 들은 적이 있었는데, 이에 화가 난 Adler는 공부를 열심히 해 학급에서 1등을 하게 된다. 이러한 아동기 경험은 이후 개인심리학을 이론화하는 데 영향을 미쳤다. Adler는 의과대학에 진학하여 1895년에 비엔나 대학에서 의학학위를 받았다.

Adler는 1902년에 비엔나에 있던 Freud를 만나 그가 이끄는 집단토론에 참여하게 된다. 하지만 점차 Freud의 심리성적 이론에 대해 반대하게 되고, 이후 열등감과 관련된 자신의 저서를 출간하면서 Freud와 관계를 단절하였다. Freud는 둘 사이의 관계를 개선하기 위해 Adler를 정신분석학회 회장 및 학회지 공동편집자로 추천하였다. 하지만 Adler는 끝내 심리성적 이론에 동의하지 않고, 1912년 개인심리학회를 창설한다. 그의 딸과 아들은 정신의학자가 되어 아버지의 개인심리학 원리를 연구하였다. Adler는 1937년에 갑자기 심장마비로 쓰러져 생을 마감하였다.

2. 주요 개념

1) 생활양식

Adler는 인간이란 하나의 온전한 전체이며 단순화하거나 쪼갤 수 있는 대상이 아니라고 보았다. 인간이 원초아, 자아, 초자아로 구성된 산물이라는 Freud의 주장에서 벗어나 자신의 삶을 스스로 결정하는 완전함을 추구하는 존재로 인식하였다.

문제는 인간이 열등감을 경험한다는 것이다. Adler는 인간이 자신의 열등감을 보상하기 위하여 다양한 행동을 하는데 이것들이 생활양식으로 구축된다고 한다. Adler는 유아기 때 생활양식의 대부분이 형성되며, 성인이 되어서도 개인의 생활양식은 거의 변하지 않는다고 생각하였다. 물론 상황이나 시기에 따라 새롭고 독특한 생활양식을 학습하지만 그것은 어릴 때 이미 형성된 생활양식의 확대일 뿐이라는 것이다.

생활양식은 개인의 자아개념, 타인에 대한 감정, 사회에 대한 태도 등 전체를 포괄하는 한 사람의 독특한 특징으로 볼 수 있다. Adler는 생활양식을 활동수준과 사회적 관심을 기준으로 4가지 형태로 나누어 설명하였다. 먼저 지배형(the ruling type)은 활동수준은 높으나 사회적 관심은 거의 없는 유형을 말한다. 기생형(the getting type)은 활동수준은 중간이고 사회적 관심은 낮은 유형을 말한다. 회피형(the avoiding type)은 활동수준도 낮고 사회적 관심도 적은 유형을 의미한다. 마지막으로 사회적 유용형(the socially useful type)은 사회적 관심과 활동수준이 모두 높은 유형을 말한다. 이때 지배형, 기생형, 회피형은 바람직하지 않은 유형에 속하며, 사회적 유용형은 바람직한 유형에 속한다. Adler는 이와 같이 유형화되는 것은 어린 시절에 겪었던 부모의 영향 때문이라고 주장했다.

2) 사회적 관심

Adler는 인간은 혼자서는 살 수 없으며 일정 집단에 소속되어 사회적 관심을 가지는 사회적 존재라고 보았다. Adler가 주장하는 사회적 관심은 지역사회에 대한 애정, 이웃과의 우정, 공동체 의식 등 이타성을 추구하는 다양한 것으로 표현된다.

Adler가 말하는 사회적 관심의 정도는 정신건강의 중요한 잣대로 작용한다. Adler는 사회적 관심을 가진 사람이 정신적으로 건강하며, 행복하고, 사회에 기여한다고 보았다. 반면 사회적 관심이 결여된 사람의 경우는 사회적 부적응이 높고, 자신의 욕구에만 관심을 두기 때문에 사회에 기여하지 못하는 사람이라고 하였다. 이처럼 개인심리학에서는 사회적 참여를 하면서 타인에게 기여할 수 있는 이타적인 측면을 강조한다. 사회적 관심이 바람직하게 형성되기 위해서는 가족의 분위기, 가족 내의 위치, 부모의 양육방식 등과 같은 환경적 요인들이 영향을 미친다.

3) 가족 내 위치

Adler는 가족 내의 위치가 그 사람의 성격형성에 영향을 미치는 주요변수라고 생각했다. 출생순위에 따라 모두 동일한 특성이 형성되는 것은 아니지만, 가족 내에서의 아동의 역할, 행동, 관심 등은 출생순위와 관계가 있을 것이라 주장했다.

Adler가 설명하고 있는 출생순위별 특징은 다음과 같다. 먼저 외동이는 부모의 관심과 애정을 단독으로 받기 때문에 인지적 측면에서 이점을 얻는다. 언어의 습득, 다양한 인지적 활동, 성인의 양식 등을 학습하는 데 쉬운 환경이기 때문이다. 한편 동료나 친구들과의 관계에는 어려움을 겪을 수 있다. 관심의 한가운데 있는 것을 즐기며, 만약 자신의 요구를 받아들이지 않았을 때는 분노를 보이고 비협조적 행동을 한다. 성인에게 의존적이며, 나누고 타협하며 공동으로 하는 협동작업에 미숙하다.

한편 맏이는 가족 내에서 가장 큰 관심의 대상이 된다. 특히 아들의 경우가 더욱 그러하다. 맏이는 둘째 아이의 탄생에 대해 불안감을 가지고 있으며, 내성적이고 품행이 단정하고 부모를 기쁘게 하기 위해 노력한다. 둘째 아이는 외향적이고 창의적이며 자유로운 사고를 하는 사람이 될 수 있다. 부모는 첫째 아이에 비해 둘째 아이에게 비교적 관대하고 규칙에 덜 엄격하다. 둘째는 경쟁심이 강하고, 사랑받지 못한다는 느낌을 받을 수 있다. 막내는 주로 왕자나 공주처럼 여겨지고 모든 가족구성원으로부터 도움을 받아 응석받이가 될 수 있다. 개인심리상담에서는 가족 내의 아동의 위치를 파악하여 이를 올바르게 세우는 것에 관심을 갖는다.

4) 열등감

인간은 사회적 존재로 살아가면서 타인의 삶과 자신의 삶을 비교하기 시작한다. 상대방보다 자신이 부족하다는 생각을 갖게 되면 열등감을 느낀다. Adler는 열등감에 빠지게 되는 이유로 자신의 신체상에 대한 열등감, 부모의 과잉보호로 인한 열등감, 부모의 방임이나 양육적 태만으로 인한 열등감을 들었다. 신체상에 대한 열등감은 부모에게 물려받은 자신의 신체를 어떻게 생각하는가에 대한 열등감이다. 부모의 과잉보호는 자녀가 독립적으로 생활하는 데 방해가 된다. 과잉보호를 받은 아동은 자신감이 부족하고 인생의 난관에 부딪혔을 때 문제해결능력이 부족하다고 생각해 열등감에 빠지게 된다. 부모의 방임이나 양육 태만도 아동의 열등감을 야기한다. 아동은 부모가 자신을 충분히 사랑하지 않으며, 자신이 사랑받을 가치가 없다고 생각하여 열등감에 빠지기 쉽다.

개인심리학에서는 열등감의 기능에 대해 관심을 가졌다. 아동기부터 형성된 열등감은 성인기 이후에 신경증을 일으키는 주원인이 된다. 하지만 열등감은 자신을 평가 절하하는 것이 아닌 자기완성을 위한 매개체도 될 수 있다. 또한 열등감의 부정적인 면보다 긍정적인 면을 추구했던 개인심리학에서는 심리적 건강을 위해 열등감을 지배하고 극복해야 한다고 주장했다. 만약 열등감을 지배하지 못한다면 파괴적 생활양식으로 이어질 수 있다.

3. 상담의 기법

1) 격려

Adler는 상담자의 격려는 내담자가 문제를 다루도록 지원하는 중요한 부분이라고 주장하였다. 내담자를 격려함으로써 내담자의 생활양식에 접근하고 긍정적 관계를 형성하는 데 유용하게 사용할 수 있다. 격려는 내담자가 반복적 절망감을 단절하도록 돕는 주요한 원천이 된다.

Adler는 상담자들에게 칭찬과 강화보다는 격려를 권장한다. 칭찬은 성인이 규정하는 조건에 부합된 결과를 보고 "잘했다."고 반응하는 것이라 할 수 있다. 한편 격려는 아동을 있는 그대로 수용하면서 그 과정에 초점을 맞추는 것을 말한다. 예를 들어, "너는 네가 처한 어려움을 잘 이해하고 있구나. 선생님은 네가 그 문제를 잘 다룰 수 있다고 생각해. 네가 할 수 있도록 선생님이 돕고 싶구나." 등이다.

2) "마치~처럼" 행동하기

이 기법은 실제로는 그렇지 않지만 마치 무엇이 이루어진 것처럼 가정하여 행동하거나 또는 내담자가 부담스럽지 않은 다른 것처럼 행동하는 것을 말한다. 내담자가 자신의 행동이 실패할 것이라고 믿기 때문에 새로운 시도를 어려워할 때 유용한 기법이다.

3) 단추누르기

이 기법은 내담자가 자신이 원하는 감정은 무엇이든지 만들어 낼 수 있다는 사실을 인지하기 위한 것이다. 즉, 내담자에게 내적 통제감을 부여하는 기법이다. 예를 들어, 내담자가 우울하다면 그것은 내담자가 우울함 단추를 선택하여 눌렀기 때문이라고 설명한다. 단추누르기 기법은 내담자가 유쾌하거나 불쾌한 혹은 고통스러운 경험을 번갈아 가면서 생각하고 자신이 원하는 감정을 느낄 수 있다는 경험을 갖게 하는 것이다. 유쾌함 단추와 불쾌함 단추 중에 어떠한 단추를 누르냐에 따라 감정이 달라지며 이는 내담자가 통제할 수 있다고 믿게 하는 것이 중요하다.

제5장

Rogers의 인간중심 상담모델

본 장에서는 인간의 잠재력에 대한 신뢰를 바탕으로 성립된 인간중심 상담모델에 대해 살펴보고자 한다. 인간중심 상담모델은 정신분석과 대조적인 인간관을 바탕으로 시작되었다. 상담자 중심의 기존 모델들과 달리 내담자 중심모델 또는 상담자의 지시나 통제를 배격한다는 의미에서 비지시적 접근으로 불리기도 한다. Rogers는 상담자와 내담자 간에 만남은 인간 대 인간으로서의 관계여야 한다고 강조하였다.

1. 이론가

Carl Rogers(1902~1987)는 미국 일리노이 주에서 여섯 남매 중 넷째로 태어나 종교적·도덕적으로 매우 엄격한 가정환경 속에서 자라났다. Rogers의 부모는 도시생활의 유혹으로부터 자녀를 보호하기 위해 시골로 이사를 했고, 다른 가족들과 사회적 교류를 많이 하지 않았다. Rogers는 엄격한 가족관계 때문에 고통을 겪었는데, 대학교 3학년 때 중국에서 열린 세계 기독학생 청년대회에 참석하면서 가족으로부터 독립하게 된다.

▲ Rogers

이후 대학원에 진학하여 심리학, 정신의학, 교육학 과정을 수강하면서 점차 아동에 관심을 갖게 된다. Rogers는 1939년 『아동지도 연구소의 발전과 문제아를 위한 임상치료』를 발표했으며, 이후 『상담과 심리치료(1942)』를 저술했다. Rogers는 시카고 대학으로 옮겨 상담센터를 설립하여 12년간 연구를 하였고, 그 결과를 모아 『내담자 중심치료(1951)』를 발간하였다. Rogers는 내담자 중심보다는 인간중심이란 용어를 더 선호하였으며, 상담자의 온정과 책임감에 중점을 둔 상담관계를 제안하였다.

2. 주요 개념

1) 현상학적 장

현상학적 장(phenomenal field)이란 내담자가 지금-여기(here-and-now)에서 인식하고, 경험하는 모든 것을 말한다. 내담자의 행동을 결정짓는 것은 과거의 특정 사실이 아니라 과거에 대한 개인의 현재 해석이다(이숙·정미자·최진아·유우영·김미란, 2008). 즉, 현상학을 근간으로 하는 인간중심 상담에서는 객관적 사실보다는 내담자가 어떻게 현상을 인식하는가 하는 주관적 실재(subjective reality)에 따라 나타나는 행동이 달라진다고 본다. 인간중심 상담자는 내담자 개개인의 경험이 다르고, 각기 다르게 현실을 지각하기 때문에 그 내담자의 현상학적 장을 먼저 이해하도록 노력해야 한다.

2) 자아와 자아경향성

자아(self)는 Rogers의 이론에서 가장 핵심이 되는 개념이다. 아동은 성장하면서 '나'와 '타인'을 구분하며, 현상학적 경험을 통해 자아상(self image)이 생겨나게 된다. 자아개념은 현재 내가 어떤 사람인가에 대한 현실자아(real self)와 앞으로 자신이 어떤 존재가 되고 싶은지에 대한 이상적 자아(ideal self)로 나뉜다. 자아개념은 아동이 살아가면서 부모나 주요 타자들과 상호작용하면서 발달하고 점차 분화한다. Rogers는 아동의 자아가 형성되면 자기를 실현하려는 경향을 갖는다고 믿는다. Freud가 인간의 충동(drive)을 강조했다면, Rogers는 자아실현을 강조했다고 할 수 있다.

3) 가치의 조건

가치의 조건화는 가치가 있고 없음을 규정짓는 외적인 조건을 말한다(이숙 외, 2008). 외부적 조건에 부합하면 가치 있는 것이고, 그렇지 못한 것들은 가치가 없는 것이라고 여겨진다.

부모의 양육태도는 아동에게 옳거나 그른 가치를 조건화시킨다. 아동에게 있어 절대적인 영향력이 있는 사람은 부모이며, 아동은 의미 있는 대상자로(주로 부모)부터 긍정적인 자기실현을 얻기 위해 노력하기 때문이다. 부모가 어떠한 양육태도를 가지냐에 따라 아동이 바라보는 세상도 달라질 것이다. 만약 아동이 부모의 기준에 맞는 행동을 하면 칭찬을 받고, 반대로 기준에 맞지 않는 행동을 했을 때는 꾸중을 듣거나 처벌을 받게 된다. 아동은 칭찬을 받으면 자신을 착한 아이로 생각하고, 꾸중을 받으면 나쁜 아이로 생각할 가능성이 있다. 즉, 현실의 장 속에서 아동이 겪는 다양한 경험들은 부모의 기준에 따라 옳거나 그른 것으로 인정된다. 자아개념이 형성되면서 아동은 점차 가치의 조건에 길들여지며, 자신의 내적 경험을 무시하거나 또는 무시당할 수 있다. 사회화 과정이라고 생각할 수 있지만, 인간중심 상담모델에서 지향하는 다양한 경험에 개방적이고 개성적인 존재로 성장하기 어려워진다.

4) 완전하게 기능하는 사람

완전히 기능하는 사람이란 자신의 잠재력을 알고 충분히 발현하며, 자신의 모든 경험에 대한 온전한 지식을 갖춘 사람을 말한다. Rogers는 인간의 성격은 일생동안 변할 수 있고, 성격이 잘 형성되면 완전하게 기능할 수 있다고 믿었다.

완전하게 기능하는 사람은 다음과 같은 특징을 갖는다(이향숙·박성옥·정영선·류진아·황미영·이기영 외, 2011). 첫째, 자기경험과 감정에 개방적이다. 자신의 욕구나 어려운 감정도 있는 그대로 수용하면서 적절하게 대응할 수 있다. 둘째, 매 순간 삶을 가치 있게 여기며 실존적 삶의 태도를 중시한다. 셋째, 외부자극보다는 자신의 경험에 대한 신뢰를 갖는다. 자신의 경험을 전체로 보고, 자신의 선택에 대한 자기신뢰가 높다. 넷째, 자유의식의 증가이다. 방어적 태도를 줄이고, 자기선택과 결정에 대한 신념을 갖는다. 다섯째, 창조성의 증가이다. 자신의 경험을 신뢰하는 자유로운 사람들은 창조적인 삶을 살아갈 수 있다.

착한 아이 콤플렉스

착한 아이 콤플렉스는 아동이 '착한 아이'가 되기위해 내면의 욕구나 소망을 억압하는 말과 행동을 반복하는 것을 뜻한다. 자신의 내적 욕구에 따르는 능력의 부재는 부모의 기대에 부합하는 행동을 해야만 '착한 아이'라고 조건화되었기 때문이다.

문제는 타인의 말에 순종하는 것이 착한 것이며 착한 것이 선(善)이라고 단순화하는 것이다. 타인의 말을 반박하거나 따르지 않는 것은 나쁜 것으로 규정된다. 이는 타인의 판단을 절대적으로 내면화한 것이다.

이러한 규정은 "착하지 않으면 사랑받을 수 없다."는 두려운 믿음에서 출발한다. 아동기의 불합리한 믿음이 고착되어 성인이 되어서도 이를 버리지 못하는 역기능을 초래한다. 이러한 콤플렉스가 적절히 해결되지 않으면 성인이 되어서도 지속적으로 '착한 여자, 착한 남자'가 되기 위해 비합리적인 노력을 기울이게 된다.

'착한 아이'가 되고자 하는 성인은 타인의 눈치를 보며, 갈등 상황을 피하기 위해 타인의 요구에 순종적으로 행동한다. 이후에도 타인이 자신을 착하다고 생각하는지 계속 확인한다. 하지만 자신의 느낌이나 욕구가 억눌러 무시되었기 때문에 내면은 위축되어 있고 우울한 감정으로 가득 차게 된다. 심한 경우 강박증과 공황장애로 이어지기도 한다.

3. 상담의 기법

Rogers의 인간중심 상담에서는 상담기법보다 상담자와 내담자의 관계에 초점을 두고, 다음과 같이 현장에서 적용하여 진행할 수 있다고 하였다. 구체적으로 상담자와 내담자와의 관계를 살펴보고, 상담의 과정을 소개하면 다음과 같다.

1) 진실성

인간중심 상담에서는 지금-여기를 강조하기 때문에 현재의 경험에서 느낀 감정을 지각하고, 모든 경험을 개방적으로 받아들이고, 자기 자신과 일체가 되도록 권유한다. 이러한 원칙하에 상담자는 내담자에게 진실성을 가져야 한다. 진실성은 상담자가 자신의 감정이나 생각을 내적으로나 외적으로 동일하게 내담자에게 진솔하고 개방적으로 표현하는 것을 말한다. 진실성은 내적 및 외적 일치성을 의미하여, 개방성 또는 투명성으로 불리기도 한다.

상담자는 아동의 있는 그대로의 모습을 받아들이는 수용성을 갖추고 상담자 자신을 진솔하게 표현할 수 있어야 한다. 상담자는 내담자에게 느끼는 긍정적인 감정과 부정적 감정 모두를 표현할 수 있다. 하지만 부정적 표현이 오히려 치료적 관계를 어렵게 할 수 있다고 판단되면 침묵이나 짧은 어구로 중립적 반응을 보이는 것이 바람직하다. 상담자가 내적으로 느끼는 것과 외적으로 표현하는 것이 일관되게 일치한다면 내담자도 자신의 경험에 진실하게 접근할 수 있고, 자아와 경험이 불일치하는 거리를 좁힐 수 있게 된다.

2) 무조건적 긍정적 존중

무조건적 긍정적 존중은 절대적인 수용을 의미한다. 상담자가 내담자의 이야기에 어떠한 가치판단이나 비판을 하지 않으며, 내담자를 무조건적으로 받아들이고 따뜻하고 긍정적인 태도로 수용하는 것을 말한다. 이와 같은 긍정적 존중은 내담자로 하여금 자신이 사랑받고 존중받고 있다고 느끼게 하며, 결국 내담자가 자유롭게 자아를 표현할 수 있도록 돕는다.

무조건적 긍정적 존중을 해야 한다고 해서 내담자가 옳지 못한 행동을 하는 것도 수용해야 한다는 의미는 아니다. 예를 들어, 내담자가 심각하고 구체적으로 자살에 대해 언급을 한다면 이를 무조건적으로 수용해서는 안 될 것이다. Rogers가 주장하는 무조건적 긍정적 존중은 내담자로 하여금 자신이 따뜻한 관심과 존중을 받고 있으며 이해받고 있다는 것을 인식시키는 것을 의미한다.

3) 공감적 이해

Rogers는 상담자가 내담자의 경험을 마치 자신의 것처럼 느끼고 이해하며, 그러한 공감을 내담자에게 전달하는 것을 공감적 이해라고 정의했다(정문자·제경숙·이혜란·신숙재·박진아, 2013). 공감적 이해는 내담자의 주관적 경험을 정확하고 민감하게 이해해서 마치 상담자 자신의 것이라고 느끼는 것을 말한다. 하지만 공감적 이해를 한다고 해서 내담자와 동일시하거나 내담자에게 무조건 동의해야 한다는 것은 아니다. 내담자와 같은 감정을 느끼지만 상담자는 객관성을 유지해야 한다.

아동중심 상담의 아동을 바라보는 관점

1. 개인 현실의 최고 결정자
2. 조직화된 전체로서 행동하는 존재
3. 자기를 향상시키려는 욕망이 있는 존재
4. 만족할 만한 인지욕구에 목표 지향적인 존재
5. 이성에 영향을 미치는 감정에 의해 행동하는 존재
6. 자아를 가장 잘 인지할 수 있는 존재
7. 자기를 깨달을 수 있는 존재
8. 가치 있는 존재
9. 긍정적인 자기개념을 유지하는 점에서 흥미 있는 존재
10. 자기개념과 일치하는 방법으로 행동하는 존재
11. 자기와 불일치하는 행동을 나타내지 않는 존재
12. 자기개념 안으로 어떤 경험을 도입하거나 하지 않는 심리적인 자유나 긴장을 생산하는 존재
13. 경직된 행동을 함으로써 위협에 반응하는 존재
14. 자기가 위협으로부터 자유로워지면 자기와 불일치하는 경험들을 자각하도록 받아들이는 존재
15. 잘 통합된 자기개념이 존재한다면 타인을 좀 더 이해하는 존재
16. 자기파괴적 가치수준으로부터 자기실현적 가치기준으로 이동하는 존재

출처: 이향숙·박성옥·정영선·류진아·황미영·이기영·서명원·강은주(2011). p. 92 재인용.

제 6 장

행동주의 상담모델

행동주의 상담모델은 인간의 행동은 학습된 것이라고 본다. 행동주의 심리학은 Pavlov, Watson, Skinner, Bandura 등의 학자들에 의해 발전했으며, 1950년대에 정신분석학을 비판하며 등장했다. 행동주의 상담모델의 기본 전제는 인간은 선하지도 악하지도 않는 백지상태로 태어나며, 어떠한 환경에 놓이느냐에 따라 결과적인 행동이 달라진다고 본다. 본 장에서는 행동주의 상담모델의 주요개념을 살펴보고, 구체적인 상담기법에 대해 살펴볼 것이다.

1. 이론가

행동주의 상담에서는 문제행동을 유발하는 내적 기제보다는 외현적 조건에 관심을 갖는다. 행동주의 심리학에서는 인간을 환경에 반응하는 수동적 개체로 보며, 자신을 변화시키고 통제하기에는 능력이 부족하다고 생각했다.

행동주의 상담의 기초를 이룬 대표적 학자로 Pavlov를 들 수 있다. Pavlov는 개를 이용한 실험을 통해 조건형성 과정을 밝혀냈다. 중성자극을 연합의 원리를 이용해 조건화될 수 있음을 증명하여 이후 노벨상을 받기도 하였다. Pavlov의 실험결과는 환경을 적절히 조작하면 인간의 행동도 원하는 방향으로 조건화시킬 수 있다는 원리를 시사하였다.

Pavlov의 원리를 인간에게 적용하기 위해 애쓴 학자가 Watson이다. Watson은 모든 인간의 행동은 환경에 의해 통제될 수 있다고 믿었다. 환경이 인간의 발달에 가장 중요한 요인이라는 주장은 이후 자극-반응심리학으로 불리기도 하였다. 특히 Watson은 영아를 대상으로 한 실험을 통해 생애 초기부터 자극과 반응에 대한 통제를 계획대로 진행한다면 원하는 성인으로 양육할 수 있다는 극단적 주장을 펴기도 하였다.

이후 행동주의 심리학자인 Skinner는 Skinner Box라는 실험도구를 이용해 동물을 대상으로 다양한 강화의 원리를 분석하였다. Skinner는 어떤 특정한 행동이 유지되는 것은 그에 상응하는 만족된 결과가 발생했기 때문이라고 주장하였다. 인간의 특정 행동도 보상을 통해 유지할 수 있음을 시사하였다.

사회학습이론을 주장한 Bandura는 이전 학습이론자들과 달리 인간의 인지적 능력을 조명하였다. 인간은 직접적 강화가 없어도 타인의 행동을 관찰하는 것만으로도 학습할 수 있는 능력을 지닌 존재라는 것이다. Bandura는 특히 모델링을 통한 학습원리를 강조하였다.

Pavlov(1849~1936)

Watson(1878~1958)

Skinner(1904~1990)

Bandura(1925~현재)

2. 주요 개념

1) 고전적 조건형성

고전적 조건형성은 반응을 유발하지 않았던 중립자극에 조건화 과정을 연합하여 반응하게 하는 것을 말한다. Pavlov는 조건화 과정의 원리를 개의 타액 실험에서 발견하였다. Pavlov는 다음 [그림 6-1]과 같은 장치를 이용하여 개의 침액 분비의 양을 측정하였다. 먼저 침액선 개구부에 튜브를 연결한 후 먹이를 보여주면서 개가 어느 정도의 침을 흘리는가를 기록하는 것이다. 이 실험을 통해 먹이라는 무조건 자극이 오면 개는 무조건적으로 침을 분비한다.

이후 Pavlov는 연합의 원리를 이용한 조건화를 시도한다. 먼저 개에게 먹이를 주기 전에 중립자극인 종소리를 들려주었다. 개는 종소리에 아무런 침 분비 반응을 하지 않았다. 이후 종소리와 음식을 같이 제공하기를 반복하였다. 이러한 반복이 계속되자 결국 개는 음식이 제공되지 않고 종소리만 들려도 침을 흘리는 반응을 나타냈다. 이는 중성자극이었던 종소리가 무조건 자극인 먹이와 연합하여 조건반응을 일으킨 결과라 할 수 있다.

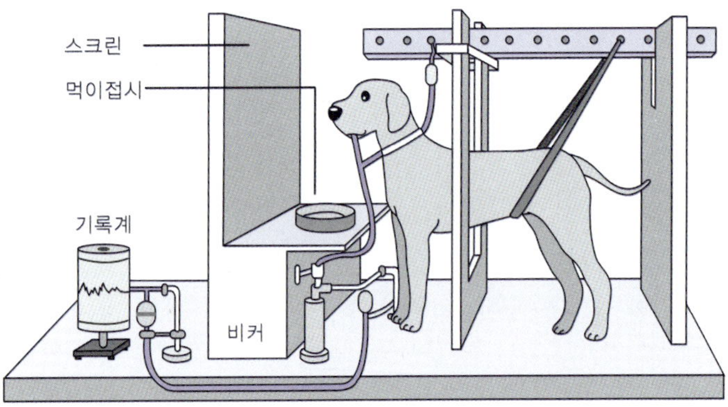

[그림 6-1] Pavlov의 고전적 조건형성 실험

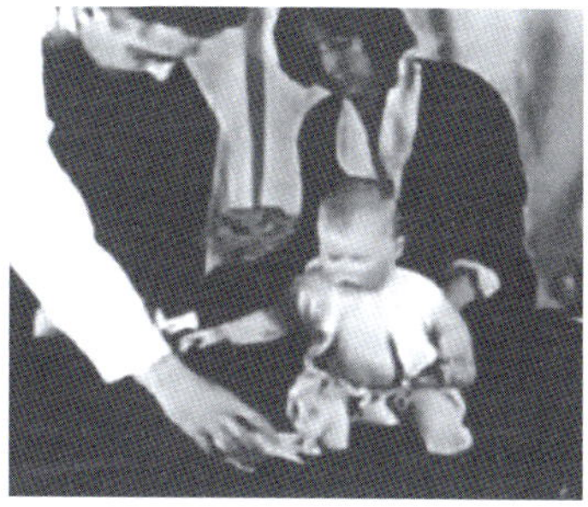

[사진 6-1] Watson의 정서조건화 실험

한편 Watson은 Pavlov의 고전적 조건형성의 원리를 인간에게 적용시켰다. Watson은 영아에게 공포 정서를 학습시키는 실험을 통해 인간의 공포, 분노, 사랑 등의 감정도 조건화될 수 있음을 보여주었다. 구체적으로, Watson은 생후 11개월의 Albert에게 흰쥐를 보여주었다. 처음에 Albert는 쥐를 무서워하지 않고, 전혀 공포심을 느끼지 않았다. 이후 Watson은 흰쥐를 보여줄 때마다 큰 소리를 들려주었다. 큰 소리는 인간에게 본능적으로 두려움을 야기하는 무조건 자극이다. 이를 여러 번 반복하자 Albert는 흰쥐만 보고도 놀라서 울고 흰쥐를 피하려 하는 공포반응을 보였다.[1] 이러한 실험을 통해 Watson은 인간의 발달에 가장 큰 영향을 주는 것은 환경이라고 주장하면서, "나에게 13명의 건강한 아이를 맡겨 준다면 원하는 대로 의사든, 변호사든, 도둑이든, 거지든 만들 수 있다."고 단언하기도 했다.

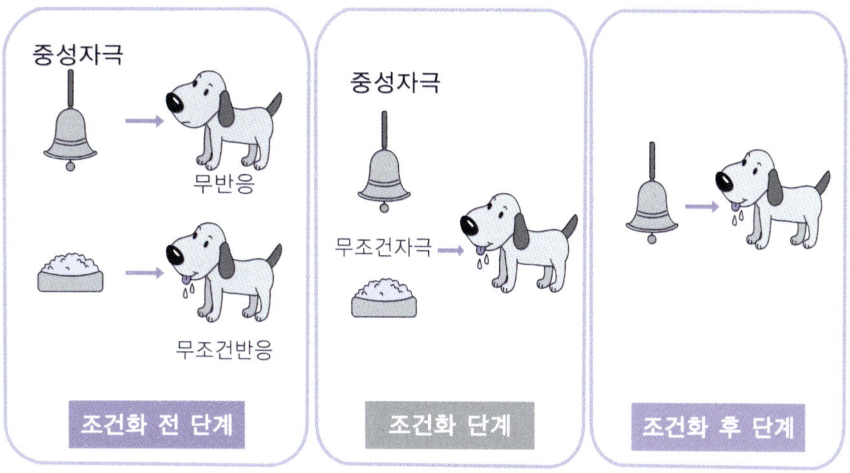

[그림 6-2] 고전적 조건화 형성 3단계

1) Watson의 정서조건화 실험 동영상(알버트 흰쥐 실험, http://www.youtube.com/watch?v=Xt0ucxOrPQE)

2) 조작적 조건형성

Skinner는 고전적 조건형성이 반사적 반응과 같은 단순한 현상을 설명하는 데 그친다고 비판하면서 좀 더 복잡한 인간 행동을 설명하는 원리를 찾고자 하였다. Skinner는 특별히 고안된 상자 안에 작은 쥐와 먹이를 넣었다. 지렛대를 누르면 음식이 나오도록 만들어진 상자 안에서 흰쥐는 이리저리 돌아다닌다. 우연히 지렛대를 누르자 먹이가 접시에 떨어졌고, 쥐는 먹이를 먹게 되었다. 몇 번 이러한 경험을 반복하게 된 쥐는 지렛대를 누르는 횟수가 많아지게 되었다. 즉, 지렛대를 누르면 먹이가 제공된다는 것을 쥐가 학습한 것이다.

조작적 조건형성의 핵심적 원리는 강화와 처벌이다. 강화는 지속적으로 특정행동을 하게 만드는 것을 말한다. 특정 행동이 지속적으로 나타나게 하기 위해서는 두 가지 방법이 있다. 먼저 부적 강화(negative reinforcement)가 있는데, 이는 부정적인 결과를 피하기 위해 특정 행동을 많이 하는 것이다. 또 다른 하나는 특정 행동 뒤에 좋은 보상을 받으면 그 행동을 반복하게 되는 정적 강화(positive reinforcement)가 있다. 예를 들어, 아동이 학교의 숙제를 열심히 하도록 하는 방법에는 두 가지가 있다. 첫째, 아동이 숙제를 혼자서 잘 할 때마다 싫어했던 학습지 풀기를 줄여 주는 부적 강화를 사용할 수 있다. 또는 아동이 숙제를 혼자서 잘 할 때마다 좋아하는 컴퓨터 게임을 할 수 있는 시간을 늘려 주는 정적 강화를 줄 수 있다. 한편 처벌은 강화와는 달리 특정 행동의 빈도를 낮추는 것이다. 예를 들어, 아동이 학교에 지각하는 행동을 감소시키고 싶으면 지각할 때마다 좋아하는 컴퓨터 게임을 할 수 있는 시간을 줄이는 처벌을 할 수 있다.

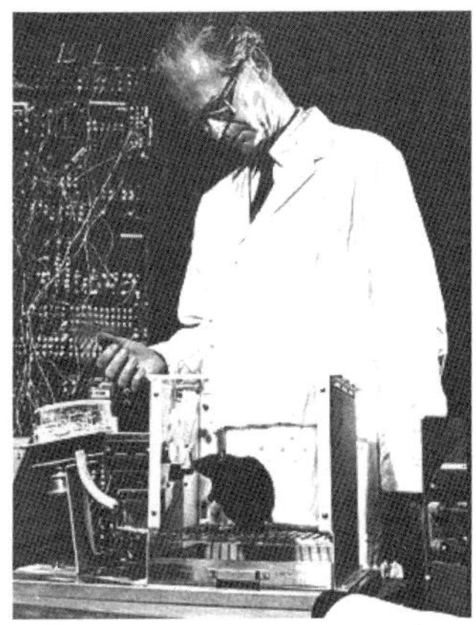

[사진 6-2] Skinner의 조작적 조건형성 실험

3) 모델링

Bandura는 앞선 행동주의 이론가들이 주장한 반응, 연합, 강화, 소거 등의 조건형성만으로는 복잡한 인간의 행동을 설명하기 어렵다고 지적했다. 인간은 인지적 능력을 가지고 있기 때문에 관찰과 모방에 의한 학습을 할 수 있다고 주장하며 사회학습이론(social learning theory)을 전개하였다. 사회학습이론에서 인간은 외부에서 주어지는 강화보다는 스스로 타인의 행동을 관찰하고, 모방하며, 학습해야겠다는 판단에 의해 학습한다.

Bandura가 실시한 보보인형 실험은 모방학습에 대한 실제적인 예가 되었다. 구체적으로, 보보인형을 넘어뜨리고 때리는 성인의 공격적인 행동을 본 유아들은 이후 성인의 공격적 행동을 따라하였다. 인간은 직접적인 경험에 의해서도 학습하지만 타인의 행동과 그 결과를 관찰하는 것만으로도 학습할 수 있다는 것이다. 예를 들어, 교사가 친구를 때린 아동을 꾸중하는 장면을 본 아동은 이후 친구에게 공격적 행동을 하는 것을 자제할 것이다. 또한 부모가 장난감 정리를 한 형을 칭찬하는 것을 본 동생은 이후 자신도 장난감 정리를 하고자 할 수 있다. 이처럼 관찰한 대상이 강화를 받는 것을 보고 본인도 강화를 받는 것을 대리적 강화라고 한다.

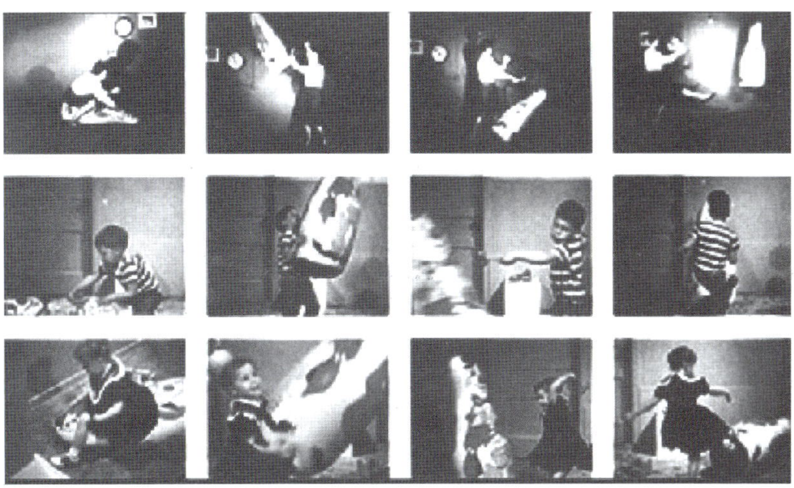

[사진 6-3] Bandura의 보보인형 실험

3. 상담의 기법

1) 체계적 둔감법(systematic desensitization)

체계적 둔감법은 탈조건형성의 대표적 기법이다. 부정적 정서와 긍정적 정서가 동시에 유발될 수 없다는 전제에서 출발한다. 예를 들어, 불안이나 공포를 유발하는 자극을 긍정적 정서를 유발하는 상태와 연합시키면 부정적 정서가 감소할 수 있다는 원리이다.

체계적 둔감법은 대인관계공포, 시험공포, 신경증적 공포 등을 감소시키는 상담에서 많이 사용된다. 예를 들어, 거미에 대한 공포증이 심한 아동의 예를 적용해 볼 수 있다. 내담자를 잔잔한 음악이 흐르고 조명이 은은한 방의 편안한 소파에 뉘여 이완상태를 유발한다. 이때부터 부정적 정서를 유발하는 자극인 거미를 노출시키는데, 최소치(예: 거미 사진 제시)부터 최대치(예: 실제 거미를 가져와 만져 보게 함)까지 단계적으로 연합시킨다. 단계적 연합은 내담자의 공포 반응을 고려하여 장기적 계획하에 이루어진다.

체계적 둔감법에서 사용하는 이완 훈련은 다양한 불안이나 공포를 다룰 수 있게 한다. 아래 제시한 이완지시법은 실제 상담에서 사용될 수 있다.

〈표 6-1〉 이완지시법

1. 바닥에 눕거나 의자에 앉는다. 가능한 편안한 자세로 손과 팔부터 시작해 머리, 어깨, 목, 가슴, 몸통, 다리 순서로 근육을 이완시켜 나간다.
   - 찡그리기 멈추기: 이마, 입술, 턱 등 얼굴 근육을 이완한다.
   - 손과 팔 등을 이완시켜 나간다.
   - 6초간 긴장시키고, 다시 이완한다. 이를 반복한다.
2. 상상하기
   - 왼손에 귤 한 개를 쥐고 있는 것을 상상한다.
   - 귤을 세게 눌러 짜는 것을 상상한다. 모든 즙을 다 짜내도록 힘을 준다.
   - 귤을 눌러 짜는 동안 손과 팔의 긴장을 느껴 본다.
   - 그다음 귤을 바닥에 떨어뜨리는 상상을 한다.
   - 이완했을 때 근육들이 어떻게 느껴지는지 주의를 기울인다.
   - 이를 반복하면서 근육의 긴장과 이완을 지각하고, 통제할 수 있도록 훈련한다.

출처: 이숙 외(2008). p. 91 재인용.

2) 혐오법(aversive techniques)

혐오법은 바람직하지 못한 행동을 소거하기 위해 내담자가 부적절한 행동을 보일 때마다 고통스럽거나 혐오스러운 결과를 느끼게 하는 기법이다. 고전적인 혐오법에서는 전기 충격이나 화학적 혐오자극제를 사용하는 극단적 방법을 사용하기도 하였다. 직접적 혐오법을 사용하는 예로서, 모유수유를 끊기 위해 어머니의 유두에 쓴맛의 액체를 발라 젖을 물리는 것을 들 수 있다. 또는 금주를 원하는 알코올 중독자에서 특정 약을 복용하게도 한다. 술이 인체에 들어가면 고통스러움을 느끼게 하는 약물 반응을 통해 금주를 지속시키도록 돕는 원리이다.

최근에는 불쾌한 연상을 일으키는 내용을 제시하는 내재적 기법을 많이 사용한다. 예를 들어, 금연을 위해 담뱃갑 표지에 폐암 환자의 사진을 넣는 것이 대표적인 것이다. 흡연자들은 담배를 피울 때마다 자신의 행동과 표지에 그려진 부정적 결과를 연상하게 된다. 이처럼 혐오법은 알코올 중독, 약물 중독, 흡연, 강박증, 도박 등에 적용하여 사용할 수 있다. 하지만 혐오법은 내담자의 문제행동을 소거하는 데 유용함에도 불구하고 비윤리적이라는 비판을 피하지 못하고 있다

[사진 6-4] 혐오자극

3) 토큰 경제(token economy)

토큰 경제는 어린이집, 유치원, 초등학교 등에서 아동에게 가장 널리 사용하는 대표적인 행동주의 기법이다. 아동이 유발하기 원하는 목표행동을 실제로 수행하거나 사회적으로 적절한 행동을 할 때마다 보상으로 토큰(예: 스티커 등)을 주는 것이다. 아동은 토큰을 모아 본인이 원하는 강화물로 교환할 수 있기 때문에 지속적으로 바람직한 행동을 반복하게 된다. 예를 들어, 자기 방의 장난감 정리를 할 때마다 어머니가 아동에게 스티커를 주고, 이렇게 모은 스티커가 일정량이 되면 아동은 보상으로 컴퓨터 게임을 하는 것이다.

토큰 경제는 현실에서 활용도가 높기 때문에 비전문가들도 널리 활용하고 있다. 보호관찰이나 특정 장애가 있는 아동에게 자조기술 및 학습기술을 습득하게 하는 데 효과적이다. 그러나 토큰 경제는 아동을 수동적으로 만들 수 있는 만큼 지나친 남용은 피해야 하며, 아동의 발달단계에 따라 적절한 강화물을 사용하여야 한다.

4) 모델링(modeling)

모델링은 내담자가 학습하기를 희망하는 바람직한 행동을 상담자나 부모와 같은 주요 타자가 직접 시범을 보이는 것이다. 또는 영화나 애니메이션 등의 매체를 이용하여 내담 아동이 등장인물의 행동을 관찰할 수 있도록 할 수도 있다. 구체적으로, 실제 인물을 통한 실제적 모델링, 비디오나 영상 매체를 통한 상징적 모델링, 주어진 상황에서 상담자와 내담자가 역할을 연습하기 등으로 나눌 수 있다. 모델링은 개인상담뿐만 아니라 집단상담 현장에서도 효과적으로 사용할 수 있다. 다양한 집단상담 구성원들이 서로에게 역할모델이 됨으로써 긍정적 행동을 학습할 기회가 극대화된다.

제7장

인지행동주의 상담모델

인지행동주의 상담모델은 행동주의 이론과 인지치료 이론을 통합한 모델이다. 이 모델의 핵심은 내담자가 가지고 있는 신념, 가치관, 사고방식과 같은 인지적 측면을 변화시켜서 궁극적으로 바람직한 행동의 변화로 연결한다는 것이다.

1. 이론가

Albert Ellis(1913~2007)는 인지행동주의적 상담모델의 기초를 이룬 상담가이다. 그는 1934년에 뉴욕 시립대학교에서 경영학 학위를 받은 후, 1947년에 컬럼비아 대학교 임상심리 프로그램에서 박사학위를 받았다. Ellis는 초기에 뉴저지 주립기관에서 치료사로 일하면서 고전적 정신분석 방법으로 상담을 진행하였다. 그러나 내담자들이 1~2주에 한 번만 치료를 받아도 호전되는 것을 보고 상담자의 조언과 해석이 효과적이라고 판단하였다.

▲ Ellis

이에 그는 REBT(Rational Emotive Behavior Therapy)를 정립하게 된다. REBT는 상담자가 내담자에게 직접 조언함으로써 내담자의 비합리적 신념을 합리적 신념으로 바꾸도록 하고, 이것이 행동의 변화로 확산되도록 하는 것이다.

Ellis는 자신의 이론을 토대로 상담연구소를 설립하였고, 이후 400여 편의 책과 논문을 저술하였다.

2. 주요 개념

1) A-B-C 이론

인지행동주의 상담모델은 사건 자체보다 내담자가 사건을 받아들이고 해석하는 것에 영향을 미치는 신념체계에 주목한다. Ellis는 신념체계가 인간의 감정이나 행동에 영향을 미친다고 가정하였다. 그는 인지, 정서, 행동이 인간을 이루는 핵심 영역이라고 본다. 하지만 각 영역은 독립적이지 않으며 상호작용하는 과정에서 인지가 핵심이 되어 정서나 행동에 영향을 준다.

Ellis는 인지행동주의에 입각하여 A-B-C 모델을 주장했다. 여기서 A(Activating event)는 내담자가 당면한 사건이며, B(Belief system)는 내담자의 신념체계 그리고 C(Consequences)는 행동적 결과를 일컫는다. A-B-C 이론에서는 사람들이 합리적 신념과 비합리적 신념 모두를 가지고 있고, 비합리적 신념이 깊을수록 심리적 어려움을 겪는다고 가정한다. 상담을 통해 내담자가 가진 비합리적 신념을 합리적 신념으로 대체함으로써 부적응적 행동이 감소할 수 있다고 믿는다. A-B-C 이론에서 지적하는 역기능적 사고는 과장, 과잉일반화, 과잉단순화, 잘못된 추론, 절대적 신념 등이 있다. Ellis는 과거보다 현재의 행동의 영향을 미치는 인지적 오류에 초점을 두고 분석을 진행할 것을 조언했다.

2) A-B-C-D-E 모델

Ellis는 인지행동주의를 상담 현장에 적용하면서 A-B-C-D-E 모델을 제안했다. 여기서 A(Activating event)는 선행하는 사건, B(Belief system)는 신념체계,

C(Consequences of A and B)는 선행사건에 대한 해석으로 야기되는 정서적 반응, D(Disputing irrational thoughts and beliefs)는 비합리적 신념체계에 대한 상담적 논박 그리고 E(Effects of revised beliefs)는 수정된 신념체계로 인해 변화된 인지적·정서적 효과를 의미한다.

Ellis는 인간이 외부적 자극보다는 자신의 왜곡된 신념으로 정서적 혼란과 어려움을 겪는다고 강조했다. 인간은 자기 뜻대로 일이 진행되기를 바라고 그렇게 되지 않으면 자신, 타인, 세상을 비난하는 경향이 있다. Ellis는 인간이 성장과 자기실현의 경향성을 가지고 있지만, 왜곡된 신념체계를 형성한 후에는 정서적 어려움을 겪는다고 하였다. 자기실현의 성향은 합리적 신념으로 발전하고, 자기 파괴적 경향은 비합리적 신념으로 발전한다. Ellis는 비합리적인 신념체계를 합리적으로 변화시키는 일련의 과정을 A-B-C-D-E 모형으로 구체화하였다.

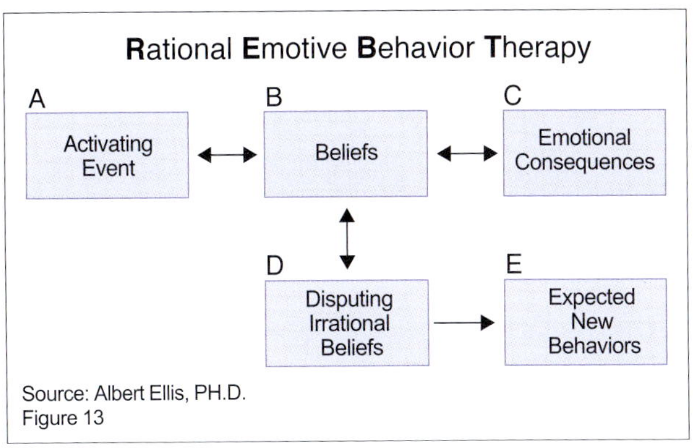

[그림 7-1] A-B-C-D-E 모형

출처: Ellis, A. (2001). Overcoming destructive beliefs, feelings, and behaviors: New directions for rational emotive behavior therapy. New York: Prometheus Books.

(1) A(Activating event)

A는 정서적 반응을 유발하는 사건을 의미한다. 사건은 객관적 사실이며, 변화될 수 있는 것이 아니다. 예를 들어, 아동이 학급의 반장 선거에서 출마했으나 떨어진 것은 하나의 사건이 된다.

(2) B(Belief system)

B는 특정 사건이나 외부적 자극을 해석하는 개인의 신념, 태도, 사고방식을 말한다. 예를 들어, 반장 선거에 나갔다가 떨어진 것을 어떻게 해석하는가는 아동이 가진 신념체계에 따라 달리 나타날 수 있다. 합리적 신념을 바탕으로 "기분은 나쁘지만 반장 선거에서 탈락할 수도 있다. 다음 학기에 다시 출마하면 된다."고 해석할 수 있다. 반면 비합리적인 신념을 가진 경우에는 "반장선거에서 떨어진 것은 친구들이 나를 싫어하는 것이다. 친구들이 나를 왕따하는 것을 이제야 알게 되었다."는 식의 극단적 왜곡을 할 수 있다.

(3) C(Consequences of A and B)

C는 유발된 사건과 이에 대한 해석으로 나타나는 정서적 결과를 말한다. 합리적인 사고를 하게 되면 합리적 정서적 반응을 나타낼 수 있으며, 비합리적 사고를 하게 되면 비합리적 정서를 얻게 된다. 비합리적 사고를 가진 사람들은 대부분 불안, 원망, 좌절, 분노, 죄책감 등을 빈번하게 느끼며, 방어적 태세를 취하는 경향이 있다. 예를 들어, 반장 선거에서 떨어진 것을 왕따로 해석한 후에는 위축감, 슬픔, 좌절감, 분노 등의 부정적 정서가 나타난다.

(4) D(Disputing irrational thoughts and beliefs)

A, B, C가 문제의 전개라고 보면 D부터는 상담의 단계라고 할 수 있다. D단계에서 상담자는 내담자가 지닌 비합리적 신념체계에 의문을 제기하고, 때로는 내담자와 논쟁을 할 수도 있다. 상담자는 합리적 논박을 통해 내담자의 비합리적이고 자기 파괴적인 신념을 철회하도록 돕는다. 예를 들어, 반장 선거가 왕따의 결과라고 믿는 아동에게 반장 선거에서 떨어진 다른 아동이 있는지, 반장 선거에서 떨어진 다른 아동들은 이 사건에 어떻게 대처하는지, 학급 아이들은 반장 선거에 떨어진 다른 아동들도 왕따를 하는지 등을 질문한다. 이러한 과정을 통해 내담자는 자신의 비합리적 신념체계를 인식하고 수정을 위해 노력하게 된다.

(5) E(Effects of revised beliefs)

E는 내담자가 합리적 신념을 갖게 되면서 경험하는 정서적 변화를 의미한다. 내담자는 자신의 비합리적 신념을 합리적 신념으로 바꾼 다음에 좀 더 긍정적인 정서를 경험하게 된다. 예를 들어, 반장 선거에 떨어진 아동이 "반장이 안 된 것은 나만이 아니다. 떨어진 아이들이 왕따를 당하는 것도 아니며, 다들 별일 없이 친구들과 다시 잘 어울린다. 내가 왕따를 당해서 반장에 떨어진 것은 아니구나." 라는 식으로 재해석을 하면서, 안도감과 용기를 얻을 수 있다.

3. 상담의 기법

인지행동주의 상담모델은 상담자가 내담자에게 적극적이고 지시적인 방법을 사용한다. 상담자는 능동적인 조언을 하며, 내담자의 생각, 감정 그리고 행동을 바꾸는 데 초점을 둔다. 인지행동주의 상담모델의 주요 기법은 인지적·정서적·행동적 차원으로 나눌 수 있다.

1) 인지적 기법

인지행동주의 상담모델의 핵심은 비합리적인 신념을 합리적 신념으로 바꾸는 것이라 할 수 있다. 상담자는 내담자의 비합리적 언어의 사용을 지적하고 이를 합리적 사고를 표현하는 언어로 재구성하도록 돕는다. 내담자의 비합리적 언어를 지적할 때 사용할 수 있는 방법 중 하나가 질문기법이다. 상담자가 내담자의 이야기 내용에 대해 질문함으로써 내담자로 하여금 적극적으로 상담에 참여할 수 있도록 자극한다. 질문의 내용은 내담자가 가지고 있는 비합리적·비실용적·비현실적 사고에 초점을 둔다.

인지적 접근의 또 다른 예로 타인적용기법이 있다. 이 기법은 특히 집단상담에서 효과적이다. 내담자가 다른 사람의 이야기를 듣고 상담자의 역할을 수행하는 것이다. 내담자는 타인의 비합리적 언어 사용에 대해 상담자처럼 지적하고 논쟁하면서 자신의 비합리적 신념과 태도도 돌아보고 수정한다는 원리이다. 이외에도 내담자가 자신의 상담과정을 녹화한 내용을 보면서 상담자와 함께 비합리적인 언어를 찾아내고 수정하는 방법을 사용할 수도 있다.

아동에게는 자신의 사고, 정서, 행동을 스스로 관찰하고 기록하는 자기점검기법을 사용할 수 있다. 자기점검을 실시할 때 아동이 다양한 정서에 대해 이해하기 쉽도록 단순화한 얼굴표정 그림을 함께 제시하면 효과적이다. 이를 통해 상담자는 아동이 자신의 정서를 어떻게 인식하는지 더욱 명확히 알 수 있다.

[그림 7-2] 자기 기분 점검

2) 정서적 기법

인지행동주의 상담모델에서 사용하는 정서적 기법은 합리적 정서 심상법, 내담자에 대한 수용, 상담자의 자기개방, 유머기법 등을 활용하는 것이다. 먼저 합리적 정서 심상법은 내담자로 하여금 특정 정서를 유발하는 상황을 상상하도록 한 후 이 사건에 부합하는 합리적 정서를 훈련하는 것이다. 정서에는 긍정적 정서와 부정적 정서가 있다. 내담자는 어떤 상황에 대해 부정적 정서를 느끼는 자신을 상상한다. 이후 자신의 부정적 정서를 어떤 긍정적 정서로 대체할지 합리적으로 판단한 후, 대체할 정서를 생생하게 떠올린다.

인지행동주의 상담모델에서도 상담자가 내담자를 수용하는 것은 중요하다. 상담자는 내담자가 실수나 오류를 할 수 있다는 것을 수용하고, 이를 통해 내담자도 스스로를 수용할 수 있도록 격려한다. 또한 상담자는 내담자와 유사한 자신의 경험을 솔직하게 공유하면서 내담자를 지원할 수 있다. 인지행동주의 상담모델에서는 상담자가 논박이나 직접적 조언을 사용하기 때문에 내담자가 방어적이 될 수도 있다. 이때 유머기법은 상담과정의 긴장을 해소하고, 내담자의 불안을 경감하는 데 효과적이다.

3) 행동적 기법

행동적 기법은 내담자에게 특정한 행동을 하게 하여 신념체계를 변화시키고, 결국 혼란한 정서에서 벗어나게 하는 것이다. 대표적으로 역할 연기, 합리적 역할 반전, 여론조사기법 등이 있다. 역할 연기는 상담자의 지도 아래 내담자가 합리적인 새로운 행동을 하는 역할을 수행해 보는 것이다. 이전까지 비합리적 사고 하에 습관적으로 했던 행동 대신 새로운 행동을 통해 역으로 새로운 합리적 사고를 갖도록 하는 것이다. 합리적 역할 반전은 내담자가 상담자가 되어 봄으로써 자신의 비합리적인 사고를 깨닫도록 하는 것이다. 여론조사기법은 주변 사람들의 의견을 조사하여 내담자의 신념이 비합리적이라는 것을 드러내고 수정하도록 돕는 방법이다.

인지행동주의를 적용한 상담활동 예

- 활동: 나의 느낌·생각·행동을 보여줄게 / 아하! 바로 그런 느낌이야
- 치료목표:
  - 자신의 생각·감정·행동을 인식하고 표현한다.
  - 타인의 생각·감정·행동을 인식하고 공감한다.
- 구성: 소규모 아동집단
- 중재전략: 성공경험, 대리경험, 정서적 상태, 언어적 설득
- 준비물: 감정활동지
- 활동내용

*** 이완활동**

– 나의 감정에 대해 알아보아요

1. 다양한 상황에서 느껴지는 감정을 적고 이야기한다.
2. 이야기한 내용을 토대로 퀴즈를 내어 감정을 아동들이 맞춰 볼 수 있도록 한다.

*** 활동 예**

– 나는 (　　　　　　) 할 때 겁을 먹는다.
– 나는 (　　　　　　) 할 때 슬펐다.
– 나는 (　　　　　　) 할 때 행복하다.
– 나는 (　　　　　　) 할 때 자랑스럽다.
– 나는 (　　　　　　) 할 때 화가 난다.
– 나는 (　　　　　　) 할 때 상처받았다.
– 나는 (　　　　　　) 할 때 당황스럽다.

*** 감정단어 게임**

1. 색깔별로 다양한 감정 단어가 적힌 카드를 준비한다.

예: 빨간색 카드(화난, 폭발할 것 같은, 짜증 나는 격한 감정)
파란색 카드(슬픈, 우울한, 겁나는 등의 가라앉는 듯한 감정)
노란색 카드(기쁜, 즐거운, 행복한 등의 좋은 감정)

인지행동주의를 적용한 상담활동 예

2. 감정 단어 카드를 뒤집어 놓은 후, 한 사람씩 돌아가며 한 장씩 뽑아서 카드에 적힌 단어를 설명한다.
3. 뽑힌 카드를 설명할 때 그 단어를 직접 사용하지 않고, 어떤 경우에 그런 느낌이나 감정을 느끼는지 말해야 한다.
4. 설명을 듣고 가장 빨리 그 단어를 말한 사람이 카드를 가지게 되며, 카드를 가장 많이 모은 사람이 승리한다.

제3부

아동상담 과정과 평가

제3부는 아동상담 과정과 평가로 구성된다.

제8장은 아동상담의 과정을 다루고 있는데, 먼저 아동상담의 준비 단계로 물리적 환경 구성과 아동상담의 윤리적·법적 문제들을 살펴볼 것이다. 그다음 단계로 상담 전 접수면접의 실시, 사례개념화 및 계획을 세우는 일을 배울 것이다. 마지막으로, 실제 상담이 진행되는 과정에 대해 알아볼 것이다.

제9장은 심리검사 및 심리평가를 다루고 있는데, 아동상담에서 심리검사의 역할과 목적은 무엇인지, 심리검사를 선택할 때 고려해야 할 기준은 어떤 것들이 있는지 살펴볼 것이다. 아울러 아동상담에서 사용하는 심리검사의 종류와 심리평가도구에 관해 알아볼 것이다.

제 8 장

아동상담의 과정

1. 아동상담의 준비

1) 물리적 환경 구성

상담자는 상담이 잘 이루어질 수 있도록 최적의 환경을 구성하는 데 신경을 써야 한다. 먼저 상담실의 크기는 아동 개인을 대상으로 상담을 진행하는 경우 대략 11~14㎡의 면적이 적당하며, 집단을 대상으로 상담을 진행하는 경우에는 23~28㎡ 정도가 알맞다(Brems, 1993). 너무 작은 크기의 상담실에서는 아동이 답답함을 느끼기 쉬우며, 너무 큰 공간에서는 아동의 주의가 산만해질 우려가 있다. 상담실은 채광과 환기가 잘 되어 쾌적한 온도를 유지해야 하고, 편안한 조명 시설을 갖추어야 한다. 또한 아동이 상담에 집중하도록 하기 위해서는 외부 또는 대기실로부터의 소음을 차단하는 것이 중요하므로 방음 설치는 반드시 필요하다. 상담실은 창문이 있는 장소가 좋은데 창문에 블라인드나 커튼 등을 설치하면 외부의 자극을 필요에 따라 차단할 수 있다.

상담실의 가구도 아동을 배려해서 골라야 한다. 테이블과 의자는 뒤뚱거리지 않고 모서리 등이 안전하여 아동이 다칠 위험이 없으며, 아동이 사용하기에 적당한 크기여야 하는데, 특히 의자는 아동의 발이 땅에 닿을 정도의 낮은 것이 좋다. 테이블과 의자의 배치는 [그림 8-1]의 3과 같이 아동이 상담자와 친밀한 거리를 유지할 수 있는 한편, 아동이 원할 때에는 테이블 모퉁이를 돌아 어느 정도의 거리를 유지할 수 있는 모양이 바람직하다(Thompson & Henderson, 2007). 상담자와 아동이 원형 테이블에 함께 둘러앉을 수도 있다. 상담자와 아동이 사각 테이블을 사이에 두고 마주 앉는 것은 피해야 하는데, 이는 아동이 상담자를 교사, 의사 등의 권위 인물로 여기거나, 자기 자신을 검사 대상으로 인식하기 쉽기 때문이다. 또한 이러한 좌석 배치는 필요한 순간에 상담자가 아동의 행동을 효과적으로 통제하기 힘들다(예: 공격 행동, 자해 행동 등). 테이블 없이 상담자와 아동이 마주 앉는 것은 아동이 타인으로부터 안전감을 느끼기 위해 필요한 최소한의 심리적 거리가 확보되지 않으므로, 아직 익숙하지 않은 성인 상담자를 마주하는 아동은 위협을 느낄 수 있다. 특히 신체적 학대 혹은 성 학대 피해 아동은 상담자와의 신체적 접촉이나 물리적 거리에 대해 민감한 반응을 보일 수 있다. 한편 어린 아동의 경우, 두꺼운 카펫이나 깔개(rug) 위에 앉아 상담을 진행하기도 한다. 빈 백 의자(bean bag chair)는 아동의 긴장을 풀어 주거나, 아동이 이완 상태에서 상상 활동을 하는 데 도움이 된다.

[사진 8-1] 빈 백 의자(bean bag chair)

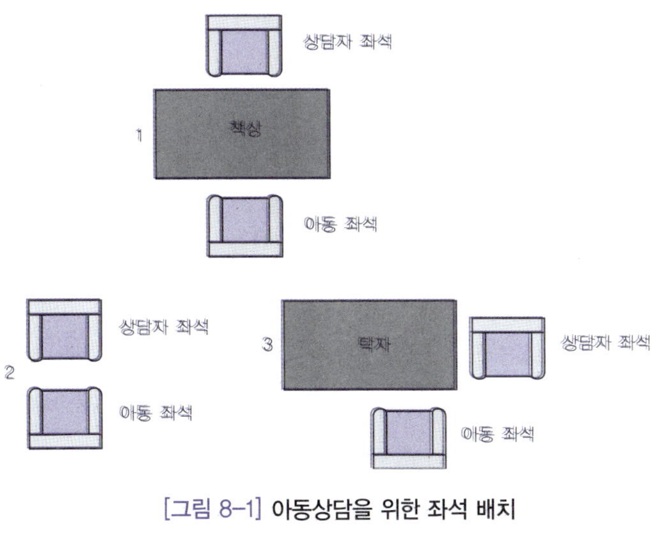

[그림 8-1] 아동상담을 위한 좌석 배치

출처: Thompson & Henderson(2007).

테이블과 의자를 제외한 다른 가구나 물품들은 상담자와 아동 사이의 원활한 상호작용을 방해하지 않는 선에서 배열해야 한다. 산만한 아동은 밝은 색의 물건, 자동차, 시계 소리, 수족관의 물고기, 심지어 상담자가 착용한 액세서리의 영향을 받을 수 있다(Thompson & Henderson, 2007). 수납장은 유리로 된 문짝보다 안이 들여다보이지 않는 문짝으로 된 것이 더 유용한데, 이를 활용하면 필요에 따라 적당한 양의 자극을 아동에게 제공할 수 있는 이점이 있다. 수납장은 아동이 쉽게 물건을 꺼낼 수 있는 높이의 선반을 갖추어야 한다. 이외에 상담실 내에 세면대를 두면 물감, 점토, 모래 등을 이용한 활동을 할 때 편리하다.

상담실 내에 아동의 행동 관찰 및 상담자와의 상호작용을 확인하기 위해 비디오카메라를 설치하는 것이 유용하다. 다만 아동이 비디오카메라를 의식하지 않도록 적절한 위치에 두는 것이 좋다. 일방경(one-way mirror)은 상담자 부재 시 아동의 행동 관찰, 상담 사례의 수퍼비전(supervision) 및 상담 교육을 위한 상담자-아동 간의 상호작용 관찰, 관찰실에 있는 공동 상담자(co-therapist)와의 협력 등의 목적을 위해 쓰이며, 일반적으로 부모에게는 공개되지 않는다. 비디오카메라와 일방경을 사용하기 전에는 반드시 아동과 부모에게 알리고 동의를 얻어야 하는데, 단지 상담의 목적으로만 사용할 경우, 상담의 목적과 상담자의 수퍼비전의 목적으로 사용할 경우 그리고 여기에 교육 및 훈련의 목적이 추가된 경우 중 선택할 수 있다(Geldard & Geldard, 1997). 세 경우 모두 부모가 요구할 때에는 언제든 취소가 가능하다.

상담실 밖의 대기실 또한 아동 및 보호자를 고려하여 구성해야 한다. 상담 전 아동의 긴장을 풀 수 있도록 편안한 분위기를 마련하는 것이 좋은데, 이완을 돕는 조용한 음악을 틀어 놓거나, 치료적 가치를 지닌 그림책, 큰 쿠션 등을 구비할 수 있다. 또한 아동의 보호자를 위해 간단한 부모용 셀프 헬프(self-help) 자료 등을 준비해 놓기도 한다. 대기실에는 상담 일정 계획 및 조정을 위해 커다란 달력을 구비해 놓으면 유용하다. 대기실과 상담실은 사생활 보호를 위해 너무 가까이 배치하지 않는다.

2) 치료 도구

아동을 대상으로 하는 상담실에서 활용할 수 있는 치료 도구는 매우 다양하다. 상담자가 어떤 이론적 모델에 기초한 치료적 접근을 하느냐에 따라, 내담 아동의 연령·성·지능·문제 유형에 따라 치료에 사용하는 매체가 달라질 수 있다. 일반적으로 아동을 대상으로 하는 치료에서 사용하는 치료 도구는 크게 실생활 놀이 도구, 공격성 또는 부정적인 감정 표출을 위한 놀이 도구, 창의적 또는 정서 표현을 위한 놀이 도구 등의 세 종류로 나눈다(Landreth, 1991). 실생활 놀이 도구에는 아기 인형, 가족 인형, 인형 집, 소꿉 도구, 거울, 전화기, 자동차, 배, 비행기, 병원 놀이 세트, 장난감 화폐 등이 포함된다. 아동의 주요 생활 반경은 가정이므로 인형과 인형 집은 부모-자녀 간의 상호작용, 형제자매 관계, 가정에서의 아동의 구체적인 활동 양상 등을 탐색할 수 있는 유용한 도구들이다. 따라서 성별과 크기, 인종 등에 따른 다양한 인형의 종류를 구비하면 아동이 여러 상황을 연출하는 데 도움이 된다. 전화기는 수줍은 아동이 상담 초기 상담자에게 자신의 의사를 전달하는 도구로 쓰이거나, 또는 대면하기 어려운 가족구성원이나 또래, 학대 가해자 등에게 자신이 원하는 바를 전달하는 간접적인 도구로 사용될 수 있다. 때로는 부모와 같이 친밀한 대상의 죽음으로 아동이 더 이상 그 대상을 만날 수 없는 경우 전화기를 사용하여 의사소통을 시도하기도 한다. 자동차와 같은 놀이 도구는 문제 상황으로부터 도피하고자 하는 아동의 욕구를 가리킬 수 있다. 탈 것은 상담 초기 상담실을 탐색하거나, 상담자에게 자연스러운 접근을 시도하는 수단으로 쓰이기도 한다. 한편 이러한 실생활 놀이 도구들은 역할극(role play)에 매우 유용한데, 아동으로 하여금 어떤 특정 상황이나 특정 인물의 역할을 가정하도록 돕는다.

공격성 또는 부정적인 감정 표출을 위한 놀이 도구에는 총, 고무로 만든 칼, 펀치 백, 고무공(squeezing ball), 점토, 신문지, 물감과 붓, 타악기 등이 해당한다. 이 때 아동과 상담자의 안전은 가장 주의를 기울여야 하는 문제이다. 아동은 흔히 전쟁놀이를 통해 공격과 방어, 위험으로부터의 탈출을 시도하는데, 이러한 과정에서 공격성, 분노, 긴장, 불안 등의 감정이 드러날 수 있다. 공격적인 놀이 도구가 아동의 억압된 분노를 해소(catharsis)하는 데 도움이 된다고 보는 견해와 이와는 대조적으로 공격적인 행동에 대한 새로운 모델링(modeling) 혹은 학습된 공격 행동을 넘어선 레퍼토리의 확장이 일어날 위험성 또한 지적되고 있어 이에 대한 상담자의 적절한 판단이 필요하다. 한편 전화기는 아동이 경험하는 죄책감, 분노 등의 감정이 드러나도록 이끄는 효과적인 도구가 될 수 있다. 어린 아동의 경우, 흔히 부모의 죽음이나 이혼과 같은 사건에 대해 추론할 때 자기 자신과 연관 지어 귀인하는 특징을 나타낸다. 예를 들어, 자신이 착한 아이가 아니어서 부모가 이혼한 것이라고 믿는다. 이러한 사고 특성은 아동으로 하여금 비합리적인 죄책감을 갖도록 부추기게 된다. 또 다른 예로 아동은 부모의 죽음을 부모가 자신을 버린 것으로 이해하기도 한다. 이때 아동은 슬픔과 더불어 부모에 대해 분노를 경험하게 된다. 전화기는 이러한 부정적인 감정을 해결하기 위한 시도에서 현실적으로 직접 대면할 수 없는 대상과의 의사소통, 혹은 성폭력 가해자와 같이 대면하기 어렵고 두려운 대상과의 의사소통 등에 도움이 될 수 있다. 또한 성학대나 성폭력을 경험한 아동을 대상으로 인체해부학적 인형(anatomical doll)을 사용하기도 하는데, 이는 외상 경험에 대한 구체적인 정보를 제공하는 일 이외에 피해 아동의 부정적 감정을 이끌어 내는 역할을 하기도 한다.

창의적 또는 정서 표현을 위한 놀이 도구에는 크레용, 물감, 플레이도우(Play-Doh), 모래 등의 미술 도구, 다양한 악기를 포함하는 음악 도구, 동물 모형(figure), 영웅 캐릭터(hero character), 퍼핏(puppet), 가면, 다른 인물이 되어 보는 활동을 위한 소도구들(넥타이, 핸드백, 지팡이, 액세서리, 모자, 안경, 가발, 의사 가운, 성인 구두 등) 등이 포함된다. 미술 도구와 음악 도구는 아동이 자신의 다양한 정서를 언어의 제한 없이 표현할 수 있도록 돕는 매체가 될 수 있다. 또한 아동이 특정 동물 모형을 자신으로 지칭하는지, 혹은 아동이 퍼핏 활동에서 먼저 어떤 퍼핏을 고르는지 살펴봄으로써 상담자는 아동의 문제에 대한 추가적인 정보를 얻기도 한다. 다른 인물이 되어 보는 작업은 아동으로 하여금 문제를 바라보는 다양한 관점을 가질 수 있도록 이끌거나, 문제해결을 위한 새로운 통찰이 일어나도록 하는 데 영향을 미치기도 한다.

게임 놀이 도구는 보드 게임, 카드 게임 등 기존 게임 세트를 활용하거나, 필요 시 상담자의 창의적 사고에 따라 새롭게 개발하여 쓸 수 있어 매우 활용도가 높다. 특히 게임은 사회적 상황을 제공하여 아동이 상담자 또는 집단 구성원들과 자연스러운 상호작용을 하도록 유도하고, 사회적 규칙을 학습할 수 있는 기회를 제공할 수 있다. 또한 게임 놀이 도구는 아동의 흥미를 유발시켜 상담에 적극적으로 참여하도록 만든다. 이러한 게임 놀이 도구는 아동뿐만 아니라 청소년과 성인에 이르기까지 대상 연령의 제한 없이 폭넓게 사용할 수 있다는 이점을 갖는다.

[사진 8-2] 게임 놀이 도구

책이나 은유적 이야기(metaphor)도 상담자의 치료적 접근 방식과 대상 아동의 연령, 문제 유형 등에 따라 다양하게 활용할 수 있다. 다음은 스스로의 힘으로 문제를 해결하는 것을 두려워하는 아동을 대상으로 진행한 인지행동놀이치료에서 은유적 이야기를 활용한 예시이다(Friedberg & McClure, 2002).

옛날 아주 먼 곳에 한 작은 물개가 살고 있었어요. 이 물개의 이름은 히코리예요. 히코리는 스스로 모든 일을 할 수 있게 되면 엄마와 아빠가 더 이상 자기에게 관심을 갖지 않게 될 거라고 생각하고 두려워했어요. 또 자신이 스스로 할 수 있는 일이 많아질수록 부모님이 자신에게 더 많은 기대를 하게 될 거라고 생각했어요.

그래서 히코리는 자기가 할 수 있는 데도 불구하고 아빠에게 물고기를 잡아 달라고 부탁하곤 했지요. 히코리가 학교에 가지고 가야 할 준비물을 깜박 잊어버렸을 때는 엄마가 항상 대신 가져다 주셨어요. 히코리는 옆에 가까운 바위로 움직일 때도 자기가 헤엄쳐 가지 않고 아빠와 엄마에게 데려다 달라고만 부탁했어요. 이런 히코리 때문에 아빠와 엄마는 지치고 힘들었지만 어떻게 해야 좋을지 몰랐어요.

사실 히코리는 겁이 났어요. 나이를 먹고 점점 어른이 되는 건 위험한 일이라고 생각했지요. 히코리는 어린 물개의 생활은 익숙했지만, 어른 물개로 커 가는 것이 어떤 건지는 잘 알지 못했거든요. 그러던 어느 날 히코리는 물개 학교에서 한 바다사자를 만났어요. 그 바다사자의 이름은 리지스였지요. 리지스와 히코리는 금세 친구가 되었어요.

어느 맑은 날 오후, 리지스는 히코리에게 왜 혼자 할 수 있는 일도 다른 사람에게 대신 해 달라고 부탁하는지 물어보았어요. 히코리는 겁이 나서 그렇다고 대답했지요. 그러자 리지스는 한번 해 보고 나서 정말 어떤 일이 일어나는지 보라고 말해 주었어요. 그때 조금 떨어진 바다에 큰 빙산이 하나 떠 있었어요. 리지스는 히코리에게 "너 저기 빙산까지 혼자서 헤엄쳐서 가 볼래?"라고 말했어요. 히코리는 "무서워."라고 대답했어요. "뭐가 무서운데?" 리지스가 물었어요. 히코리는 "내가 혼자서 무사히 헤엄쳐서 가는지 네가 지켜봐 줄 거니?"라고 물었어요. "그럼, 당연하지.", 리지스는 웃으며 말했어요.

그래서 히코리는 결심을 하고 바닷속으로 들어갔어요. 빙산이 있는 곳으로 헤엄쳐 가면서 히코리는 걱정이 되었어요. "내가 빙산까지 간 다음에 리지스가 나에게 또 다른 것을 더 하라고 하면 어떡하지?", "누군가 나를 도와줬으면 좋겠어.", "내가 가다가 그만두면 리지스가 다시 하라고 하지는 않을 거야." 이런 생각들이 마음속에 떠오르자 히코리는 점점 더 천천히 헤엄을 치기 시작했어요.

그때 히코리는 물가에서 리지스가 큰 소리로 외치는 것을 들었어요. "히코리, 넌 할 수 있어. 네가 돌아올 때까지 내가 여기서 기다리고 있을게." 이 말은 히코리에게 큰 힘이 되었어요. 그는 좀 더 헤엄을 쳤어요. 그때 바닷가에서 또 누군가가 외치는 소리가 들려왔어요. 그건 바로 엄마와 아빠의 목소리였어요.

엄마와 아빠는 열심히 히코리를 응원하고 있었어요. "잘한다, 히코리. 네가 엄마 아빠를 돌아볼 때마다 우리가 여기 있을 거야. 네가 아무리 멀리 가도, 아무리 빨리 헤엄쳐도, 우린 여기서 너를 기다리고 있을 거야." 엄마와 아빠의 말을 듣자 히코리는 마음이 따뜻해지고 기운이 솟았어요. 드디어 히코리는 쉽게 빙산에 도착했어요. 그리고 햇빛 아래서 기분 좋게 물고기 간식을 먹었지요. 멀리 바닷가를 바라보자 리지스와 아빠, 엄마가 기다리고 있는 모습이 보였어요. 히코리는 느긋하게 빙산에 누워서 간식도 먹고 경치도 구경했답니다.

이외에 동물을 치료 도구로 활용하는 경우도 있는데, 어떤 상담자들은 아동과 만나는 첫 회기에 잘 훈련된 친근한 개를 이용하여 함께 놀며 라포를 형성하기도 한다(Burton, 1995; O'Brien, 1993; Trivedi & Perl, 1995). 이렇듯 치료 도구는 상담자의 역량에 따라 내담자의 특성에 맞춰 제공할 수 있다.

[사진 8-3] 아동상담실

출처: 서울해바라기여성아동센터 심리치료실.

3) 아동상담의 윤리적·법적 문제들

상담자는 끊임없이 윤리적·법적 그리고 전문가로서의 지침과 관련하여 많은 문제들을 만나게 된다. 이들 윤리적·법적 쟁점들은 사회의 변화에 따라 끊임없이 달라지고 있을 뿐만 아니라, 상담 현장에서 만나는 실제 사례들은 모두 다 새로운 것들이다. 또한 이러한 문제들은 대부분 흑백 논리식의 정답을 가지고 있는 것이 아니기 때문에, 상담자는 사례별 다양한 요인들을 고려하여 신중하게 처리하도록 노력해야 한다. 상담자가 아동을 상담할 때 흔히 만나게 되는 윤리적·법적 문제들에는 동의, 비밀 보장, 임상 기록, 윤리적 의사결정 과정 등이 있다.

상담을 시작하기 전 상담자는 먼저 아동과 부모의 자발적인 동의(informed consent)를 얻어야 한다. 어린 아동에게는 상담에 대한 동의를 얻을 수 없으므로 적어도 부모 중 한 사람 혹은 법적인 보호자가 대신하여 동의해야 한다(Welfel, 2006). 만일 아동이 부모나 법적 보호자가 아닌 제 삼자 예를 들어, 아동복지기관 등에 의해 상담에 의뢰되었다면 상담을 진행하기 전 반드시 부모나 보호자와의 접촉을 시도해야 한다. 부모나 보호자의 동의를 필요로 하지 않는 예외적인 상황은 법정에서 이를 명령하였거나, 청소년의 경우가 여기에 해당할 수 있다(Lawrence & Kurpius, 2000). 문서화된 동의서에는 내담자가 비밀 보장 및 비밀 보장의 한계를 포함하여 치료 과정에 영향을 미칠 수 있는 모든 정보를 미리 알고 있으며, 이에 대해 동의한다는 내용이 들어 있어야 한다. 또한 아동 혹은 부모가 원할 경우 언제든지 아무런 제약 없이 상담을 중단할 수 있다는 내용도 포함되어야 한다. 이러한 동의서 양식은 간결하면서도 아동이 이해하기 쉬운 언어로 된 아동용과 좀 더 상세한 내용을 담고 있는 부모용을 각각 준비하는 것이 좋다.

내담자의 사생활 보호 또는 비밀 보장(confidentiality)은 상담자가 상담 중에 알게 된 정보를 허가 없이 타인에게 알리지 않겠다는 약속이다(Gladding, 1995). 그러나 아동상담의 경우, 상담의 내용에 대해 부모나 보호자가 알 권리 또한 제시되어 있다(Remley & Herlihy, 2005). 따라서 아동을 대상으로 상담을 진행하는 상담자는 아동의 사생활 보호와 부모의 알 권리를 균형 있게 고려하는 것이 필요하다. 상담자는 첫 만남에서 내담 아동에게 비밀 보장에 관한 사항과 함께 비밀 보장의 한계에 대해 명확히 말해 주어야 하는데, 이는 추후 상담자와 아동 사이의 신뢰 관계를 유지하는 데 매우 중요하다.

한편 상담자는 부모에게 회기별 상담의 세부적인 내용보다는 전반적인 상담 진행 과정 및 그에 따른 아동의 변화에 대해 큰 그림을 제시해 주는 것이 바람직하다. 매 회기가 끝난 직후 상담자가 내담 아동의 부모에게 회기 중의 진행 사항에 대해 알리는 것은 바람직하지 않은데, 이는 미리 약속되어 있지 않은 짧은 시간 내에 정확하고 효율적인 정보 전달이 어려울 뿐더러, 내담 아동은 제외된 상황에서 상담자와 부모 간의 대화는 아동에게 불안을 야기할 수 있고, 상담자는 다음 사례를 위해 충분한 휴식을 취하거나 다음 회기를 준비할 시간을 빼앗기게 되기 때문이다. 부모의 협조가 필요한 상황에서 상담자는 따로 부모 상담을 계획할 수 있다. 이때 많은 아동들은 상담자가 상담 회기 중에 일어난 모든 일들을 부모에게 알리는 것은 아니라는 사실에 편안함을 느낀다. 다음의 항목들은 아동의 사생활 보호에 관한 몇 가지 특징들을 간추린 것이다(Remley & Herlihy, 2005).

* 아동이 어릴수록 비밀 보장에 대한 관심이 덜하며, 사생활 보호에 대한 필요성을 느끼지 못한다.
* 청소년은 발달단계의 특성상 사생활 보호에 대한 욕구가 매우 강하다.
* 어떤 아동들은 상담의 내용을 부모나 보호자에게 알리고 싶어 할 수 있다.
* 아동은 때때로 상담자가 아동 자신과 부모 사이를 중재해 주기를 기대하면서 그동안 말하지 않았던 사실을 상담자에게 이야기한다.
* 아동은 이성적인 추론 능력이 부족하기 때문에 가장 최선의 의사결정을 하지 못할 수도 있다.

내담 아동 또는 청소년이 상담자와 나눈 이야기가 부모에게 전달되기를 원하는지 아니면 원치 않는지 분명하지 않은 경우, 상담자는 아동 또는 청소년에게 원하는 바가 무엇인지를 직접 물어볼 수 있다.

한편 비밀 보장의 예외가 적용되는 상황들은 다음과 같다(Thompson & Henderson, 2007).

* 내담자가 18세(법정 성년 기준) 이하인 경우
* 내담자가 자신, 타인 혹은 소유 권한을 손상시킬 의도를 나타낼 경우
* 내담자가 신체, 언어 혹은 성적 폭력 경험에 대한 사실을 진술하거나, 그러한 사실이 의심될 경우
* 상담자가 법정 명령에 의해 진술을 하거나 자료를 제출해야 하는 경우

아동상담에서 흔히 일어나는 비밀 보장의 예외 상황으로는 내담 아동이 자해나 자살에 관한 생각 또는 시도를 보고한 경우 그리고 내담 아동이 자신의 과거 또는 진행 중인 학대 경험에 대해 이야기하거나 학대가 의심될 경우이다. 특히 아동이 자살 생각이나 자살 시도에 대해 보고했을 때, 상담자는 실제 자살 의도가 분명하지 않은 경우에도 반드시 보호자에게 그 사실을 알려야 한다. 학대의 문제는 좀 더 복잡한데, 아동은 대부분 학대 사실이 밝혀져 부모가 처벌을 받게 될 것에 대한 두려움, 학대 사실에 대해 함구할 것을 요구하는 부모의 위협 등으로 부모의 학대 사실을 부인하는 경우가 많고, 가해 부모 역시 자신의 학대 행위를 인정하는 경우는 거의 없기 때문에, 상담자는 먼저 객관적인 관련 증거 자료들을 확보하는 것이 필요하다. 비밀 보장 및 정보 공개의 한계에 관한 내용은 내담 아동, 부모, 상담자가 모두 서명을 한 후 각자 사본을 보관하는 것이 바람직하다.

상담자는 임상 기록 방법 및 절차 또한 신중하게 선택해야 한다. 치료 과정을 면밀하게 검토할 필요가 있거나, 수퍼비전 및 교육을 위해 축어적 보고(verbatim)가 필요한 경우에 유용한 녹음·비디오테이프의 사용은 반드시 먼저 내담 아동과 그 부모에게 양해를 구해야 한다. 또한 아동의 특성에 따라 녹화나 녹음이 미칠 수 있는 부정적인 영향에 대해서도 고려해 보아야 할 것이다. 타인의 부정적인 평가에 대한 두려움이 많은 사회불안 아동은 녹화·녹음을 할 경우 더욱 위축된 반응을 보이기 쉽다. 회기 중 상담자가 작성하는 기록에 대해서도 아동에게 동의를

얻는 것이 좋은데, 불안이 높은 아동은 상담자가 자신을 평가하는 것으로 받아들일 수 있다.

마지막으로, 상담자의 윤리적인 의사결정 지침에 관한 주요 항목들을 살펴보면 다음과 같다(American Counseling Association, 2005; Welfel, 2006).

* 언제나 내담자가 최대한의 혜택을 받을 수 있도록 행동할 것
* 언제나 정직하고 양심적으로 행동할 것
* 자신의 개인적인 가치, 태도, 신념, 정서적 반응에 대해 생각할 것
* 적절한 법률, 규정 및 윤리 관련 문헌들을 참고할 것
* 동료 또는 다른 전문가들과 상의할 것

상담자가 어떤 윤리적인 의사결정을 내려야 할 때 무엇보다도 가장 중요한 기준은 그것이 내담자에게 유익이 되느냐 하는 것이다. 상담자는 치료 과정에서 나타나는 자신의 사고 및 정서적 반응에 대해 민감해짐으로써 역전이의 위험이 없는지, 혹은 심리적 소진(psychological burnout)이 일어나지는 않았는지 점검해야 한다. 이를 위해 상담자가 정기적으로 수퍼비전을 받거나, 또래상담자들과 교류하는 것도 유익하다. 심리적 소진을 예방하기 위해 상담자는 무리한 상담 일정을 잡는 것을 피하고, 스스로를 돌보고 재충전할 수 있는 시간을 확보하는 등 자기 관리에 힘써야 한다. 또한 상담자는 드러나게 혹은 은연중에 자신의 신념이나 의견을 내담자에게 강요하는 일을 조심해야 하는데, 특히 내담자가 아동인 경우 성인인 권위자의 영향에 취약하므로 더욱 신중해야 한다. 또한 상담자는 자신의 전문 영역과 한계를 인정하고 내담자의 유익을 위해 필요할 경우, 팀 치료를 구성하거나, 다른 전문가에게 자문을 얻거나, 혹은 다른 상담자에게 내담자를 의뢰하는 일을 주저해서는 안 된다.

2. 아동상담의 개념화와 계획

1) 접수 면접

접수 면접(intake interview)은 처음 상담실을 찾은 아동과 부모를 대상으로 이루어지는 초기 면접을 가리킨다. 반드시 그런 것은 아니지만 대개 해당 아동을 담당할 상담자가 접수 면접부터 진행하는 것이 가장 바람직하다. 접수 면접의 목적은 내담 아동의 문제와 관련하여 아동 자신, 부모, 가족 그리고 주변 환경 등에 관해 가능한 한 필요한 많은 정보를 얻는 것이기 때문에 충분한 면접 시간이 필요하다. 상담자는 접수 면접의 구조를 다양하게 구성할 수 있는데, 내담 아동과 부모뿐만 아니라 형제나 가족 전체를 대상으로 실시할 수도 있다. 또한 상담자는 내담 아동의 연령, 문제 유형, 상황 등을 고려하여 내담 아동과 부모를 함께 면접할 것인지, 아니면 내담 아동과 부모를 따로 만날 것인지, 그럴 경우 어떤 순서로 면접을 진행하는 것이 좋은지, 형제나 다른 가족구성원들을 어떤 방식으로 참여시킬 것인지를 결정해야 한다. 일반적으로 상담자가 아동을 먼저 만난 후에 그 부모를 만나는 것이 더 바람직한데, 이는 상담자-내담 아동의 관계를 가장 우선시함을 나타내기 때문이다. 특히 부모-자녀 관계가 갈등 상황에 있을 때 상담자는 아동 또는 청소년을 대상으로 먼저 면접을 실시하는 것이 낫다. Brems(1993)가 제안한 다양한 접수 면접의 구조, 대상 및 목표는 다음과 같다.

〈표 8-1〉 접수 면접의 구조

유형	대상	목표
가족 면접	면접에 참여하기 원하는 모든 가족구성원	– 현재 문제에 관한 정보 수집하기 – 가족의 저항 극복하기 – 각 가족구성원과의 라포 형성하기 – 가족 구조 평가하기 – 가족 유능감 평가하기 – 가족 과정 평가하기 – 기타 가족 관련 사항 평가하기
부모 면접	부모 또는 법적 보호자	– 현재 문제에 관한 구체적인 정보 수집하기 – 아동의 증상과 관련하여 배경 정보 수집하기 – 부모의 양육방식 평가하기 – 부모의 원 가족에 관한 정보 수집하기 – 부부 관계에 대한 정보 수집하기
형제자매 면접	면접에 참여하기 원하는 모든 형제자매	– 현재 문제에 대한 새로운 관점 얻기 – 가족 내에서의 역할 평가하기
내담 아동 면접	내담 아동	– 라포 형성하기 – 관련 정보 수집하기 – 치료적 개입 단계 설정하기
피드백 회기	모든 가족구성원	– 피드백 제공하기 – 구체적인 치료 개입 제안하기 – 치료 목표 설정하기 – 치료 준비하기

출처: Brems(1993).

대개 상담자는 내담 아동과 부모 그리고 상황에 따라서는 형제자매나 다른 가족구성원을 상대로 면접을 실시한 후 피드백 회기 일정을 계획한다. 피드백 회기는 접수 면접을 통해 얻은 정보를 토대로 내담 아동의 문제에 대한 임시 가설을 세우고 상담 진행의 큰 틀을 잡은 후 진행하게 된다. 피드백 회기는 모든 가족구성원이 참여하는 것이 가장 좋으나, 실제로 아동과 부모를 대상으로 실시하는 것이 대부분이다. 이때 상담자는 아동의 문제에 대해 세운 잠정적인 가설을 제시하고, 문제를 다루기 위한 앞으로의 상담 과정에 대해 필요한 정보들(심리검사, 치료 접근, 상담 기간, 주별 회기 수, 상담 목표, 비용 등)을 제공한다. 피드백 회기에서 내담 아동과 부모는 상담을 받을 것인지에 대해 결정을 내리게 되며, 그에 따라 상담자와 함께 구체적인 일정을 계획하게 된다.

(1) 내담 아동과의 접수 면접

상담자는 아동을 만나는 순간부터 세심한 관찰을 시작해야 한다. 아동의 표정, 차림새, 특정 버릇이나 행동뿐만 아니라, 부모와의 언어적·비언어적 상호작용, 낯선 곳에서의 행동, 상담자를 대하는 자세, 대기실에서의 태도, 부모가 다른 형제자매를 함께 데리고 온 경우 그들 간의 상호작용 모두 관찰 항목이 될 수 있다. 특히 아동이 상담자와 면접을 하기 위해 부모와 떨어질 때 어떤 행동을 보이며, 또 부모는 그에 대해 어떻게 반응하는지 살펴보면 부모-자녀 간의 관계에 대한 힌트를 얻기 쉽다.

대개 아동은 자신의 의지가 아니라 부모에 의해 상담실에 오게 되므로 처음 상담실을 방문할 때 긴장, 두려움, 걱정이 많으며, 상담에 대한 의욕도 높지 않다. 처음 상담실을 방문하게 되는 아동이 흔히 궁금하게 여기는 것들은 다음과 같다(Thompson & Henderson, 2007).

* 상담은 무엇인가요?
* 나는 왜 상담을 받아야 하나요? 내가 무슨 잘못한 것이 있나요?
* 내가 벌을 받는 건가요? 나에게 뭔가 이상이 있나요?
* 부모님은 내가 뭔가 이상이 있다고 생각하시나요?
* 부모님은 나를 사랑하시나요?
* 이 사실을 알면 친구들은 내가 뭔가 이상이 있다고 생각하겠지요?
* 나를 놀리겠지요?
* 상담을 받을 때 아픈가요? 의사에게 가게 되나요?
* 얼마나 오래 걸리나요? 언제 집에 갈 수 있나요?
* 내가 하기 싫으면 안 할 수도 있나요?

* 내가 무슨 말을 해야 하나요? 내가 잘못 말하면 어떻게 되나요?
* 상담자에게 가족에 대한 안 좋은 말을 해도 되나요?
* 상담자는 내가 말한 것을 다른 사람에게 말하나요?

아동과의 접수 면접에서 상담자는 먼저 상담실이 무엇을 하는 곳이라는 것과 상담자 자신에 대해 아동이 이해하기 쉽도록 간략히 소개한다. 이어 상담자는 아동에게 왜 이곳에 오게 되었는지, 또는 왜 부모님이 이곳에 데리고 왔는지에 물어볼 수 있다. 상담자는 이러한 질문을 통해 아동이 자신의 문제를 어떻게 지각하고 있는지 정보를 얻을 수 있으며, 부모와의 접수 면접을 통해 아동의 문제에 대한 부모의 보고와 아동의 보고를 비교해 볼 수 있다. 대개 아동의 보고와 부모의 보고는 차이를 보이는데, 특히 불안이나 우울과 같은 내재화 장애의 경우, 아동은 부모에 비해 더욱 심한 심리적 어려움을 호소하는 경향을 나타낸다. 한편 아동의 보고와 부모의 보고 간의 불일치는 부모-자녀 관계에 대해 의미 있는 정보를 제공해 주며, 때로는 형제자매나 교사와 같은 제 3자의 보고가 필요할 수도 있다.

아동 접수 면접에서 상담자가 초점을 맞춰야 할 주요 정보는 아동과 부모 혹은 가족구성원 간의 관계와 또래 관계 그리고 학교 적응에 관한 것이다. 면접은 아동과의 언어적 대화뿐만 아니라 집-나무-사람 검사(House-Tree-Person: HTP), 동적가족화 검사(Kinetic Family Drawing: KFD), 동물가족화 검사(Animal Kinetic Family Drawing: AKFD), 동적학교화 검사(Kinetic School Drawing, KSD), 문장 완성 검사(Sentence Completion Test: SCT) 등을 활용하여 대화를 이끌어 내거나, 추가적인 정보를 얻어 낼 수 있다. 또한 놀이 가계도(play genogram)는 각 가족구성원에 대한 내담 아동의 사고와 감정을 탐색할 수 있는 유용한 도구로 아동이 지각하는 가족구성원 간의 상호작용, 가족구성원의 역할, 가족 내 스트레스 수준 등을 평가할 수 있다.

한편 상담자는 투사적인 질문을 통해 아동에 관한 부가적인 정보들을 얻기도 한다. '세 가지 소원'은 아동의 욕구와 공상에 접근하기 위해 흔히 쓰이는 질문이다. 또한 아동이 되고 싶은 동물이 무엇인지 물어봄으로써 아동의 은유가 전달하는 것을 탐색해 볼 수 있다. 학대 가정의 아동은 타고난 방어 능력이 없는 토끼와 같은 동물에 자기 자신을 비유하거나(Davis, 1989), 혹은 좀 더 적응적으로 거북이, 달팽이 등과 같이 위협적인 상황에서 스스로 자신을 방어할 수 있는 동물이 되고 싶은 바람을 이야기할 수 있다(Friedberg & McClure, 2002). 달나라나 무인도에 함께 가고 싶은 사람이 누구인지 묻는 질문은 아동과 친밀한 관계를 맺고 있는 사람이 누구인지 알려 준다. 이러한 투사적 질문들은 정보를 얻기 위한 보조 수단으로 사용되는 것이 바람직하며, 비슷한 유형의 질문들을 통해 어떤 공통적인 요소가 드러나는지 살펴보는 것이 안전하다.

아동 접수 면접에서 중점을 두어야 할 또 다른 측면은 아동과 상담자의 첫 대면에서부터 이루어지는 라포(rapport)의 형성이다. 라포는 상담자와 내담자 간의 의미 있는 치료적 관계를 가리키는 것으로, 라포를 형성하기 위해 상담자는 내담자를 존중하고, 지지하며, 내담자에게 진솔하고 일관성 있는 태도를 보여야 한다. 아동은 면접 과정에서 앞으로 일어날 일들에 대해 예측하기 어려우므로 익숙하지 않은 성인 상담자와의 첫 만남에서 불안을 느끼거나 위축되기 쉽다. 그러므로 상담자는 먼저 아동에게 면접이 어떻게 진행되는지 간략히 말해 주는 것이 좋으며, 가능한 한 아동에게 많은 선택의 기회를 제공하는 것이 도움이 된다. 예를 들어, 상담자는 아동에게 어느 자리에 앉고 싶은지, 언제 이야기를 시작하고 싶은지, 어떤 이야기부터 하고 싶은지 등을 결정하도록 할 수 있다. 상담자는 종종 면접 전 아동과 라포를 형성하기 위해 간단한 활동을 준비하기도 하는데, 아동의 연령, 성, 문제, 관심사에 따라 다양하게 구성할 수 있다.

(2) 부모와의 접수 면접

아동을 이해하는 데 있어 부모와의 접수 면접은 매우 중요한데, 이는 아동이 직접 보고하기 어려운 항목들에 관한 정보를 얻을 수 있을 뿐만 아니라, 부모가 아동과 아동의 문제를 어떻게 인식하고 있는지, 아동의 문제에 영향을 미칠 수 있는 부모 관련 잠재적 요인들은 어떤 것들이 있는지 파악할 수 있는 자료들을 제공해 준다. 상담자는 아동의 연령, 성, 문제 유형 등에 따라 면접의 항목들을 조정할 수 있으며, 어떤 항목들에 중점을 둘지 판단하여 필요한 중요 정보들을 최대한 많이 수집하도록 한다. 일반적으로 부모 접수 면접에서 다루는 주요 항목들은 다음과 같다.

① 인적 사항

아동의 이름, 성, 연령, 학년, 출생 순위, 학교(또는 어린이집, 유치원), 현재 동거 중인 가족 관계와 더불어 가족구성원의 이름, 성, 연령에 대한 정보도 필요하다. 부모의 직업, 학력, 종교, 거주지, 연락처, 월수입 등도 기록한다. 최근 다문화 가정의 증가 추세에 따라 인종에 대한 고려도 요구된다.

② 주 호소 문제

주 호소 문제는 아동이 자신의 문제를 인식하고 있는 경우 아동 스스로 보고하는 내용과 함께 부모가 아동의 문제로 보고하는 내용을 모두 포함한다. 대개 주 호소 문제는 하나 이상인 경우가 많으므로, 이때 어느 것이 가장 어려운 문제인지, 혹은 가장 해결이 시급하다고 여기는 문제는 어느 것인지 물어볼 수 있다. 먼저 상담자는 아동 혹은 부모가 보고한 내용을 '그대로' 기술하는 것이 좋다. 그러나 이것이 아동이나 부모가 보고하는 문제가 반드시 상담에서 다루는 목표가 되어야 한다는 의미는 아니다. 내담 아동은 자신의 어려움을 숨기거나, 축소하기도 한다. 상담자는 문제를 명확히 하기 위해 추가적인 질문을 할 수 있다. 이때 아동의 문제 또는 증상이 언제 처음 시작되었는지 아는 것은 매우 중요하다. 한 예로, 우울장애의 경우 최초 삽화(episode)의 시작은 언제였으며, 얼마 동안 진행되었는지, 다음 삽화와의 간격은 어느 정도인지, 최근의 삽화는 언제 시작했는지 등을 확인하는 것은 기본적인 사항이다. 또한 문제나 증상이 얼마나 자주 나타나는지, 심한 정도는 어떠한지, 문제나 증상이 나타나기 전의 상황은 구체적으로 어떠한지, 문제나 증상에 대해 아동과 부모가 어떠한 대처를 해 왔으며 그 효과는 어떠했는지에 대해서도 정보를 얻어야 한다. 과거 아동의 문제나 증상에 대한 의학적 또는 심리치료적 개입 여부와 결과도 참고할 필요가 있다. 이와 같이 상담자는 내담 아동과 부모가 보고한 주 호소 문제 외에 내담 아동이 주 호소 문제와 관련하여 인지적·정서적·행동적·신체생리적 측면에서 어떤 특징을 나타내는지 살펴봄으로써 내담 아동의 문제에 대해 좀 더 다각적인 이해를 할 수 있게 된다.

③ 아동의 발달사

아동의 발달사(developmental history)는 임신과 출산, 수유, 배변 훈련, 식이 및 수면 패턴 등이 포함되며, 목 가누기, 기기, 걷기와 같은 신체적 발달, 옹알이, 수용·표현 언어 수준, 지능 등의 인지적 발달, 주 양육자, 부모 양육 태도, 부모-자녀 관계, 형제자매 관계, 또래 관계, 교사와의 관계 등의 사회 및 정서 발달에 관한 정보들을 모두 아우른다. 특히 부모의 양육 태도와 관련하여 부모의 원 가족 내력, 배우자와의 관계, 아동의 양육 방식에 대한 부와 모의 의견 합의 여부 등은 의미 있는 중요한 자료들이다. 또래 관계에서는 친구의 수 혹은 또래 간의 인기 정도보다 친밀한 관계의 또래가 있는지 여부를 아는 것이 더 중요하다. 그 외 학대, 사고, 또래괴롭힘, 부모 또는 가족구성원의 죽음(특히 자살)과 같은 외상적 사건에 대한 정보도 확인해야 한다. 학령기 아동의 경우, 성적 또한 학교 적응에 영향을 미치는 중요한 요인 중 하나이다.

④ 아동의 병력

아동의 병력(medical history)은 크게 신체적 질환과 정신과적 질환으로 구분한다. 신체적 질환은 수술, 입원, 장기적인 약물 복용, 장애 여부 등에 관한 사항들이며, 정신과적 질환은 입원, 약물 치료, 상담 및 심리 치료 등에 대한 것들이다. 특히 정신과적 질환의 경우 과거 또는 현재 복용 중인 약물의 종류와 용량, 복용 기간, 부작용 등을 확인하는 것이 필요하며, 과거 상담이나 심리치료를 받은 경험이 있다면 내용, 기간, 효과, 종결 사유 등에 대해서도 물어볼 수 있다. 또한 정신과적 질환에 대한 유전적 요인의 영향은 없는지도 살펴봐야 한다.

⑤ 스트레스 촉발 요인

스트레스 촉발 요인은 직접적으로 내담 아동의 주 호소 문제를 야기한 비교적 최근의 사건 혹은 경험을 의미한다. 촉발 요인은 최근 이사나 전학을 하였다든가, 애완동물을 잃어버렸다든가, 부모에게 심하게 야단을 맞았다든가, 성적이 떨어졌다든가, 동생이 태어났다든가, 또래에게 놀림을 당했다든가 등의 외적 사건이 대부분이나, 간혹 최근의 어떤 사건으로 인해 떠올린 과거 외상 경험에 대한 기억이나 심상(image)과 같은 내적 요인이 원인이 될 수 있다. 그러므로 상담자는 부모의 보고와 함께 아동의 보고를 주의 깊게 고려해야 한다. 특히 어린 아동의 경우, 주요 활동 반경이 가정을 크게 벗어나지 않으므로 부모-자녀 관계, 형제 관계, 기타 다른 가족구성원들과의 관계에서 생기는 스트레스를 면밀히 살펴볼 필요가 있다.

2) 사례개념화

사례개념화(case conceptualization or case formulation)란 상담자가 접수 면접에서 얻은 많은 정보들을 통해 내담 아동의 문제에 영향을 미치는 요인들을 찾아내어 체계화하는 작업이다. 상담자는 사례개념화 과정에서 내담 아동의 문제를 일으킨 원인들에 대해 잠정적인 가설을 만들고, 이를 기초로 상담 또는 치료 목표와 계획을 세운다. 따라서 사례개념화는 상담을 진행하기 위한 가장 기본적이고 중요한 틀이 된다. 적절한 사례개념화를 세우기 위해서는 먼저 아동의 문제와 관련이 있는 정보들을 가능한 한 많이 수집해야 하므로 접수 면접이 효율적으로 이루어져야 한다.

일반적으로 사례개념화는 접수 면접 후 상담 회기를 시작하기 전에 작성한다. 그러나 간혹 접수 면접에서 충분한 자료를 얻지 못할 경우, 상담 회기를 먼저 시작하여 내담 아동의 문제를 좀 더 탐색한 후 사례개념화를 만들기도 한다. 상담자는 상담을 진행하는 과정에서 얻게 되는 추가적인 정보들로 인해 처음 세운 가설을 수정해야 할 경우가 생기기도 하므로, 상담 과정에서의 사례개념화의 수정·보완은 흔히 이루어진다.

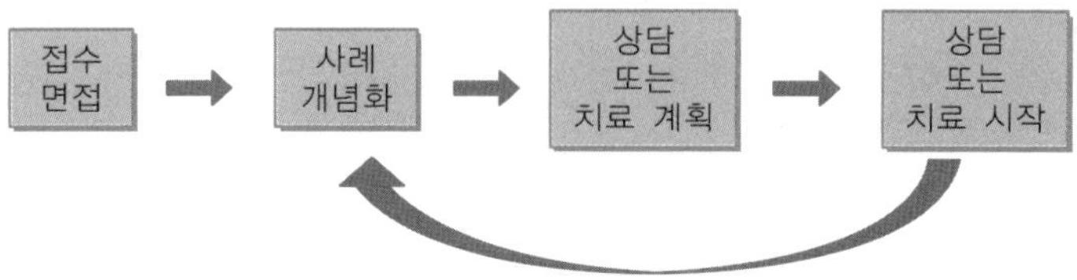

[그림 8-2] **상담 전 진행 과정**

사례개념화의 주요 요소들에는 내담 아동의 인적 사항, 주 호소 문제·진단명, 발달사적 정보, 상황적 요인, 생물학적 요인, 강점, 요약 및 가설 등이 포함된다. 이때 상담자의 치료적 접근 혹은 이론적 모형에 따라 사례개념화의 형식은 차이가 있을 수 있다. [그림 8-3]은 인지행동치료(cognitive behavioral therapy)에서 사용하는 단축형 사례개념화 차트이다(Wright, Basco, & Thase, 2005/2009).

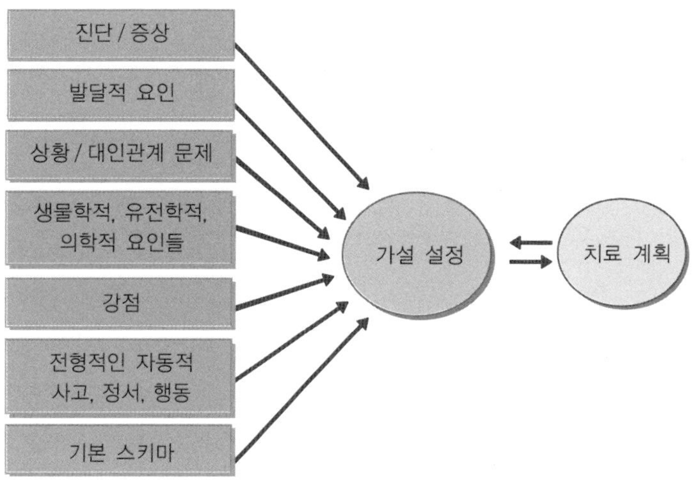

[그림 8-3] **단축형 사례개념화 차트**

구체적으로 살펴보면, 먼저 진단/증상 범주에는 진단을 내릴 수 있는 자격 요건을 갖춘 정신의학 전문가에 의해 진단명을 받은 경우에 한해 진단 항목을 기록하며, 상담자가 임의로 진단명을 기록하지 않는다. 증상 항목은 진단 유무와 상관없이 내담 아동 및 부모가 보고하는 증상을 기록한다. 또한 아동이나 부모가 자발적으로 보고하지 않았다 하더라도 상담자의 추가 질문을 통해 인지적·정서적·행동적·신체생리적 영역에서 내담 아동이 나타내는 다양한 관련 증상들을 포함시킬 수 있다.

종적인 접근의 발달적 요인 범주에는 내담 아동의 문제에 영향을 미친 것으로 추정할 수 있는 발달사 관련 정보들을 기록한다. 횡적인 접근의 상황/대인관계 문제 범주에는 최근 아동의 문제를 직접 촉발시킨 것으로 보이는 스트레스 사건 등이 포함된다. 생물학적·유전학적·의학적 요인 범주는 내담 아동의 문제와 관계가 있는 생물학적 기능 이상, 가족력, 신체 질환 등이 해당한다. 강점 범주에는 상담을 진행하는 데 있어 도움이 되거나 혹은 방해가 될 수 있는 요인들을 기록한다. 마지막으로 전형적인 자동적 사고-정서-행동 범주와 기본 스키마 범주는 내담 아동의 문제에서 나타나는 핵심적인 사고-정서-행동 모델과 그 기저에 깔린 스키마를 기록하는 것으로 인지행동치료 접근의 사례개념화에서 다루는 특징적인 항목들이다.

사례개념화의 범주는 상담자의 이론적 접근 틀에 따라 차이가 있을 수 있다. 그러나 상담자가 어떤 이론적 접근 틀을 사용했느냐와 관계없이 좋은 사례개념화는 많은 정보를 나열하는 데 있는 것이 아니라, 내담 아동의 문제와 직·간접적으로 연관이 있는 정보들을 어떻게 구성하여 합리적인 가설을 제시했느냐에 달려 있다. 다음 〈표 8-2〉는 사례개념화에 대한 구체적인 이해를 돕기 위해 9세의 흑인 여아 테사를 대상으로 한 인지행동놀이치료 접근의 사례개념화 예시를 든 것이다(Friedberg & McClure, 2002).

〈표 8-2〉 테사의 사례개념화 예시

주 호소 문제
테사의 신체생리적 증상은 복통, 땀 흘림, 두통이며, 정서적 증상은 두려움, 불안, 슬픔이다. 행동적 증상으로는 잘 울기, 과제 늦게 제출하기, 양호실에 자주 가기 등이다. 대인 관계 면에서 테사는 수줍음이 많고 친구들과 잘 어울리지 못한다. 인지적 증상으로는 "내 실수를 다른 사람들이 알아챌 거야.", "모두들 내가 실수하기를 기다리고 있어.", "엄마 없이는 학교 공부를 잘할 수 없을 거야.", "우리 반 친구들은 나를 좋아하지 않아." 등의 사고가 포함되어 있다. 테사에게 아동용 우울 척도(CDI)와 개정판 아동용 불안검사(RCMAS)를 실시한 결과, CDI 18점과 RCMAS 18점을 받아 중간 수준의 우울과 불안을 보이는 것으로 나타났다. 특히 걱정과 대인관계에 대한 고민에서 상대적으로 높은 점수를 보였다.
발달적 요인
테사는 주요 발달 과제들을 정상적으로 달성하였다. 테사는 유아기에 어린이집에 다니기 시작하면서 약간의 분리불안을 나타냈으나 곧 나아졌다. 이후 학교 생활에서 테사는 새 학년이 시작되기 약 1주일 전부터 매우 불안해지는 경향을 보였다. 테사는 학교 버스를 기다리는 것, 버스를 타는 것이 싫다고 말했으며, 때때로 이모가 버스 정류장에 마중을 나오지 않을까 봐 걱정하였다. 테사에게 학교에서 가장 당황스러웠던 순간이 언제였느냐고 묻자, 크리스마스 선물 교환할 때 다른 아이들이 자기가 준비한 선물에 대해 놀렸을 때라고 보고하였다("이건 너무 작고 싸구려야!"). 테사는 모범생으로 성적은 늘 좋은 편이었으며, 행동적인 면에서 별다른 문제를 보이지 않았다. 테사는 축구와 야구, 플루트를 하고 있다. 여가 시간에는 책을 읽는 것과 TV 보는 것을 좋아한다. 테사는 이웃에 또래 친구들이 몇 명 있으며, 친구들과 함께 놀 때는 전형적인 아동기 놀이를 주로 한다. 테사는 종종 자기보다 어린 아이들과 놀기도 하며, 어린 아이들을 돌보아 주기를 좋아한다. 테사가 친구들과 싸우거나 말다툼을 하는 일은 거의 없다. 테사는 종종 학교 친구들의 생일 파티에 초대받기는 하지만 잘 가지 않아서 최근에는 초대를 받는 일이 뜸해졌다. 테사의 아버지는 테사가 9개월 되던 때 집을 나가 그 후로 테사는 한 번도 아버지를 만난 적이 없다. 테사의 어머니는 주요 우울장애 진단을 받고 프로작(Prozac)을 복용하고 있다. 테사의 어머니와 이모는 사이가 좋으며, 훈육 방식에 있어서도 대체적으로 의견이 일치하는 편이다. 이모는 어머니가 테사를 아기처럼 취급한다고 생각한다. 테사의 어머니는 자신이 집안의 '어른'이라고 말하지만, 최근 우울증이 악화되어 자신의 훈육이 느슨해졌다고 생각한다. 그녀는 테사를 훈육할 때 주로 칭찬하기, 안아주기, 타임아웃, 보상하기, 특권 제한하기 등을 사용하였다. 그녀는 어린 시절 자신의 부모로부터 많이 맞으며 자랐기 때문에 신체적 처벌은 옳지 않다고 생각해 테사의 엉덩이를 가볍게 때리는 것조차 하지 않았다. 또한 그녀는 자신의 무기력감 때문에 테사와 놀아 주지 못한 것에 대해 죄책감을 느끼고 있으며, 요즘 자신의 피로감과 우울증이 심해져 에너지 수준이 낮아졌다고 생각한다.

테사는 알코올 또는 약물 사용의 문제가 없으며, 위법 행위를 한 적도 없다. 테사는 이전에 심리치료를 받은 경험이 없으며, 테사의 어머니도 약 처방을 위해 정신과 의사를 만나기는 했으나 심리치료를 받은 적은 없다. 테사의 어머니는 테사가 심리치료를 통해 누군가에게 말을 하고 마음을 열기를 기대하고 있다. 그러나 테사는 심리치료를 받으러 오는 것에 대해 아직 잘 이해하지 못하고 있는 상태이다.

인지적 요인

테사의 자동적 사고(automatic thought)는 "나는 실수를 할 것이고 모든 사람들이 그걸 알아챌 거야.", "모든 사람들이 내가 실수하기만을 기다리고 있어.", "나는 엄마의 도움 없이 학교 생활을 잘 해낼 수 없을 거야.", "우리 반의 다른 친구들은 나를 좋아하지 않아.", "엄마를 피곤하게 하지 않으려면 착하게 굴어야 해.", "세상에는 위험한 일들이 아주 많아.", "나는 나 자신을 보호할 수 없어.", "나는 다른 아이들처럼 똑똑하지도 않고 강하지도 않아.", "나는 적응을 잘 못해." 등이 보고되었다. 테사의 특징적인 인지적 오류 패턴(cognitive distortion patterns)은 흑백 논리적 사고(all-or-nothing thinking), 개인화(personalization), 과잉일반화(overgeneralization), 감정적 추론(emotional reasoning), 꼬리표 붙이기(labeling) 등이다. 테사(9세)는 아직 어리기 때문에 인지 도식(cognitive schema)이 충분히 형성되지는 않았으나, "나는 이 힘든 세상에서 약하고 상처받기 쉬운 사람이야.", "이 세상에는 나보다 더 똑똑하고 강한 사람들이 많아. 난 소외되고 말 거야.", "나는 항상 위험에 대비해야 해. 그래야만 위험을 피할 수 있어.", "비난을 받지 않으려면 실수를 해서는 안 돼." 등의 핵심 신념(core belief)을 발달시킬 가능성이 있다.

행동의 선행 사건 및 결과

테사의 증상을 일으키는 주요 촉발 사건은 학교에 등교하는 상황, 특히 월요일 아침 학교에 등교하는 상황이다. 또한 학교에서 새로운 과제나 팀 과제를 받았을 때, 타인으로부터 비판적인 피드백을 받았을 때, 쉬는 시간과 같이 특별한 활동이 정해져 있지 않은 모호한 상황 등은 테사에게 불안과 우울한 감정을 일으킨다. 성인들(어머니, 이모, 교사)이 테사에게 적절한 반응을 보이지 않았을 때 테사는 "그들은 나에게 관심이 없어." 혹은 "그들은 나를 좋아하지 않아."와 같은 테사의 신념을 촉발시킨다. 테사의 회피 행동, 철회 행동, 과제 점검 행동 등은 위의 선행 사건들에 이어 나타나며, 이러한 행동들은 일시적으로 불안을 감소시키기 때문에 강화된다. 테사의 과제 점검 행동은 좋은 성적을 받는 결과를 가져올 뿐만 아니라, 그로 인해 어머니의 칭찬을 받을 수 있으므로 정적 강화를 받는다. 테사는 때때로 권위 인물로부터 위안을 받기 때문에, 성인의 확인을 구하는 행동이 불안을 감소시키는 결과를 가져오기도 한다. 교실 안에서 테사의 조용한 행동은 강화를 받는다. 테사의 신체화 증상은 성인의 보살핌을 받도록 함으로써 만족감을 가져오기 때문에 기능적으로 유용한 것처럼 보인다. 타인을 기쁘게 하려는 테사의 노력 또한 타인의 인정에 의해 정적 강화를 받는다.

잠정적 가설
테사의 주요 증상은 불안과 우울로서 이와 관련된 인지적 특징은 자기 자신에 대한 부정적인 평가와 비판에 대한 생각이다. 테사는 이에 대해 과도한 경계 및 확인 행동, 승인 구하기, 또래 관계의 회피 행동 등으로 반응한다. 테사의 심리적 증상은 대부분 신체 증상으로 나타난다. 테사는 특히 자신의 감정을 표현했을 때 타인으로부터 받게 될 부정적인 평가를 두려워한다. 테사가 처한 환경 요인은 처음 그녀의 심리적 증상이 발현되는 데 영향을 미쳤으며, 이후 증상의 유지와 악화에도 기여하였다. 테사와 어머니는 테사가 또래들과 인종이 다르다는 점에 대해 민감하다. 테사는 "너는 백인 또래들보다 두 배 이상 열심히 해야 된다."는 어머니의 격려를 내면화해 온 것으로 보인다. 이 때문에 테사는 타인 앞에서 어떤 일을 수행하거나, 경쟁적인 일에 적응하는 데 어려움을 느낀다. 테사가 보고한 "모든 사람들은 내가 실수하기를 기다린다."는 생각에는 타인들이 자신을 관찰하고 있다는 전제를 포함하고 있으며, 이는 테사의 사회 불안을 촉진한다. 이러한 불안은 테사로 하여금 자신이 잘하고 있는지 확인하는 재확인 행동을 하도록 이끌게 된다. 테사는 비판적이고 위협적인 세상에서 자신이 상처받지 않기 위해서 자신을 철회하고 매우 조심스럽게 행동하는 특성을 보인다. 이러한 테사의 행동은 때로 또래들의 놀림을 받기도 한다. 테사의 어머니는 테사를 과잉보호하는 경향을 나타냈는데, 이는 테사가 자기 자신을 더욱 부정적으로 지각하도록 이끄는 것처럼 보인다.

출처: Friedberg, & McClure(2002).

3) 상담 또는 치료 계획

사례개념화가 세워지면 이를 근거로 상담자는 상담 계획을 작성하게 된다. 대개 상담 계획은 두 종류로 구분할 수 있다. 먼저 초기, 중기, 말기의 상담 단계의 과정별로 전체 회기를 어떻게 구성할 것인지에 대한 큰 그림을 제시하는 전체 상담 계획과 각 회기별로 어떻게 상담을 진행할 것인가에 대한 구체적인 회기별 상담 계획이 있다. 상담 계획에는 상담 목표, 기법 및 전략, 활동 등이 포함된다. 상담 목표는 내담 아동의 주 호소 문제와 연관이 있어야 하며, 모호한 기술보다는 구체적이고 명확하게 진술하여야 한다. 특히 상담 목표를 관찰 가능한 행동의 변화 혹은 척도 점수를 근거로 한 증상의 변화로 삼을 경우, 내담자에 대한 치료 효과를 객관적으로 평가하는 데 도움이 된다. 전체 상담 목표의 수는 5~6개 정도가 적당하며, 회기별 상담 목표의 수는 1~2개 정도가 알맞다. 상담의 기법 및 전략은 상담자의 이론적 접근 틀에 의해 결정되는데, 내담 아동의 문제, 연령, 언어 수준을 포함한 인지적 능력, 흥미 등을 다방면으로 고려한다. 상담자는 개인 상담 혹은 소집단/대집단 상담을 진행할 것인지, 몇 회기를 진행할 것인지, 어떤 활동을 구성하고 어떤 매체를 활용할 것인지, 회기 구조화의 정도는 어떻게 정할 것인지 등을 선택한다. 다음은 위의 사례개념화 예시에 등장한 9세의 흑인 여아 테사를 대상으로 한 인지행동놀이치료의 전체 상담 계획과 상담 과정에서 예상되는 방해 요인을 기술한 것이다(Friedberg & McClure, 2002).

전체 상담 계획의 예시

1. 테사의 신체화 증상으로 인한 불편감을 완화시키기 위해 이완 훈련을 시작한다.
2. 테사의 에너지 수준을 높이기 위해 즐거운 활동 계획하기(pleasant activities scheduling)를 실시한다.
3. 테사의 부정적인 평가에 대한 두려움을 감소시키기 위해 인지적 개입을 실시한다. 자기 지시(self-talk) 접근을 먼저 실시하고 점차 합리적 분석을 늘리는 방식으로 진행한다.
4. 자신과 또래가 서로 인종이 다른 것에 대해 테사가 가지고 있는 부적응적 사고를 다루기 위해 재귀인(reattribution)과 같은 인지적 기법을 적용한다.
5. 상담 과정 전 회기에 걸쳐 문제해결전략 훈련을 실시한다.
6. 테사의 "나는 약하다." 등의 신념을 변화시키기 위해 인지적 기법을 적용한다.
7. 테사의 어머니를 대상으로 과잉보호적인 양육태도를 수정하고, 테사의 요구에 대해 일관성 있게 반응하도록 하기 위한 부모 훈련을 실시한다. 또한 테사의 어머니와 이모가 효과적으로 의사소통할 수 있도록 돕는다.
8. 테사가 상담 과제를 해 낼 수 있도록 돕기 위해 행동수정 프로그램을 실시한다.
9. 테사가 또래들의 놀림에 대처하도록 돕기 위해 사회적 기술 훈련을 실시한다.
10. 테사가 필요한 기술을 충분히 습득한 후 행동 실험적 기법을 실시하여 테사의 부정확한 예측을 검증해 본다.
11. 테사의 담임교사 및 학교 관계자들과 지속적인 협력을 유지한다.

상담과정에서 예상되는 방해 요인의 예시

테사는 상담을 받는 것에 대한 거부감이 없으므로 상담 과정에서 상담자의 지시에 순응하는 데 별다른 어려움은 없을 것으로 보인다. 그러나 테사는 '지나치게 노력하는' 경향이 있으므로 상담자는 테사가 상담 과제를 수행할 때 완벽주의적 성향을 보이는지에 대해 주의를 기울여야 한다. 또한 테사는 타인을 기쁘게 하려고 노력하며, 타인으로부터의 부정적인 평가를 두려워하기 때문에, 상담자에게 자신의 증상을 축소해서 보고하거나, 상담에 대한 불만을 나타내지 않으려고 애쓰는지에 대해서도 관찰해야 한다. 마지막으로, 테사는 읽기와 쓰기 기술이 우수한 수준이므로 상담 초기에는 정서적 반응보다 인지적 반응을 보일 가능성도 염두에 두어야 한다.

자신과 또래와의 인종 차이에 대한 테사의 사고를 다루는 것이 중요한 문제이기는 하나, 테사가 이것에 관한 자신의 생각과 감정들을 자유롭게 탐색하도록 돕는 것은 그리 간단하지 않다. 먼저 상담자는 테사가 자신의 이러한 생각과 감정에 대해 이야기할 때 어떤 위험이 따를 수 있는지 신중하게 따져 봐야 한다. 예를 들면, 테사가 이러한 인종에 관한 쟁점에 대해 더욱 민감해지거나, 이 때문에 또래 관계에서의 위축이 악화될 수도 있다. 또한 테사의 인종에 대한 생각은 어머니에게 영향을 받으므로 어머니의 적극적인 협조가 중요할 것이다.

부모 상담 또한 상담자에게는 도전이 될 수 있다. 상담자는 테사의 어머니의 우울 양상을 주의 깊게 모니터할 필요가 있으며, 우울이 심할 경우에는 개인 상담을 권유할 수 있다. 이는 어머니가 우울하면 아동을 대상으로 실시되는 상담 진행이 영향을 받을 수 있기 때문이다(예: 즐거운 활동 계획하기 등). 어머니 자신이 우울하기 때문에 테사의 정서 상태를 우울한 것으로 오인할 가능성도 있다. 또한 어머니가 우울로 인해 심리적 에너지가 낮아 테사에게 적절한 반응을 해 줄 수 없거나, 이모와의 의사소통이 잘 이루어지지 않을 수도 있다.

상담자는 테사의 교사와 협력 관계를 유지하는 것이 중요하다. 상담자는 교사에게 테사의 재확인 행동과 회피 행동을 감소시키기 위한 방법을 가르쳐 주거나, 교사로 하여금 테사의 불안을 쉽게 알아차리는 데 유용한 전략을 알려 줄 수도 있다.

3. 아동상담의 과정

아동상담의 과정은 크게 초기 단계, 중기 단계, 말기 단계로 나눈다. 각 단계의 구성은 내담 아동의 연령, 문제 유형, 증상의 정도, 치료 효과, 상담 유형(개인상담, 집단상담), 부모의 지원, 상담을 진행할 수 있는 환경적 여건 등에 따라 달라질 수 있다.

1) 초기 단계

아동상담의 초기 단계에서 가장 먼저 다뤄야 할 것은 내담 아동과의 치료적 관계 맺기이다. 바람직한 치료적 관계의 기초는 무엇보다도 내담 아동을 대하는 상담자의 진정성이다. 상담자는 내담 아동을 최대한 돕기 위해 헌신할 준비를 해야 한다. 상담자는 어떤 사람이며, 상담자에게 내담자는 어떤 존재인가에 대한 상담자의 생각은 내담자와 관계를 맺는 일에 영향을 미칠 것이다. 내담자가 아동인 경우 상담자와 치료적 관계를 맺는 일은 성인 내담자와 크게 다르지 않다. 내담 아동도 성인 내담자와 마찬가지로 상담자가 자신에게 진심으로 관심을 기울이고 있는지 아닌지를 쉽게 알아차린다.

상담자는 아동과 만나는 상담실을 이리저리 변경하기보다 일정한 한 장소로 정하고, 회기 시간을 잘 지킴으로써 아동에게 안정감을 주어야 한다. 이전 사례의 회기 시간과 여유를 충분히 두어 상담자가 너무 분주한 인상을 주는 것을 피하고, 상담자가 내담 아동을 기다리고 있다가 반갑게 맞이하는 것이 바람직하다. 초기 단계의 아동은 상담 회기의 진행에 관해 정보를 가지고 있지 않으므로 회기 중 일어날 일에 대한 불안이 높은 경우가 많다. 따라서 상담자는 특히 처음 몇 회기 동안 일관성 있게 회기를 구성함으로써 아동으로 하여금 상담 회기의 진행에 대한 예측이 가능하도록 해 주는 것이 좋다.

또한 초기 단계에서 상담자는 효과적인 제한 설정을 만드는 것이 중요하다. 제한 설정은 상담자가 앞으로 상담을 진행하면서 아동이 지켜야 할 규칙에 관해 아동과 함께 이야기하는 것이다. 규칙의 항목 수는 가능한 한 적은 것이 좋으며, 아동이 쉽게 이해할 수 있도록 간단하고 명확하게 제시해야 한다. 어떤 항목들은 내담 아동의 부모에게도 설명해야 할 필요가 있다. 제한 설정의 항목들 중 가장 중요한 것은 내담 아동과 상담자, 혹은 다른 내담 아동들과 그 부모들의 안전(safety)에 관한 것이다. 특히 공격적인 아동의 경우, 상담자는 아동이 아동 자신과 타인에게 해를 미치는 행동(예: 때리기, 물기, 물건 던지기, 자해 행위, 욕하기 등)을 하게 해서는 안 되며, 위협이 될 수 있는 도구를 상담실에 가져올 수 없음을 분명히 해야 한다. 제한 설정의 또 다른 예로는 치료 도구를 집에 가지고 가지 못한다든지, 회기가 끝난 후 상담실에 머물 수 없다든지, 음식물을 상담실에 가지고 들어올 수 없다든지 하는 것들이 해당할 수 있다. 상담자는 아동에게 규칙을 어길 경우의 결과에 대해서 미리 밝혀둘 필요가 있다. 상담자는 제한 설정에 대해 일관성 있는 태도를 보임으로써 아동으로부터 전문가로서의 권위와 신뢰감을 얻을 수 있다.

적절한 치료적 관계를 맺는 일은 생각만큼 간단한 일이 아니다. 간혹 초기 단계에서는 상담자와 아동 간의 미묘한 주도권 다툼이 일어나거나, 아동이 상담자가 믿을 만한지 시험해 보기도 하며, 아동이 자기패배적 행동(self-defeating behavior)을 통해 상담자를 통제하려는 시도를 하기도 한다. 특히 아동은 과거 부모와의 관계에서 해결되지 않은 문제들로 현재 상담자와 맺는 관계에 영향을 받는 전이가 일어나기 쉬우며, 이는 저항이나 과도한 애착 등 다양한 형태로 나타날 수 있다. 상담자에 대한 내담 아동의 특정 행동은 아동의 문제 및 대처 전략에 대한 유용한 정보들을 가리키는 신호이다. 오랜 기간 신체적 학대를 받아 온 아동의 경우, 낯선 상담자 역시 자신을 때릴 것으로 예상하여 불안이 증가하게 되는데, 이러한 불안을 낮추기 위해 먼저 상담자를 화나게 하는 행동을 함으로써 상담자가 자신에게 체벌을 가하도록 유도하기도 한다. 아버지에게 성 학대를 받아 온 어린 아동은 상담자를 성적으로 유혹하는 행동을 보임으로써 낯선 상담자의 관심을 얻고자 하는 경우도 있다.

초기 단계에서의 또 다른 주요 상담 목표는 내담 아동의 문제를 탐색하고 정의를 내리는 것이다. 상담자는 아동의 문제가 무엇인지, 혹은 한 가지 이상의 문제를 가지고 있는 경우 어떤 것이 가장 중요하거나 시급한 것인지 파악하는 것이 필요하다. 어린 아동일수록 자신의 문제를 인식하고 있지 못하는 경우가 많아 상담자는 아동의 보고에만 의지해 문제를 판단해서는 안 된다. 내담 아동은 흔히 자신의 문제를 다른 사람, 특히 부모의 탓으로 돌리는 경우가 많은데, 이때 상담자가 부모와 아동 사이에서 중재 역할을 해 주기를 기대하기도 한다. 또한 아동은 신체적 증상을 유일한 자신의 문제로 보고하는 일이 빈번하다. 따라서 상담자는 아동의 보고와 함께 아동의 다양한 심리사회적 특성을 탐색하여 문제를 정의하는 것이 필요하다. 한편 문제에 대한 정의는 내담 아동이 이해하기 쉬운 단순한 언어(simple language)를 사용해야 하며, 상담자와 아동의 동의하에 이루어져야 한다.

2) 중기 단계

중기 단계의 주요 상담 목표는 상담자가 실제적으로 내담 아동의 문제를 다루는 것이다. 아동의 문제를 다루는 작업은 상담자의 이론적 상담 모델 및 치료적 접근에 따라 달라진다. 행동주의적 모델에 기초한 상담자는 내담 아동의 문제 행동 분석을 통해 구체적이고 관찰 가능한 행동 목표를 설정하고, 강화와 처벌을 사용한 보상 체계, 체계적 둔감화(systematic desensitization), 모델링(modeling) 등을 통해 행동의 변화를 모색한다. 예를 들어, ADHD 아동의 경우, 상담자는 아동이 수업 시간에 자기 자리를 떠나 돌아다니는 행동의 빈도, 시점 등을 파악한 후 수업 시간 45분 동안 2회 이상 자리에서 일어나 돌아다니지 않는 것을 첫 목표로 정할 수 있다. 습관적으로 거짓말을 하는 아동의 경우, 자신의 행동에 대한 결과로 타임아웃을 시킬 수 있다. 또한 개를 무서워하는 아동의 경우, 상담자는 개와 관련하여 두려움이 생기는 상황들을 두려움의 강도에 따라 단계적으로 구분하고, 가장 낮은 두려움을 느끼는 상황부터 시작하여 내담 아동이 그 상황을 상상할 때 이완을 하도록 이끌 수 있다.

한편, 인지행동적 모델에 기초한 상담자는 내담 아동의 우울을 일으키는 사고와 신념을 찾아내어 이를 적응적인 대안으로 바꾸는 생각 바꾸기 작업을 진행하는 한편, 무기력한 아동의 에너지 수준을 높이기 위해 행동 활성화를 병행할 수 있다. 단, 상담자는 어떤 치료적 접근을 사용하든 간에 내담 아동의 발달 단계적 특성을 고려하여 놀이 도구, 미술 도구, 그림책, 악기 등 다양한 매체를 활용하여 치료의 효과를 높일 수 있다.

중기 단계에서 상담자가 흔히 만나는 어려움으로는 내담 아동의 저항을 들 수 있다. 대개 저항은 내담 아동의 문제가 명료해짐에 따라 함께 수반되는 경우가 많다. 저항은 문제에 대한 책임을 회피하고 싶거나, 인정하고 싶지 않은 현실을 맞닥뜨려야 할 경우, 혹은 문제를 직면한 이후 뒤따르게 될 결과에 대해 두려움을 느끼는 경우 등 다양한 상황에서 일어날 수 있다. 아동에 따라 저항은 여러 가지 방식으로 나타날 수 있는데, 공격적 행동, 침묵, 신체화 증상, 말 돌리기, 새로운 문제 제기, 회기 불참, 아무런 생각이 나지 않고 멍함(blank), 타인 희생양 삼기(scapegoating) 등이 해당한다. 이러한 저항은 내담 아동의 문제를 탐색하고 다루는 과정에서 일어나므로, 상담자는 저항을 상담 진행 과정의 의미 있는 신호로 보고 이를 적절히 다루는 것이 필요하다.

중기 단계에서 일어나는 또 다른 도전은 전이·역전이를 다루는 문제이다. 전이는 내담 아동이 과거 중요한 타인과의 관계에서 해결되지 못한 어떤 문제가 상담자와의 관계에서 그와 유사한 방식으로 다시 나타나는 것을 가리킨다. 특히 내담자가 아동일 때, 부모를 포함하는 주 양육자와의 갈등이 전이의 내용인 경우가 대다수를 차지한다. 한 예로, 감정의 기복이 심하고 완벽주의 성향을 가진 어머니와의 관계에서 어려움을 겪어 온 아동은 어머니와 비슷한 연령의 상담자를 대할 때 과도하게 상담자의 눈치를 살피고, 자신에 대한 상담자의 부정적인 평가에 대해 두려움을 나타낼 것이다. 이렇듯 전이는 상담자가 아동의 내면세계를 좀 더 이해할 수 있는 의미 있는 정보들을 제공해 준다.

한편, 역전이는 상담자 자신이 과거 해결하지 못했던 어떤 문제가 내담 아동과의 관계에서 비슷한 양식으로 다시 나타나는 것을 말한다. 역전이가 일어날 경우, 상담자는 특정 내담 아동에 대해 지나친 공감을 경험하거나, 특정 내담 아동의 부모에게 과도한 분노를 느끼거나, 내담 아동이 회기에 빠질 경우 안도감을 느낄 수도 있다. 역전이는 상담자로 하여금 내담 아동에 대한 객관적인 평가를 어렵게 할 뿐만 아니라, 내담 아동에 대해 적절한 반응을 할 수 없도록 방해하므로 치료에 도움이 되지 않는다. 또한 역전이는 상담자의 에너지 소진을 부추기는 결과를 가져오기도 한다. 그러므로 상담자는 내담 아동과의 관계에서 역전이가 일어나고 있는 것은 아닌지 세심하게 살펴야 할 것이다. 역전이가 일어나고 있음을 알게 되면 상담자는 적극적으로 자신의 문제를 다루어야 하며, 수퍼바이저나 동료 상담자의 도움을 받을 수도 있다.

3) 말기 단계

말기 단계의 주요 상담 목표는 중기 단계에서 다루어 온 문제들을 재확인하는 과정을 통해 놓친 것들은 없는지 살피고, 상담 종결 후 내담 아동이 만나게 될 실제 상황에서 사용할 수 있는 유용한 행동 전략들과 기술들을 훈련하고 점검함으로써 내담 아동을 준비시키는 일이다. 그러나 이보다 앞서 상담자는 상담 과정을 검토하고, 상담 목표가 충분히 달성이 되었는지에 대한 종합적인 평가를 내려야 한다. 이때 상담을 종결하는 것에 대한 내담 아동의 의견을 존중하는 일도 잊지 말아야 할 것이다. 상담 종결을 결정하는 일은 단순히 내담 아동의 증상 완화에만 의지하여 이루어져서는 안 된다. 때로 아동은 상담자와의 치료적 관계가 끝나는 것에 대한 불안을 느껴 이전의 부적응적인 행동으로 돌아가거나, 새로운 문제를 일으키기도 한다. 또한 부모나 교사로부터 아동의 증상이 변화되었다는 보고에만 의지하여 상담의 종결을 결정하는 것도 문제가 될 수 있다. 상담자는 초기의 상담 목표와 상담 과정에서의 아동의 변화, 외부 환경적 조건, 아동 및 부모의 바람 등을 모두 고려하여 종결 여부와 시점을 정하는 것이 바람직하다.

상담 종결이 정해지면 상담자는 적어도 마지막 회기 2~3주 전에 내담 아동에게 상담이 종결될 것을 알려야 한다. 구체적인 종결 시점은 아동과 이야기하여 조정할 수 있도록 하여 아동이 통제감을 갖도록 하는 것이 좋다. 종결에 즈음하여 아동은 추후 상담자와의 관계에 대한 의문, 불확실한 미래에 대한 예측, 자신의 변화에 대한 인식과 자신감 부족, 지지적이지 않은 외부 세계에 대한 두려움 등을 경험하기 쉽다. 그러므로 상담자는 아동과 함께 이러한 문제들을 다루어 나가면서 종결을 준비하는 것이 필요하다. 상담자는 종결 후 아동이 스스로 문제를 해결해 나갈 수 있음을 격려하는 한편, 현실에서 아동이 부딪히게 될 도전들에 적절히 대처할 수 있도록 훈련시킬 수 있다. 이를 위해 역할극(role play), 인지적 예행연습(cognitive rehearsal), 노출 훈련(exposure) 등이 인지행동놀이치료 말기 단계에서 빈번하게 사용된다(김정민·이미영, 2011). 일반적으로 종결 회기에서는 내담 아동이 성공적으로 상담 과정을 통과한 것을 축하하고 기념하는 의식(celebration)을 갖는다. 상담자가 아동에게 기념 배지를 달아 주거나, 치료 과정의 의미 있는 순간들이 담긴 간단한 슬라이드 쇼를 함께 보기도 하며, 회기 과정에서 아동이 한 활동들을 포트폴리오로 만들어 주기도 한다. 한편 아동이 적응을 유지하는지 등 전반적인 점검을 하기 위한 목적으로, 또한 증상의 재발이나 새로운 문제가 생길 경우를 대비하여 상담 종결 이후 일정 기간 동안 2~3번에 걸친 추후 상담 계획을 세우는 것도 매우 유용하다.

제9장
심리검사 및 심리평가

본 장에서는 아동상담에서 실시되는 심리검사 및 심리평가에 관해 살펴볼 것이다. 심리검사는 아동의 문제를 파악하고 개입 방법을 결정하기 위한 것 외에 아동의 잠재력을 발견하여 발휘할 수 있도록 하는 데 그 목적이 있다. 아동에게 적합한 심리검사를 선택하기 위해서는 아동의 문제와의 관련성, 타당도 및 신뢰도, 실용성 등을 고려해야 한다. 그 밖에 아동을 대상으로 실시하는 주요 심리검사의 종류와 심리평가도구에 대해 알아보았으며, 검사의 결과 해석 및 보고서에 대해서도 간략하게 다루었다.

1. 심리검사의 역할과 목적

심리검사는 성격, 지능, 적성과 같은 인간이 지닌 다양한 심리적 특성들에 대해서 파악하고자 하는 목적을 지니고 다양한 검사 도구들을 이용하여 이러한 특성들을 양적·질적으로 측정하고 평가하는 일련의 절차를 말한다.

심리검사를 통해서 우리는 각 사람이 지닌 개인차를 파악할 수 있으며, 이를 토대로 개인의 문제를 진단하고, 문제해결을 위한 개입방법을 결정하는 데 도움을 준다. 심리검사 실시 과정을 통해 개인이 갖고 있는 세부적인 문제를 알아보고 그 문제의 원인을 탐색하며 그에 따른 해결방법을 결정하는 데 심리검사는 유용한 자료로 활용된다. 심리평가를 위하여 심리검사를 선택 시 고려해야 할 사항은 의뢰된 아동문제와의 관련성으로 검사가 어느 정도 유용한지를 결정하는 것이다.

일반적으로, 심리평가에서 타당한 검사는 측정하고자 의도하는 것을 정확하게 측정해야 하며, 상담자에게 유용한 정보를 제공해야 한다. 임상심리학의 주 관심사인 심리평가는 심리검사를 통해서 얻어진 정보를 중심으로 하여 면담, 행동관찰, 개인력 등에서의 얻어진 자료를 참조하여 종합적인 평가를 내리는 전문적인 과정이다. 즉, 한 인간에 대한 포괄적인 이해가 목적인 심리평가에서 심리검사는 핵심적인 자료를 제공하는 중요한 절차인 것이다.

아동의 심리평가 과정을 Kaufman(1979)은 다음과 같이 5단계로 구성한다.

1단계는 '욕구의 평가'의 단계로 부모 혹은 아동의 주변 사람들이 제공한 정보를 기초로 아동의 발달상태나 현재의 심리상태를 파악하고, 아동의 잠재력을 확인한다. 이러한 정보는 부모면담, 혹은 교사나 주변사람들로부터 아동에 대한 보고서 자료를 수집한다.

2단계는 '검사 단계'로 아동에게 다양한 심리검사를 실시하고, 부모나 교사를 대상으로는 행동 평정 척도나 관찰 평가 등을 실시하는 단계이다. 아동에게 실시하는 심리검사 과정에는 면담, 관찰, 인지능력 평가, 학업성취 평가, 성격 평가 등이 포함된다. 심리검사 시 아동과 평가자의 첫 만남인 면담은 아동에게 안전하고 편안한 환경을 제공하여 라포를 형성하고, 아동이 환경에 적응할 수 있도록 하며, 검사 단계 전반에 걸쳐 부모나 교사가 아동행동에 대해 보고한 내용을 염두에 두고, 그들이 보고한 내용과 상반되거나 일치되는 행동을 관찰하고 기록한다. 또한 아동의 지적 능력의 현재 수준과 잠재가능성을 파악하는 것은 아동에 대한 이해뿐만 아니라 부모에게 교육이나 양육 관련 제안을 하기 위한 필수 요소이다. 지적 능력 평가를 위한 지능검사의 결과는 아동의 인지적 기술이나 지적 결함을 구체적으로 파악할 수 있다. 아동의 학업성취도 평가는 집단 상황에서 이루어지는 학교의 심리평가로는 때론 최상의 학업수행능력을 제대로 측정하기 어려워 개별검사 상황을 마련하여 아동의 최대 수행능력을 파악한다. 마지막으로, 평가자는 아동의 성격검사를 통해 현재 겪고 있는 어려움의 원인을 파악하고, 부적응하고, 수용될 수 없는 행동을 하는 문제의 근원을 이해한다. 일반적으로 성격검사의 실시나 검사 결과의 해석과정은 심리평가 과정 중에서도 숙련된 기술을 요구하는 전문적 과정으로 아동과 관련된 다양한 정보와 자료를 얻을 수 있는 의미 있는 과정이다.

3단계는 '분석 단계'로 평가자는 면담내용, 관찰된 행동, 심리검사의 결과를 종합하고 분석하여 아동의 현재 발달수준, 다양한 능력이나 가능성, 결함이나 문제를 파악하고 이를 상담의 개념화, 목적 설정, 계획 등의 도움 자료로 활용한다. 상담자는 이를 토대로 아동을 위한 치료적 제안, 잠재력 계발을 위해 제공할 수 있는 다양한 기회들의 제안과 부모나 주변사람들이 아동에게 지지적인 환경을 제공하기 위한 지침들을 계획한다.

4단계는 '검사결과의 해석과 활용'의 단계로 평가자는 심리검사의 분석결과를 부모나 교사 혹은 주변사람들에게 효과적으로 전달해야 하는데, 이를 위해 심리검사 보고서를 그들이 이해할 수 있도록 명료하고 구체적으로 작성해야 한다.

아동의 심리검사는 우리가 상식적으로 생각하는 것처럼 아동이 보이는 문제의 원인과 현재 심리상태를 파악하는 것 이외에도 다른 목적을 가지고 있다. 아동에게 심리검사를 실시하는 궁극적 목적은 아동의 주된 관심사를 파악하고 잠재가능성을 발견하여 그것을 충분히 발휘하도록 도움을 주는 것이다. 이러한 목적을 달성하기 위해서 심리평가자는 아동이 지닌 장점, 즉 잠재력과 약점을 확인하고 평가하는 역할을 해야 한다. 더불어 아동에게 긍정적 혹은 부정적으로 영향을 줄 수 있는 아동의 주변환경 조건도 함께 파악해야 한다. 아동은 검사 및 평가에서 평가자에 비해 약자이고 열등한 위치에 있기 때문에 평가과정 중에 아동의 권익을 보호해야 한다. 윤리적으로 어긋나는 방법은 아동을 평가하는 방법으로 사용할 수 없고 진단을 내릴 경우 아동이 낙인으로 피해를 보는 일이 없어야 한다. 그리고 평가과정에서 드러난 개인정보, 사생활은 비밀유지 차원에서 보호해야 한다. 다음은 평가 시 아동권익을 위해 필수적으로 보호되어야 할 사항이다(Hoghughi, 1992; 곽금주, 2002 재인용).

① 아동과 하는 모든 것에서 아동의 복지에 최고 우선권을 주어라.
② 아동에게 상처를 주지 마라. 가능하면 말하기 전에 미리 결과를 철저하게 고려한 후 하고 싶은 말을 여과시켜 말하라.
③ 아동을 진실되고 정직하게 다루어라.
④ 아동의 말을 진지하게 경청하라.
⑤ 아동을 의사결정에 참여시켜라.
⑥ 사실을 왜곡시키지 마라.
⑦ 비밀을 소중히 여겨라.
⑧ 아동에게 최선을 다해 주어라.

2. 심리검사 선택기준

대부분의 평가자들은 어떤 검사를 선택해야 하는지 고민한다. 아동에 대한 폭넓은 이해를 위해서 검사의 선택에서부터 평가자 스스로 아동 평가에 대한 전반적인 계획을 세워야 한다. 검사를 선정할 때는 다음과 같은 기준을 고려해야 한다.

1) 아동이 지닌 문제와의 관련성

심리검사를 선택할 때 가장 중요하게 고려해야 하는 부분은 선택할 검사가 검사 실시의 목적에 적합한지를 파악하는 것이다. 즉, 아동의 문제를 이해하기 위한 정보를 제공하는가의 질문에 답할 수 있는 검사가 선택의 기준이 되어야 한다. 아동이 겪고 있는 문제에 대해 어떠한 정보를 제공할지를 고려하지 않은 상태에서 우선적으로 검사를 선택하여 실시한 경우, 불필요한 자료를 과잉으로 수집하거나 정작 필요한 자료는 수집하지 못한다.

〈표 9-1〉 평가 영역에 따른 심리·교육·진단용 검사 및 척도

평가 영역	심리·교육·진단용 검사
지능/인지	웩슬러 지능검사(K-WPPSI/ K-WISC-Ⅲ), 그림 지능검사(PTI), 카프만 인지검사(K-ABC), KISE-KIT(한국형 지능검사)
지각/운동	벤더도형검사(BGT), 시지각발달검사(K-DTVP-Ⅱ), 지각-운동발달진단검사(PMDT), 시각-운동통합검사(VMI)
성격/인성	한국아동인성검사(KPRC), 인물화검사(DAP), 문장완성검사(SCT), MBTI, DISC, 에니어그램, 집/나무/사람검사(HTP), 아동용 주제통각검사(CAT), 한국청소년성격유형 검사, MMPI
발달	덴버발달검사(K-DDST-Ⅱ), 한국 영아발달검사, 한국 유아발달검사, 한국판-유아발달선별검사, 한국 아동발달검사(K-CDI), 카이제 발달척도
적응행동	사회성숙도검사(SMS), 적응행동검사(K-ABS), 한국판-적응행동검사(K-ABI)
학습	기초학력검사(KISE-BAAT), 기초학습기능검사, 읽기진단검사, 학습기술검사(LST), 기초학습기능 수행평가체제-읽기검사, 학습준비도검사(FGST), 학습진단검사
사회성 기술	한국 사회성기술검사(K-SKRSP), 사회성 기능평가척도, 사회적 상호작용척도
언어	영유아 언어발달검사(SELSI), 취학전 아동의 수용 및 표현언어발달척도(PRES) 한국 표준 어음검사, 언어이해 인지력검사, 그림 어휘력검사, 문장이해력검사, 한국 유아 언어검사
문제행동	아동-청소년행동평가척도(K-CBCL), 벅스행동평정척도(BBRS), 문제행동검사(ECBI)
특정 장애진단	한국-주의력결핍·과잉행동진단검사(K-ADHDDS), 한국-자폐증진단검사(K-ADS), 아동기 자폐증 평정척도(CARS), 이화-자폐아동 행동발달(E-CLAC), 자폐아동교육진단검사(K-ASIEP), 교육진단검사(PEP), 자폐아 행동검목표(ABC)

2) 표준화, 타당도, 신뢰도

검사의 목적이 명확하고 구체적인 개입 목적이 제시되면 질적으로 우수한 검사를 선택해야 한다. 우수한 검사를 선택할 때는 기본적으로 검사의 표준화, 타당도, 신뢰도를 살펴본다.

첫째, 검사의 표준화: 실시하려는 검사가 표준화된 것인가를 우선 살펴본다.

검사 대상이 되는 집단의 수행(performance)인 '규준(norm)'의 연령, 성, 인종배경, 사회경제적 지위, 지적 수준 등을 고려하여, 검사를 받을 아동이 규준 표본

집단에 포함되는지를 알아야 한다. 소수 집단이나 각 장애 유형별 표본 집단에 대해서는 표준화를 하지 않은 검사도 있기 때문이다. 특정 장애에 대한 검사 중 규준 집단이 없는 검사들도 있는데 부적절한 규준 집단을 가진 검사를 가지고 아동의 수행을 판단한 결과는 결코 타당하다고 할 수 없다.

둘째, 검사의 타당도: 타당도란 검사가 측정하고자 하는 영역을 얼마나 제대로 측정하는가를 알아보는 것이다. 즉, 측정하고자 하는 개념을 핵심적으로 측정하고 있는가를 알아보는 내용타당도, 동일한 개념을 측정하는 다른 측정치들과 상관관계를 알아보는 공인타당도 그리고 어떤 이론과 가정에 기초하여 검사를 구성하였는지를 알아보는 구인타당도를 고려해야 한다.

셋째, 검사의 신뢰도: 신뢰도란 한 인간의 특성을 얼마나 오차 없이 측정하느냐의 개념으로 검사 점수가 시간의 변화에 따라 얼마나 일관성 있게 나타나는지의 정도를 의미한다. 검사의 신뢰도에 영향을 미치는 요인으로는 검사의 분량, 실시의 명료성, 채점의 객관성과 같은 검사 자체와 관련된 것뿐만 아니라 아동의 주의집중, 동기, 신체적 조건, 불안 등 검사 외적 요인들도 있다. 따라서 검사를 실시하는 사람은 검사 점수를 해석할 때 이러한 요인들을 충분히 고려하여 설명해야 한다.

3) 심리검사의 실용성

검사자는 심리검사를 실시하기 위한 실용성을 고려해 보아야 한다. 검사 실시와 채점의 간편성, 검사의 경제성 등을 고려해야 하고, 가능하면 시행과 채점이 간편하며 시행시간도 적절하고 검사비용도 지나치게 부담이 되지 않는 검사를 선정해야 한다.

효율적인 심리검사의 수행을 위해서 평가자는 각 사례에 적절하고 유용한 심리검사를 선정해야 한다. 적절하고 유용한 심리검사를 선정하기 위해서는 각 심리검사의 특징과 장단점을 이해해야 한다. 또한 검사의 표준절차를 따르는 것과 검사를 받는 아동의 정서적 안정을 위해 세심한 주의를 기울여야 한다. 효율적인 심리평가를 위해서는 훌륭한 심리검사의 제작, 심리검사의 올바른 시행 그리고 평가자의 전문적인 심리평가 능력이 요구된다. 올바른 심리검사의 선정과 시행을 위해 심리검사의 유형과 심리검사의 유형별 장단점에 대해 살펴보고자 한다.

4) 심리검사의 종류

심리검사는 측정되는 내용과 검사제작 방법에 따라 투사적 검사와 객관적 검사로 나누어진다. 투사적 검사는 모호한 자극을 제시하여 개인의 관심과 욕구가 드러나게 하여 성격적인 특성이나 심리적인 상태를 파악하는 검사이다. 투사적 검사와 객관적 검사의 종류는 다음과 같다.

(1) 투사적 검사

투사적 검사는 사용방법이 간단하고 모호한 자극이 주어지기 때문에 피검자가 검사목적에 따른 저항이나 방어를 줄이는 데 도움이 된다. 검사 시 주어지는 모호한 자극은 내담자에게 풍부하고 다양한 반응을 유도하여 독특한 심리적 특성을 반영하게 한다. 때로는 평가자의 반응 중에는 자극유형에 따라 평소 의식하지 못했던 무의식이나 전의식 내용이 나오기도 한다. 따라서 투사적 검사의 장점은 반응이 개인에 따라 독특하여 개인을 이해하는 데 도움이 되고 무의식이 투사되어 나타나기 때문에 심도 있는 개인의 이해에 도움이 된다.

이러한 특성으로, 투사적 검사는 표준화된 비구조적 검사로서 절차, 검사 실시 방법, 채점방식은 일정한 절차를 따라야 한다. 그리고 검사 자체의 신뢰도가 전반적으로 다소 낮고 주변 상황에 따라 영향을 받기 때문에 단독으로 해석되기보다는 객관적인 검사 도구와 함께 종합적으로 활용해야 한다.

〈표 9-2〉 투사적 검사의 종류

검사 종류	검사 내용
집-나무-사람 그림검사	각각의 A4 종이에 집, 나무, 사람을 그리고 질의응답을 통해 개인의 심리상태를 알 수 있다. 모든 연령층을 대상으로 쉽게 적용할 수 있고 자유롭고 솔직하게 반응하며 무의식적 상징이 풍부하게 드러나서 유용하게 활용되는 검사이다.
동적 가족화 (Kinetic Family Drawing: KFD)	종이 한 장에 가족이 뭔가 하고 있는 것을 그린다. 그림을 통해 가족관계, 역동, 대인관계, 자기지각, 자기인식 등에 대해 알 수 있다.
로샤 검사 (Rorschach Test)	10장의 그림카드를 보고 그 안에 있는 잉크반점에 대한 반응을 분석하는 검사이다. 사고, 정서, 현실지각, 대인관계 방식 등 성격의 다차원적인 측면을 알 수 있다.
주제통각검사 (CAT)	동물을 주인공으로 한 상황그림을 제시하고 아동의 반응을 기록·분석하는 검사이다. 이 검사는 동물그림이기 때문에 검사에 대한 저항이 적고 동물에 대해 동일시가 잘 일어나 아동 개인의 의미 있는 내용, 즉 소원, 근심, 흥미, 가족관계, 대인관계, 심리적인 특성이 투사된다.
문장완성검사 (SCT)	총 33문항으로 문장이 주어지고 빠진 부분은 아동이 채워 넣어 완전한 문장을 만드는 검사이다. 자극이 일정한 형태를 가지고 있어 반투사적 검사라고 한다. 이 검사를 통해서 가족(가족지각), 사회(또래와의 상호작용, 대인관계), 학교(학교에 대한 지각, 욕구지향), 자기(개인평가, 미래지향, 정신건강)에 대한 아동의 반응을 알 수 있다.

(2) 객관적 검사

객관적 검사는 구조화된 검사로서 과제가 구조화되어 있고 평가되는 내용이 목적에 따라 일정하게 제시되며 일정한 형식에 따라 반응하게 된다. 이러한 검사 방법으로 인해 객관적 검사는 개인의 독특성보다는 보편적인 특성이나 차원을 기준으로 개인 간의 비교나 개인 내적인 비교가 모두 가능하다. 예를 들어, 아동의 전체 지능이 98이고 동작성 100, 언어성 점수가 89라면 지능점수로 같은 연령의 아동들 간에 비교가 가능하고 아동의 동작성 점수와 언어성 점수를 비교함으로써 개인의 특질을 알 수 있다.

객관적 검사는 실시 방법이 일정하게 제시되어 검사실시와 채점이 쉬운 반면 검사해석은 검사에 대한 이론이나 지식이 요구되기 때문에 전문가에 의해 이루어지는 것이 바람직하다. 객관적 검사는 실시가 간편하고 투사적 검사에 비해 신뢰도와 타당도가 높고 검사 상황에 따른 영향을 적게 받고 검사결과의 객관성이 보장된다. 그러나 문항이 사회적으로 바람직한 내용인가 아닌가에 따라 결과가 달라지기 때문에 방어가 쉽게 일어나고 반응방식이 일정하여 개인의 특성을 나타내기 어려운 점이 있다. 객관적 검사와 투사적 검사는 장단점이 있기 때문에 동시에 사용함으로써 단점을 보완하고 상보적인 효과를 높이면서 피검자에 대한 종합적인 견해를 반영하도록 해야 한다.

〈표 9-3〉 **객관적 검사의 종류**

검사 종류	검사 내용
지능검사	지능검사는 다중지능이론에 기초하여 하위차원이 정해져 있고 이를 반영하는 검사내용으로 구성되어 있다. 지능점수와 소검사 점수에 따라 같은 점수라도 아동의 양상이 다르게 평가되고 전체적·인지적·정서적·행동적 측면을 종합적으로 알 수 있게 한다. 대상연령에 따라 유아용, 아동용, 성인용으로 나누어서 실시할 수 있다.
K-CBCL	만 4세 아동부터 청소년을 대상을 문제행동에 대한 평가척도로 부모 보고형과 교사 보고형 두 가지 유형이 있다. 내용은 행동문제를 구성하는 문항으로 구성되어 있고 검사결과는 행동 프로파일로 나타나고 외현화·내재화 두 개의 하위요인으로 분석된다.
포에티지 발달 체크리스트	영아기부터 만 5세까지의 발달을 운동, 언어, 사회, 신체 영역으로 나누어서 표시하여 유아의 전반적인 발달을 체크하는 검사이다. 이 검사는 영역별로 나누어져 발달이 지연된 부분을 알고 이에 적절한 치료개입 방안을 세우는 데 용이하다.
사회성숙도 검사	유아와 성인을 대상으로 자조, 이동, 의사소통, 작업, 자기관리, 사회화 등과 같은 변인으로 구성된 사회적 행동이나 적응행동을 평가하는 검사이다. 검사항목에 대해 아동이 수행하는지에 대한 여부를 표시하는 것으로 아이의 발달 정도, 치료적 개입 후에 향상된 정도를 측정할 수 있다.

5) 심리평가도구

아동의 심리평가 과정에는 아동뿐만 아니라 부모 혹은 교사를 대상으로 실시하는 평가도 포함된다. 아동의 문제는 아동만의 문제가 아니고 가정에서의 부모-

자녀관계와 학교의 적응문제와 관련되어 있기 때문에 부모 혹은 교사를 대상으로 실시되는 평가의 정보가 아동에게 실시된 평가의 결과와 종합될 때 아동을 좀 더 정확히 파악할 수 있다. 더불어 부모나 교사가 아동의 문제에 대처할 수 있는 구체적인 방법을 제안해 줄 수 있다.

(1) 행동평정척도

행동평정척도는 아동의 관찰 가능한 행동문제에 대한 객관적인 정보를 제공해 준다. 아동을 대상으로 한 행동평가척도는 오랫동안 널리 사용되어 온 검사 중의 하나이다. 이것은 아동의 행동에 관한 표준화된 형식을 사용함으로써 체계적이고 포괄적인 이해를 가능하게 하며 비교적 쉽고 경제적이므로 효율성이 높은 평가방법이다. 그러나 자기 평정 기법은 글을 읽지 못하거나 너무 어린 아동에게 실시하기는 어려움이 따르므로 아동뿐만 아니라 부모 혹은 교사를 대상으로 실시하는 평가도 포함된다. 아동의 문제는 아동만의 문제가 아니라 가정에서의 부모-자녀 관계와 학교의 적응문제가 관련되기 때문에 부모나 교사의 평가가 함께 요구된다.

① 한국판 아동 행동척도(Korea-Child Behavior Checklist: K-CBCL)

K-CBCL(오경자·이혜련·홍강의·하은혜, 1997)은 미국의 Achenbach의 아동 행동 체크리스트를 우리 문화에 맞게 표준화한 것이다. 아동의 행동을 포괄적으로 평가하기 위해서 여러 상황에서 아동이 보이는 행동에 대한 자료가 필요하다. 따라서 아동행동 체크리스트는 부모용과 교사용이 있다. 교사용은 학업과 관련된 적응기술과 교실에서의 행동문제를 보고하도록 되어 있다. 교사용의 대부분 문항은 부모용과 유사하지만 몇 문항은 교실과 관련된 행동으로 대치되어 있다.

검사는 만 4~17세 아동을 대상으로 하고 부모가 없으면 함께 거주하고 있는 양육자가 평가할 수 있다. K-CBCL은 사회적 능력척도와 문제행동 증후군 척도를 포함한 117문항으로 구성되어 있다. 사회적 능력 척도에서는 사회성과 학업수행능력이 포함되며 문제행동 증후군 척도에는 위축, 신체증상, 불안·우울, 사회적 미성숙, 사고의 문제, 주의집중 문제, 비행, 공격성 등이 포함된다.

아동의 행동에 대한 평정자 특히 부모와 교사 간의 불일치는 상황에 따른 아동 행동의 변화를 보여주므로 평가자는 평정자 간의 불일치의 원인을 면밀히 검토해야 하고, 이러한 검사의 결과는 심리적 부적응을 보이는 아동을 사정하거나 정신병리를 진단하는 보조도구로 사용할 수 있다.

② 사회성숙도검사

부모 혹은 아동을 양육한 사람에게 평가자가 질문을 하는 방식으로 실시된다. 사회적 성숙이 적응행동에 크게 영향을 미친다는 많은 연구결과를 기초로 사회성숙 수준으로 적응정도를 측정하는 검사이다. 또한 사회성숙도와 지능 사이에 상관이 높다는 연구결과에 따라 지능측정이 어려운 장애아동에게 실시하여 지능을 추정하기도 한다. 사회성숙도검사는 자조기술(self-help), 이행기술, 의사소통능력, 자기관리, 사회화의 5개 영역별로 아동의 성숙 정도를 측정할 수 있어 프로그램의 계획과 실행에 기초자료를 제공할 수 있다.

사회성숙도검사의 대상은 0~30세이고 117개의 문항이 난이도 순으로 배열되어 있다. 검사결과는 사회성 연령(SA: Social Age)과 사회성 지수(SQ: Social Quotient)로 제시된다.

다음은 3~4세 아동의 사회성숙도를 측정하는 문항의 예이다.

* 가위로 종이나 천을 자른다.
* 가까운 이웃집에 혼자서 놀러 다닌다.
* 혼자서 대소변을 본다; 대소변을 볼 때 간단한 옷을 혼자 벗고 입는다.
* 혼자서 손을 씻고 수건으로 잘 닦는다.
* 혼자서 외투를 입고 단추를 끼운다.
* 썰매나 세발자전거를 탄다.
* 특별히 입기 힘든 옷이 아니면 무슨 옷이든 다 입는다; 묶거나 뒤로 잠그는 옷이 아니면 다 입는다.

* 혼자서 세수를 깨끗이 하고 수건으로 닦는다.

〈표 9-4〉 사회성숙도 문항의 예

0-1(연령)		
C......1	깔깔대며 웃는다; 혼자 좋아서 웃거나 자극을 주었을 때 웃는다.	0.19
SGH 2.	머리를 가눈다; 머리를 받쳐 주지 않아도 얼마 동안(약 1분간) 머리를 쳐든다.	0.20
I－II(연령)		
L......18.	방에서 혼자 걸어다닌다; 걸음마한다.	1.01
SHD 19.	끈을 매지 않은 양말을 혼자서 벗는다.	1.09

*위 문항은 사회성숙도검사 문항의 일부를 제시한 것이다(김승국·김옥기, 1985).

(2) 지능검사 및 인지평가

지능검사는 아동들을 대상으로 광범위하게 적용되는 것으로 학교에서의 학업적 수행을 예언하는 인지능력을 평가하는 것이다. 또한 지능검사는 통계적으로 임상적 평가를 기초로 한 것이고 의뢰한 개인의 생활 상황을 개선하고 치료를 위한 임상 장면에서도 유용하게 활용하고 있다.

① K-ABC(Korea Version of the Kaufman Assessment Battery for Children)

K-ABC는 만 2세 6개월~12세 5개월 아동을 대상으로 하는 지능검사 도구로서 Kaufman(1980)이 개발하고, 한국판 표준화는 문수백·변창진(1997)에 의해 이루어졌다. K-ABC는 인지심리학과 신경심리학의 지능이론을 근거로 제작되었고 비언어적인 과제에 비중을 두어 의사소통에 문제가 있는 아동에게 적용할 수 있도록 제작되었다. 따라서 이 검사는 특수아동, 청력장애, 언어장애, 기타 학습장애 아동의 사정 평가 및 교육적 처치를 위한 지능검사로 주로 사용되고 있다.

K-ABC가 신경생리학의 이론을 바탕으로 지능을 평가하기 때문에 뇌의 좌반구나 우반구 기능에 대한 판별이 가능하고 지능과 성취수준을 구분하여 측정할 수 있다는 장점이 있다(Kamphaus & Reynolds, 1987; 곽금주 2002 재인용).

K-ABC는 총 16개의 하위검사로 구성되어 있고 이를 동시처리, 순차처리, 인지

처리과정, 습득도, 비언어성 척도의 5가지 지능점수로 산출하고 있다. 검사는 연령에 따라 적용되는 하위검사가 다르고 하위검사의 수는 아동의 생활연령에 근거해서 결정된다. 최고 7개에서 최대 13개까지 하위검사를 실시할 수 있다. 검사 도구의 하위척도는 다음과 같다.

〈표 9-5〉 K-ABC의 구성

검사틀	하위척도			
검사틀 1. 인지처리과정 척도	① 마법의 창 ⑤ 수 회생	② 얼굴기억 ⑥ 삼각형	③ 손동작	④ 그림 통합
검사틀 2. 인지처리과정 척도	⑦ 단어배열	⑧ 시각유추	⑨ 위치기억	⑩ 사진순서
검사틀 3. 습득도 척도	⑪ 표현어휘 ⑮ 문자해독	⑫ 인물과 장소 ⑯ 문장이해	⑬ 산수	⑭ 수수께끼

② 한국 유아용 웩슬러 지능검사 K-WPPSI(Korean-Wechsler Preschool & Primary Scale of Intelligence)

웩슬러 지능검사는 가장 많이 사용되는 지능검사로 연령에 따라 성인용(WAIS), 아동용(WISC), 유아용(WPPIS)으로 나누어 실시한다. 한국형 K-WPPSI는 웩슬러(Wechsler, 1989)가 개발한 것을 박혜원·곽금주·박광배(1996)가 한국판으로 표준화한 지능검사이다. 한국형 K-WPPSI 대상은 만 3세부터 7세 3개월 아동이다.

웩슬러는 지능을 다차원적이고 총체적인 구성이라고 정의하였고 이를 바탕으로 지능의 다양한 영역을 측정하고 종합적으로 평가한다. 지능검사를 이루는 소검사는 12개이고 각 소검사는 다양한 과제를 수행하면서 검사를 실시한다. 검사 해석은 지능지수에 대한 평가, 개인의 능력을 총체적으로 분석하며(강점과 약점을 분석) 집단 간의 평가도 가능하다.

K-WPPSI는 교육, 치료, 연구 등을 위해 지능을 측정할 때와 특별한 교육이 필요한 아동을 발견하는 데 사용한다. K-WPPSI는 시간 경과 후 개인의 수행

능력의 변화를 알 수 있다는 장점이 있고 아동에게 어떤 처치를 한 후에 효과성의 정도를 측정하기에 용이하다.

〈표 9-6〉 K-WPPSI의 구성

동작성 검사	언어성 검사
1. 모양 맞추기	1. 상식
2. 도형	2. 이해
3. 토막 짜기	3. 산수
4. 미로	4. 어휘
5. 빠진 곳 찾기	5. 공통성
6. 동물 짝짓기(보충검사)	6. 문장(보충검사)

③ KEDI-WISC(Korean Educational Development Institute Wechsler Intelligence Scale for Children)와 K-WISC-III(Korean Wechsler Intelligence Scale for Children-Third Edition)

아동용 지능검사 KEDI-WISC와 K-WISC-Ⅲ는 개발시기와 표준화 기관이 다르지만, 아동과 청소년에게 자주 쓰이는 지능검사이다. 두 지능검사는 시대적인 변화에 따라 개발되었다. 지능검사가 오랫동안 사용되면 시간이 지남에 따라 평균점수가 높아지고 아동에 대한 기준을 달리 적용하기 때문에 점수기준을 몇 년에 한 번씩 갱신하는 것이 필요하다. 이 검사는 다른 웩슬러 검사들과 마찬가지로 동작성·언어성·전체지능을 산출하는 방식은 동일하나 실시순서에는 차이가 있다. 특히 K-WISC-Ⅲ는 KEDI-WISC와는 달리 유사한 소검사를 요인별로 묶고 4개의 지표점수가 추가되어 언어적 이해, 지각적 조직화, 주의집중, 처리속도가 분석된다.

KEDI-WISC는 웩슬러(Wechsler, 1974)가 개발하여 한국교육개발원(1991)에서 한국판 표준화 검사로 제작하였으며, K-WISC-Ⅲ는 웩슬러의 K-WISC-Ⅱ를 곽금주·박혜원·김청택(2001)이 한국판 표준화검사로 제작하였다. 각각의 검사도구는 그 대상연령도 달리하는데 KEDI-WISC는 만 5세부터 15세 11개월까지,

K-WISC-Ⅲ는 만 6세부터 16세 11개월까지를 대상으로 한다. 지능검사를 구성하는 소검사는 동작성 소검사, 언어성 소검사로 다음과 같이 구성되어 있다.

〈표 9-7〉 KEDI-WISC, KWISC-Ⅲ 하위척도 비교

지능검사	언어성검사	동작성검사	비고
KEDI-WISC (만 5세부터 15세 11개월)	1. 상식 2. 공통성 3. 산수 4. 어휘 5. 이해 6. 숫자	1. 빠진 곳 찾기 2. 차례 맞추기 3. 토막 짜기 4. 모양 맞추기 5. 기호 쓰기 6. 미로	
K-WISC-Ⅲ (만 6세부터 16세 11개월)	1. 상식 2. 공통성 3. 산수 4. 어휘 5. 이해 6. 숫자	1. 빠진 곳 찾기 2. 차례 맞추기 3. 토막 짜기 4. 모양 맞추기 5. 기호 쓰기 6. 동형 찾기 7. 미로	1.언어적 이해 – 상식, 공통성, 어휘, 이해 2. 지각적 조직화 – 빠진 곳 찾기, 차례 맞추기, 토막 짜기, 모양 맞추기 3. 주의 집중 – 산수, 숫자 4. 처리속도 – 기호, 쓰기, 동형 찾기

④ 시지각 발달검사

시지각 발달은 유아나 아동에게 기초학업기술을 성취하는 데 지대한 영향을 주는 발달 영역으로 이 부분이 부진한 경우에 읽기, 쓰기 영역에 어려움을 초래한다. 빈약한 시지각 기술은 성숙의 지연, 감소된 지적 능력, 신경학적인 손상, 학습장애, 주의력결핍장애 등과 연관된다(곽금주, 2002).

⑤ BGT(Bendar Gestalt Test)

BGT 검사 대상은 만 5세 아동부터 성인까지로 다양한 연령에 폭넓게 실시되는 시지각 발달검사이다. Bender(1938)가 정신병리의 여러 유형과 지각관계를 알아보기 위해 개발한 검사로 형태심리학자인 Wertheimer(1923)가 지각의 형태학적인 법칙(예: 접근성, 유사성, 연속성, 공통성, 완결성 등)을 연구하기 위해 고안한

수많은 도형 중에서 9개 도형을 선택하여 검사에 적용하였다. 초기에 BGT는 두뇌의 기질적 장애를 평가하기 위한 목적으로 제작하였다.

그러나 현재는 뇌손상이나 시각-운동 협응에 대한 발달적 평가 외에 성격평가를 위한 투사적 기법, 학업성취에 대한 예측이나 대략적인 지능 추정을 위한 목적 등 다양한 목적으로 폭넓게 사용되고 있다(곽금주, 2002; 김민경·심민섭, 1995). 이 검사는 검사 방법이 쉽고 피검자가 주어진 도형을 그려 내기만 하면 되기 때문에 다른 검사에 비해 심적 부담이 적고, 쉽게 검사하고 검사받을 수 있다. BGT 검사는 9개의 도형으로 구성되어 있으며 도형은 다음과 같다.

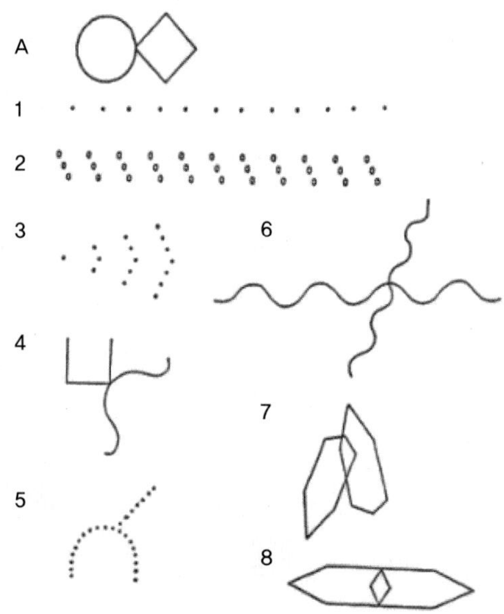

[그림 9-1] BGT 검사 도구

(3) 성격검사 및 정서평가

아동의 성격을 검사하는 도구에는 객관적 검사와 투사적 검사가 있다. 객관적 검사로는 한국판 아동용 성격검사에 대해서 살펴보고, 투사적 검사로는 한국판 아동용 주제통각검사, 장면구성검사 그리고 그림검사에 대해서 살펴보고자 한다.

① 객관적 성격검사

한국판 아동용인성검사: Korean Personality Inventory for Children(K-PIC)

K-PIC은 김승태·김지혜·송동호·이효경·주영희·홍창희·황순택(1997)에 의해 개발된 검사로, 이 검사의 주요 목적은 임상장면에서 아동의 정신과적인 문제를 선별·진단하고 학교장면에서 심리적인 도움을 필요로 하는 아동들을 조기에 발견하여 도움을 주는 것이다. 이 검사는 최근 6개월간 아동과 같이 생활한 보호자가 아동의 발달, 정서, 행동, 대인관계, 현실접촉 등에 대해 응답하여 아동을 다차원적으로 평가할 수 있다.

검사 문항은 255문항이고 16개의 척도로 구성되어 있다. 16개의 척도에는 4개의 타당도척도와 스트레스에 대한 아동의 적응 잠재력을 측정하는 하나의 자아탄력성척도와 11개의 임상척도가 있다. 임상척도는 언어발달, 동작발달, 불안, 우울, 신체화, 비행, 과잉행동, 가족관계, 사회관계로 구성되어 있다.

② 투사적 성격검사

로샤검사(Rorschach)

1921년 스위스의 정신과 의사인 Rorschach가 만든 것으로 가장 대표적인 투사법 검사로 임상 연구에서 가장 널리 사용하고 있다. Rorschach는 개인의 지각과정을 통해 행동을 예측할 수 있다는 가정으로 잉크블롯으로 구성된 모호한 그림카드 10장을 피험자에게 제시하고 이에 따른 반응을 분석하였다. 반응분석을 통해 개인의 성격특성, 현실지각, 사고, 정서 등 다양한 성격차원과 사고과정을 알아볼 수 있고 정상적인 성격이나 병리적인 성격특성을 자세히 분석할 수 있어 임상적으로 유용하게 활용된다. 검사대상 연령은 만 5세부터 성인까지 전 연령에 걸쳐 적용 가능하다.

Rorschach 카드는 10개의 대칭된 잉크블롯 카드로 구성되어 있다. Ⅰ, Ⅱ, Ⅲ, Ⅳ, Ⅴ, Ⅵ, Ⅶ 카드는 무채색 카드이며, Ⅱ, Ⅲ 카드는 검정색과 붉은색이 혼합되어 있고, Ⅷ, Ⅸ, Ⅹ는 여러 가지 색으로 구성되어 있다. 각 카드는 체계화되어 있지 않으며 불분명하고 정형화된 의미가 없는 것이 특징이다. 각 카드가 지닌 함축적인 의미나 해석은 있지만, 카드가 시각적으로 그 의미를 분명하게 전달하지 않기 때문에 피험자에 따라 다양한 반응을 투사할 수 있다.

〈표 9-8〉 Rorschach 검사 도구

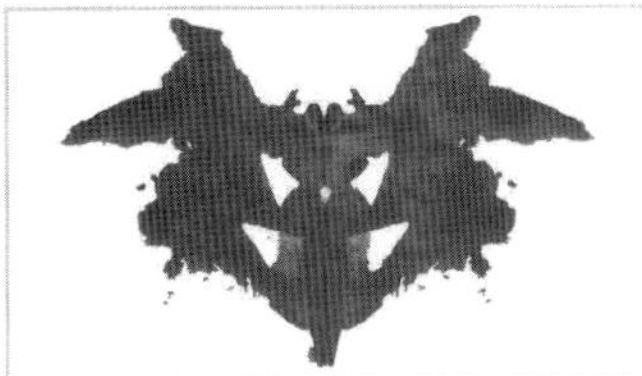 I	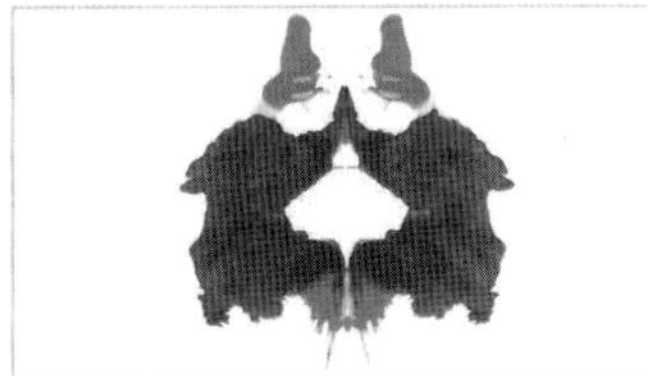 II
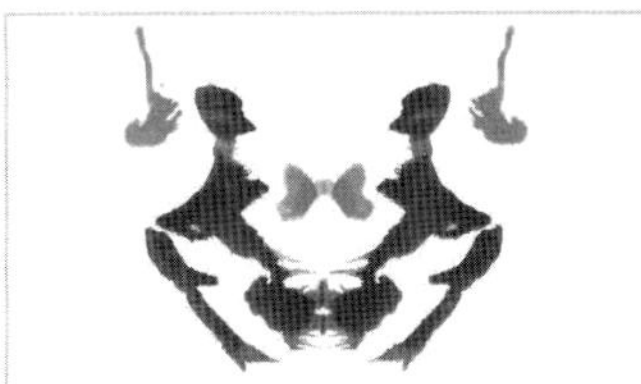 III	 IV
 V	 VI
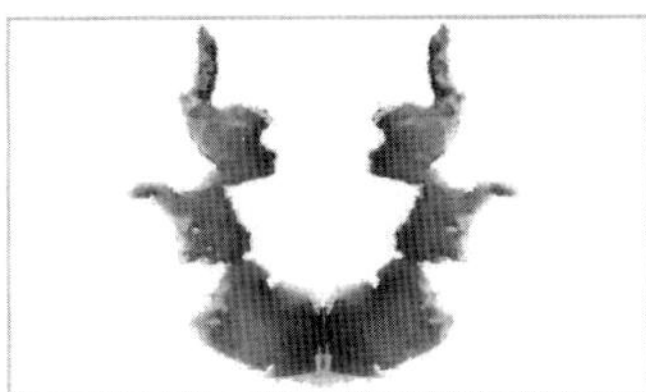 VII	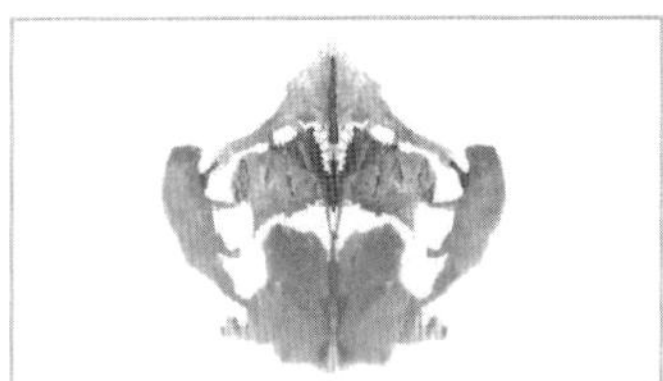 VIII
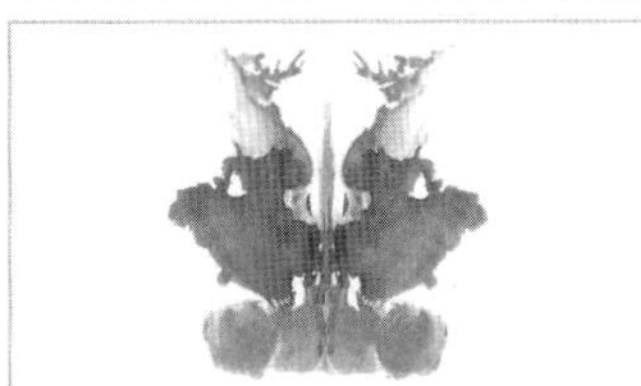 IX	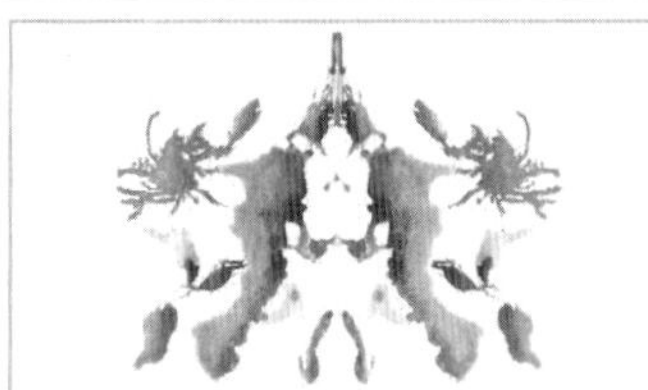 X

검사방법은 10장의 카드를 한 번에 하나씩 정해진 순서로 피험자에게 제시하며, 피험자에게 카드의 그림이 무엇처럼 보이는지를 설명하도록 한다. 피검자는 카드를 돌려서 어떤 각도로든 각 잉크반점을 볼 수 있고 각 잉크반점에 대해 제한 없이 카드 그림이 무엇으로 보이고 왜 그렇게 보이는지를 평가자에게 이야기한다. 예를 들어, 첫 번째 카드가 피검자에게 마녀처럼 보인다면 평가자는 어느 부분에서 마녀라고 생각했는지 피검자에게 물어보고 반응을 기록한다. 이때 카드를 보는 피검자의 태도나 반응, 반응시간을 평가자는 기록하고 기준표에 의해 채점하여 결과를 분석한다.

⌛ CAT(Children's Apperception Test)

Bellak(1949)이 개발한 CAT는 아동의 성장과정에 관계된 문제라든지 일상생활에 관련된 문제들을 투사시킨 검사이다. 미국에서 개발된 검사로 문화적 배경 및 아동 성장과정에서 많은 차이가 있기 때문에 우리나라 실정에 맞게 개정하였다. 김태련·서봉연·이은화·홍숙기(1976)가 한국판을 표준화하였고 검사는 3~10세 아동을 대상으로 한다.

아동은 동물자극에 더 잘 동일시되며 아동의 수준에서 투사가 더 잘 일어나기 때문에 그림도판이 동물로 구성되어 있다. 그리고 동물 그림이기 때문에 검사목적을 위장할 수 있고 무정적인 감정을 동물에 잘 전이시킬 수 있다. 이 검사는 투사검사이기 때문에 평가자가 실시나 평가에 있어서 주의할 점을 잘 숙지해야 한다. CAT는 그림도판 9매와 CAT보충판 9개로 구성되어 있다.

⌛ 한국판 아동용 주제통각검사: Korean Child Apperception Test(K-CAT)

CAT검사는 1949년 Bellak에 의해 개발된 아동용 투사검사로서 대상은 만 3세에서 10세 아동이다. 이 검사의 목적은 과거의 경험과 지각의 기억 흔적이 현재의 지각에 영향을 미칠 것이라고 가정하고, 구강기의 문제, 형제들과의 관계, 고독의 공포, 청결과 배설 습관에 대한 관심과 같은 기본적 문제를 알아내는 것이며 이러한 과정에서 양친과 그 밖에 성인들과의 심리적 관계가 묘사되는 특징이 있다.

따라서 아동의 성장과정 및 일상생활과 관련하여 투사시킨 검사로써 CAT의 도판들은 아동들의 생활에서 익숙한 장면들로 구성된다. 기존의 미국판 CAT도판들은 문화사회적배경이 다른 문화권 아동에게 부적합한 점들이 있으므로 우리나라 정서와 사회문화양식에 맞게 수정된 것이 K-CAT이다.

도판 1: 음식이 들어 있는 큰 쟁반이 놓인 밥상에 병아리들이 둘러앉아 있고 한쪽에는 윤곽이 뚜렷하지 않은 큰 닭이 서 있는 그림이다.	도판 2: 곰의 줄다리기 장면인데 한쪽에는 한 마리의 큰 곰이 줄을 잡아당기고 다른 한쪽에는 큰 곰과 새끼 곰이 함께 줄을 잡아당기고 있는 그림이다.
	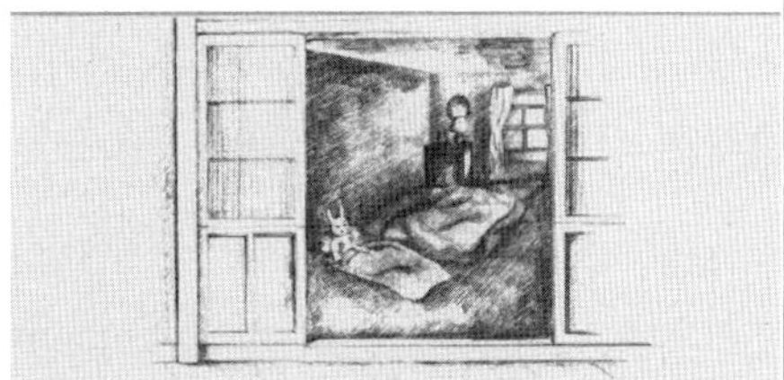
도판 3: 담뱃대와 지팡이를 가지고 의자에 앉아 있는 사자와 오른쪽 아래 구석에 있는 쥐구멍에서 작은 쥐가 나오고 있는 그림이다.	도판 4: 어두운 방에 큰 이부자리가 깔려 있고 작은 토끼 한 마리가 잠자지 않고 혼자 앉아 있는 그림이다.

보충 도판 1: 네 마리의 다람쥐가 미끄럼을 타고 있는데 한 마리는 막 타고 내려오고, 또 한 마리는 내려오는 순간이며, 다른 두 마리는 계단을 올라오고 있는 그림이다(복장으로서 첫째와 셋째는 수컷이고, 둘째와 넷째는 암컷으로 암시하고 있다).	보충 도판 2: 원숭이 세 마리가 교실 안에 있는 그림이다. 원숭이 두 마리는 책상에 앉아 있고 가운데 원숭이는 책을 들고 서 있다. 맨 끝에 앉은 원숭이는 꼬리를 만지작거린다.

[그림 9-2] CAT 검사 도구

〈표 9-9〉 Korean CAT의 임상용 기록 및 분석 용지

[도판 1]				
1. 진술	① 자발적 진술			
	② 질문 후의 진술			
2. 주제		① 기술적 수준	② 해석적 수준	③ 진단적 수준
3. 주인공의 동일시				
4. 주인공의 주요 욕구	① 주인공의 행동적 욕구			
	② 도입된 대상과 내포된 욕구			
	③ 간과된 대상과 내포된 욕구			
	④ 세부 강조와 내포된 욕구			
5. 주위 인물에 대한 지각	① 부모에 대한 지각			
	② 동년배에 대한 지각			
	③ 어린 대상에 대한 지각			
	④ 큰 대상에 대한 지각			
6. 주요한 갈등				
7. 불안의 성질				
8. 주된 방어기제				
9. 초자아의 특성				
10. 자아의 강조				
11. 임상적 특성				

장면구성검사(S-ceno-Test: ScT)

장면구성검사는 독일의 정신과 의사였던 Gerdhild von Staabs가 만든 것으로, 이 검사에서 피검자는 인형들과 여러 다른 재료(동물, 나무, 가구 등)를 가지고 한 장면(scene)을 만들고, 그 장면에서 벌어지는 일에 대해 이야기를 만든다. 목, 팔, 다리를 굽히거나 펴서 여러 자세를 만들 수 있는 인형들이 흥미롭고 전체 재료가 '장난감'이나 '놀이'의 성격을 띠기 때문에 수줍음이나 공포 때문에 통상적인

검사들에는 반응하지 않는 아동들도 쉽게 검사에 응한다. 성격검사로서는 일종의 투사법이지만, 전형적인 투사법과는 달리 놀이의 성격을 띠기 때문에 치료에도 사용된다.

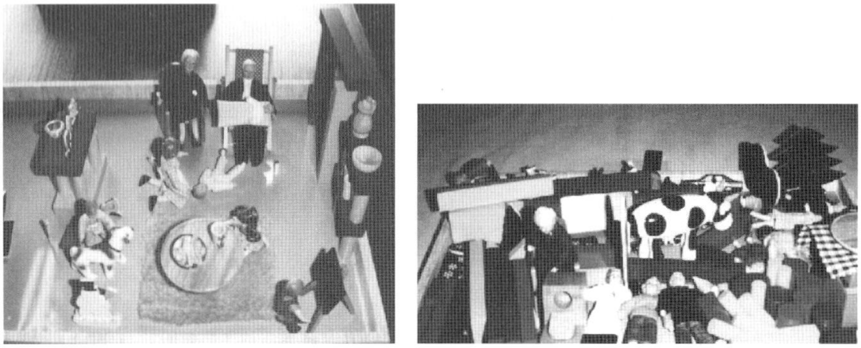

[사진 9-1] ScT장면

아동들은 치료자에게 올 때마다 ScT를 가지고 장면을 만들면서 자신의 무의식적 갈등이나 충동들을 표현하고 다시 체험한다. 또한 그 과정에서 스스로 문제에 대한 통찰을 얻고 심리적·행동적 변화를 나타내게 된다. Staabs는 개인심리치료뿐만 아니라 집단 치료에도 ScT를 사용하였다(서봉연·홍옥기, 1995).

③ 기타 정서 영역의 검사 도구

정서 영역의 심리평가 도구로는 주로 그림검사와 투사검사를 활용한다. 사람의 내면세계가 그림을 그릴 때 표상되거나 이미지에 의미를 부여할 때 투사된다고 가정한 검사법이다. 임상장면에서 실시되었던 일반적 추이들을 반영하되 내담자의 상황과 주 호소 문제 등을 고려하여 해석한다. 인지 영역의 검사 도구와 마찬가지로 실시과정과 해석에는 전문성이 요구된다.

⌛ HTP(House-Tree-Person Test)

그림검사는 그림을 통해 내적인 감정상태가 반영되고, 지적인 성숙도를 알 수 있다는 가정에서 실시되었다. HTP검사는 Buck에 의해 개발된 기법으로 피험자에게 집(House), 나무(Tree), 사람(Person)을 그리게 한 후에 아동에게 직접 질문하면서 자신이 경험했던 대인관계나 그림을 통해 연상되는 것을 토대로 그림을 해석한다.

이 검사는 Hammer(1958)에 의해 임상적으로 활용하기 시작하였고, 현재 피험자가 느끼는 대인관계, 외부 세계에 대한 자아의 심리적 적응, 현실과의 접촉, 자아상, 심리적인 적응, 내적 갈등, 공포, 가족과의 상호작용, 생활양식 등을 나타내준다.

HTP 검사는 유아부터 성인까지 모두를 대상으로 실시할 수 있다. 평가자와 아동의 라포형성이 잘 되고 적용대상의 폭이 넓고 시행이 간편하다는 장점이 있다. 그리고 이 검사를 통해서 지능수준에 대한 대략적인 평가가 가능하고 BGT와 같이 두뇌의 기질적 장애를 파악할 수 있다. 또한 불안, 우울 같은 정서 상태나 발달수준을 가늠할 수 있어서 치료나 교육을 세우는 데 도움이 된다(곽금주, 2002).

HTP검사에 필요한 도구는 A4용지 4장과 연필, 지우개, 초시계이다. 평가자는 아동에게 종이 한 장에 집을 그리게 한다. 그리고 다른 한 장을 주고 나무를 그리게 한다. 이러한 방식으로 사람을 그리는데 만약 아동이 여자를 그렸다면 다음에는 반대되는 성을 그리도록 지시한다. 그림을 그린 후에는 그림을 보고 질의응답, 그림 그리는 태도나 특이사항, 그림 완성시간을 자세히 기록하여 분석한다.

동적 가족화(Kinetic-Family-Drawing, KFD)

동적 가족화검사는 Burn과 Kaufman(1970)에 의해 개발되었다. 이 검사는 가족이 집안에서 무엇인가를 하는 장면을 그리는 것으로 다른 그림검사가 움직임이 없는데 반해서 동작이 포함된 그림을 그린다는 점이 특징이다.

이 검사는 아동과 아동이 인식하는 가족의 상을 좀 더 구체적으로 알 수 있고 대인관계나 가족에 대한 상, 자아개념을 알 수 있다. 그러나 이 검사는 피험자에 대해 진단을 하는 것이 아니라 가설을 세우는 데 사용해야 하고 가족화 단독으로 해석하기보다 피험자의 태도, 정서, 검사사유를 종합적으로 고려하여 다른 검사와 더불어 해석해야 한다. 이 검사 역시 HTP검사와 마찬가지로 유아부터 성인까지 모두를 대상으로 실시할 수 있다.

동적 가족화검사는 A4용지 1장과 연필, 지우개, 초시계가 필요하고, 피험자에게 가족이 집안에서 무엇인가를 하는 그림을 그리게 하여 그림이 완성되면 그림 완성시간, 질의응답, 그림 그리는 태도나 특이사항을 종이에 자세히 기록한다.

문장완성검사(Sentence Completion Test: SCT)

문장완성검사는 투사검사이지만, 일정한 형태의 제시문이 있기 때문에 반투사 검사이다. 이 검사는 개인의 욕구, 주변인물에 대한 태도, 관계를 파악하고, 전반적인 심리상태를 판단하는 데 사용한다. Sacks에 의해 개발된 문장완성검사는 피험자의 의식적·전의식적 수준의 생각과 감정을 나타내 준다. 문장완성검사는 다음의 4가지 영역에 대한 정보를 제공해 준다. 글을 쓰지 못해도 말을 이해할 수 있는 아동부터 성인까지 가능하다.

* 가족 영역은 아버지, 어머니 및 가족에 대한 태도로 가족에 대한 지각을 측정한다.
* 성적 영역은 여성과 남성, 이성관계, 결혼 및 성적 관계에 대한 태도를 측정한다.
* 대인관계 영역은 친구, 주변의 아는 사람, 권위자에 대한 태도로 학교에 대한 지각, 또래에 대한 지각, 욕구지향을 측정한다.
* 자아개념 영역은 자신의 능력, 과거, 미래, 두려움, 죄책감 등에 대한 태도로 개인적인 평가, 미래지향, 일반적인 정신건강을 측정한다.

〈표 9-10〉 아동용 문장완성검사의 예

〈아동용 문장완성검사〉

이름: ___________ (남, 여) 나이: _____ (세) 학년: _____ 검사일: _______ ___ ___

▶ 다음의 낱말로 시작하는 문장을 완성하시오.

1. (P) 친구들이좋지만
____

2. (F) 우리 아빠는
____

3. (S) 내가 하고 싶은 일을 하지 못하게 되면, 나는
____

4. (S) 내가 알고 싶어 하는 것은
____

〈표 9-11〉 아동용 문장완성검사 실시요령

- 검사의 실시에서 어떤 검사 개발자는 "문장을 읽었을 때 맨 처음 마음속에 떠오르는 것을 말하거나 쓰거나 하여 가급적 빨리 완성하시오."라고 지시함.
- 이렇게 빨리 반응할 것을 강조하는 이유는 과도한 의식적인 통제, 즉 자기 방어를 피하기 위함.
- 검사실시시간은 아동의 연령과 검사의 유형에 따라서 차이가 있지만 일반적으로 20분에서 30분 정도 소요됨.

문장완성검사는 개별적으로 혹은 집단으로 실시할 수 있는 검사로, 단독으로 분석하는 것보다 다른 투사적 검사들에서 얻어진 자료와 통합해서 분석할 때 피검자에 대하여 좀 더 풍부하게 이해할 수 있다.

〈표 9-12〉 문장완성검사 결과의 해석

유형	반응내용
고집형	내용의 변화가 적고, 특정 대상이나 욕구를 고집하며 반복이 많음(인성의 경직성, 흥미의 거짓임을 나타냄)
감정 단반응형	짤막한 감정적 어휘로 반응함(저지능이나 감정통제가 되지 않음)
장황형	장황하고 빽빽하게 적어 놓음(신경증적이거나 강박 성향)
자기 중심형	어느 문항이고 자기 중심의 주제로 바꿈(미성숙)
허위 반응형	도덕적인 반응으로 일관(자기를 잘 보이게 하려는 방어적 태도)
공상 반응형	비현실적인 생각이나 공상(도피적인 인성 혹은 검사에 대한 방어적 태도)
모순형	검사 전체에 모순(무의식 중의 갈등)
반문형	확실히 결정짓지 못함(권위에 대한 반항의 표현)
은닉형	"말할 수 없다."와 같은 반응(자기 방어적 태도)
거부형	반발(방어적 태도)
병적 반응형	망상(정신분열증)

(4) 성인에 의한 간접평가 도구

⌛ 영유아 언어발달검사(SELSI)

영유아 언어발달검사 실시 목적은 유아의 잠재적인 언어문제를 판별하고 현재 유아의 언어수행능력을 평가하여 중재를 위한 기초선으로 활용되며 중재를 실시한 후 변화를 평가하기 위한 자료로 활용하기 위함이다.

이 검사는 김영태·김경희·윤혜련·김화수(2003)에 의해 개발된 검사 도구로 영유아의 수용언어나 표현 언어의 발달지체를 조기에 선별하고자 하는 검사이다. 검사대상은 생후 5개월부터 36개월 사이의 정상발달 아동뿐만 아니라, 언어발달 지체나 장애를 나타낼 가능성이 있는 유아 및 아동들의 언어능력을 평가하는 데 사용할 수 있다. 특히 이 검사에는 생활연령이 검사상의 정상발달 연령보다 높은 언어장애 아동들의 언어발달 정도를 알 수 있게 하는 지표가 있다. 그렇기 때문에 단순 언어장애, 지적장애, 자폐, 뇌성마비, 청각장애 및 구개파열 등으로 언어

발달에 결함을 나타낼 가능성이 있는 아동들의 언어능력을 평가하는 데 유용하게 활용된다.

영유아 언어발달검사는 수용 언어검사 56문항과 표현 언어검사 112문항, 총 168문항으로 구성되어 있다. 문항의 예는 다음과 같다.

〈표 9-13〉 심리학적 평가 보고서

내용	검사내용	
수용언어	4~5개월	청각정보 인지 및 반응하기
	6~7개월	제스처를 포함한 말소리에 적절히 반응하기
	10~11개월	억양에 따른 감정 이해하기
	20~21개월	10개 이상의 동사 이해하기
표현언어	8~9개월	억양, 소리로 감정 표현하기
	12~13개월	4개 이상의 낱말 사용하기
	22~23개월	"뭐야?" 질문 표현하기

*위 문항은 영유아 언어발달 검사문항의 일부를 제시한 것이다(김영태·김경희·윤혜련·김화수, 2003).

한국 통합교육 성공예언검사(K-SPSI)

한국 통합교육 성공예언검사는 국내 최초로 장애아동의 일반교육 통합에 대한 가능성을 좀 더 객관적으로 예측할 수 있도록 개발한 초등학생용 검사 도구이다(조용태, 2003). 조용태(2003)가 개발한 이 검사 도구는 장애아동이 일반교육 장면에 성공적으로 통합되기 위해 요구되는 아동의 특성을 확인하고 교사가 아동의 교육장면에 관한 의사결정을 위해 객관적인 증거를 제공한다. 아동의 학업성취는 학교생활에서 성공에 대한 기준으로 사용되지만, 비학업적인 특성, 즉 또래와 함께하기, 사건에 대처하기, 정서적 적응습관, 공부기술도 아동의 수행을 평가하는 데 중요한 특성이다(Conway & Gow, 1988; Hollinger, 1987; 조용태, 2003 재인용). 그렇기 때문에 이 검사를 통해 학교적응에 있어서의 문제를 확인하고 중재를 위한 강점과 약점, 특수교육과 개별화화 교육프로그램의 필요 정도를 인식할 수 있다.

검사내용은 활동습관, 대처기술, 또래관계, 정서적 성숙으로 구성되어 있다. 활동습관은 학업생존기술로 학급수업장면에서 교사가 기대하는 아동의 행동으로 학습에 참여하는 아동의 능력에 중요한 측면이다. 대처기술은 아동에게 긴장을 유발하는 사건에 대해 일관되게 반응하는 방법으로 학교생활에서 갈등을 최소화할 수 있는 기술이다. 또래관계는 함께 하고 친구를 만들고 협력하는 데 사용하는 사회적 기술을 말한다. 장애아동들은 사회적인 관계를 형성하는 데 기술이 미약하며 이것이 일반아동과의 통합을 방해하는 중요한 요인이다. 정서성숙은 정서와 감정을 적절히 처리하고 관리하고 적응하고 반응하는 능력으로 타인과 관계를 형성하고 행동에 대한 판단에 준거를 주는 요인이다.

〈표 9-14〉 **한국 통합교육 성공예언검사(K-SPSI)의 구성과 문항의 예**

척도	내용	평균 이하			평균			평균 이상		
활동 습관	1. 학급의 규칙을 지킨다.	1	2	3	4	5	6	7	8	9
	6. 혼자서도 활동을 한다.	1	2	3	4	5	6	7	8	9
	11. 문장으로 된 지시를 따른다.	1	2	3	4	5	6	7	8	9
대처 기술	20. 건설적인 비판을 수용한다.	1	2	3	4	5	6	7	8	9
	25. 신체적·언어적 공격 없이 화를 표현한다.	1	2	3	4	5	6	7	8	9
	30. 원하지 않는 무엇인가를 하도록 압력받았을 때 효과적으로 대처한다.	1	2	3	4	5	6	7	8	9
또래 관계	33. 다른 사람들이 교제하기를 적극적으로 원한다.	1	2	3	4	5	6	7	8	9
	38. 또래와의 대화를 능숙하게 마친다.	1	2	3	4	5	6	7	8	9
	42. 또래에게 적절한 도움을 요청한다.	1	2	3	4	5	6	7	8	9
정서 성숙	49. 적절하게 웃고 미소를 짓는다.	1	2	3	4	5	6	7	8	9
	55. 자기에 대해 긍정적으로 말한다.	1	2	3	4	5	6	7	8	9
	57. 현실적인 기대를 표현한다.	1	2	3	4	5	6	7	8	9

*위 문항은 한국 통합교육 성공예언검사 문항의 일부를 제시한 것이다(조용태, 2003).

사회성숙도검사(Vineland Social Maturity Scale)

사회성숙도검사는 Doll이 1935년에 개발한 것으로 김승국·김옥기(1985)에 의해 한국판 사회성숙도검사로 표준화되었다. 이 검사의 대상연령은 1세 영아부터 성인까지 전 연령에 해당되고 개인적·사회적 능력을 평가하고 사회적 능력, 적응행동, 개인의 성장, 변화를 측정하는 도구로 발달정도나 특별한 처치 후 향상정도를 측정하는 도구로 활용된다. 또한 이 도구는 지적장애, 악화, 성장 및 퇴보율 또는 단계에 관한 임상적 연구에서 발달사를 고찰하는 데 활용할 수 있고, 관찰을 통해 이루어지기 때문에 언어적 의사소통이 어려운 아동에게 사용이 용이하다. 이 검사를 실시할 때는 피검자를 가장 잘 알고 있는 주변 인물을 면담하고 피검자의 연령, 교육, 능력, 직업, 장애 등 자세한 정보를 수집함으로써 정확하게 평가할 수 있다(곽금주, 2002).

사회성숙도검사는 자조, 이동, 작업, 의사소통, 자기관리, 사회화 등과 같은 변인으로 구성되는 사회적 능력, 즉 적응행동(adaptive behavior)을 국내에 맞게 모두 120문항으로 제작하였다.

포테이지 아동발달 지침서

포테이지 아동발달 지침서는 아동의 발달상태를 점검하기 위한 준거로 활용할 수 있는 것으로, 대상은 0~6세로 관찰에 의해서 아동의 발달수준을 정하고 그 수준에 따라 특정행동을 가르치도록 구성되었다. 아동의 행동을 연령에 따라 신변처리, 운동성, 사회성, 인지, 언어 영역으로 구분하여 관찰하도록 구성되어 있다.

〈표 9-15〉 포테이지 아동발달 체크리스트의 구성과 문항의 예

신변처리	
0~1세	3~4세
1. 액체를 빨아들이고 삼킨다.	53. 혼자서 모든 식사를 한다.
2. 유동식을 먹는다.	55. 지시를 내렸을 때 코를 닦는다.
3. 젖병에 손을 뻗친다.	61. 일상적인 위험물을 피한다.
사회성	
2~3세	4~5세
46. 5~10분짜리 음악이나 이야기에 주의를 기울인다.	65. 어려움에 처했을 때 도움을 청한다.
49. 어른 옷을 입고 논다.	70. 20분 동안 2~3명의 아동과 논다.
50. 물어볼 대상을 선택한다.	72. 다른 사람 물건을 사용할 때 75% 정도는 허락을 구한다.
언어	
3~4세	5~6세
59. 관련 없는 두 가지 지시를 수행한다.	81. '조금, 많이, 여러 개'를 가리킬 수 있다.
62. 과거 형태를 사용하여 말한다.	88. '왜?'라는 질문에 이유를 설명한다.
64. 친숙한 물건들이 사용되는 방법을 말한다.	94. 새로운 혹은 낯선 단어들의 의미를 묻는다.
인지	
1~2세	3~4세
15. 그릇에서 6개의 물건을 하나씩 꺼낸다.	43. 언어적 지시에 따라 남자와 여자아이를 가리킨다.
18. 같은 물건을 짝짓는다.	52. 물건을 분류하여 정리한다.
23. 이름을 말해 줄 때 그림을 가리킨다.	64. 원, 세모, 네모 세 가지 도형의 이름을 말한다.
운동성	
0~1세	5~6세
5. 입에 물건을 넣는다.	112. 종이 여기저기에 큰 글자를 쓴다.
8. 입으로 물건을 느껴 보고 시험해 본다.	120. 지시에 따라 공을 계속 찬다.
22. 도움을 받아 앉는다.	125. 종이에서 단순한 형태를 찢어 낸다.

*위 문항은 포테이지 발달 지침서 문항의 일부를 제시한 것이다.

K-CBCL(Korea Child Behavior Checklist: 아동 및 청소년 행동평가 척도)

Achenbach와 Edelbrock(1983)에 의해 개발된 K-CBCL은 4~18세 정도의 아동 및 청소년을 대상으로 하는 행동평가 검사로 오경자 등(1997)에 의해 한국판 표준화 도구가 되었다.

K-CBCL은 심리적 부적응을 보이는 아동, 청소년을 미리 선별해 내는 판별도구이다. 아동의 문제행동에 대해 전문가들 사이의 임상사례에 대한 정보 교환을 용이하게 하고 정신병리 연구에서 연구대상의 객관적 선정을 돕는 진단의 보조도구로 활용한다. 아동·청소년기의 사회적 적응 및 정서, 행동 문제를 부모가 평가하는 것으로, 여러 가지 정서·행동 문제의 빈도를 조사하는 기초 역학조사 도구로 활용한다. 또한 아동, 청소년의 심리장애의 진단을 위해서도 유용한 임상적 도구이고, 세계 여러 나라에서 번역·표준화하여 사용하고 있다.

K-CBCL은 미국판 CBCL을 토대로 하여 크게 사회능력 척도(Social Competence Scale)와 문제행동증후군 척도(Behavior Problem Scale)로 구성되어 있다. 최근에는 유아를 대상으로 한 행동평가 척도(한국판 유아용 문제행동 척도(K-CBCL preschool))를 제작하여 유아들의 문제행동을 점검하는 데 활용하고 있다.

〈표 9-16〉 K-CBCL의 구성과 문항의 예

	K-CBCL(문항수)	문항의 예
사회 능력 척도	사회성 학업수행 총사회적 능력	사회적 능력 척도는 6세부터 사용함. 학업수행척도는 초등학교 이상에만 해당함.
문제 행동 증후군 척도	위축(9)	42. 혼자 있는 것을 좋아한다.
	신체증상(9)	51. 어지러워한다.
	불안/우울(14)	12. 외롭다고 불평한다.
	사회적 미성숙(8)	25. 다른 아이와 어울리지 못한다.
	사고의 문제(7)	40. 환청; 헛소리를 듣는다.

	K-CBCL(문항수)	문항의 예
문제 행동 증후군 척도	주의집중의 문제(11)	10. 가만히 앉아 있지 못하고 안절부절못하며 지나치게 많이 움직인다.
	비행(13)	39. 나쁜 친구들과 어울려 다닌다.
	공격성(20)	16. 남에게 잔인한 짓을 하거나 괴롭히고 못살게 군다.
	내재화 문제(31)	위축, 신체화증상, 불안·우울 척도를 합산(공통문항 제외하여 33문항).
	외재화 문제(33)	비행·공격성 척도를 합산.
	총문제행동(117)	전체문제행동 합산하면서 변별력이 낮은 문항을 제외하여 117개 문항으로 구성함.
	성 문제(6)	4~11세에만 적용하는 문항임.
	정서불안정(10)	6~11세에만 적용하는 문항임.

*위 문항은 K-CBCL문항의 일부를 제시한 것이다.
출처: 곽금주(2002).

⌛ ADHD 평가척도(Korean-ADHD Rating Scale, K-ARS)

K-ARS는 DuPsul(1991)에 의해 개발된 아동용 행동평가 척도로 ADHD 증상을 평가하기 위해 고안되었다. 이 척도는 부주의 증상 9문항, 과잉행동-충동과 관련된 증상 9문항으로 총 18개 문항으로 구성되어 있다. 부주의 증상에서 6개 이상 나타나면 주의력 결핍 우세형, 과잉행동-충동증상에서 6개 이상이면 과잉행동-충동 우세형, 각각 6개 이상씩 12개 이상 나타나면 ADHD복합형으로 구분한다.

〈표 9-17〉 ADHD 평가척도의 구성과 문항의 예

하위 유형	내용	아니다	약간 그렇다	매우 그렇다
주의력 결핍	1. 세부적인 면에 대해 꼼꼼하게 주의를 기울이지 못하거나, 학업에서 부주의한 실수를 한다.			
	5. 과제와 일을 체계적으로 하지 못한다.			
	7. 과제나 일을 하는 데 필요한 물건을 잃어버린다.			

하위 유형	내용	아니다	약간 그렇다	매우 그렇다
과잉행동 – 충동	1. 손발을 가만히 두지 못하거나 의자에 앉아서도 몸을 꼼지락거린다.			
	6. 지나치게 말을 많이 한다.			
	9. 다른 사람을 방해하거나 간섭한다.			

*위 문항은 ADHD 평가척도 문항의 일부를 제시한 것이다.

6) 검사의 결과 해석 및 보고서

(1) 심리검사 결과 해석

심리검사란 심리적 특성을 수량화하는 과정으로서 사실상 그것은 직접적인 측정이 불가능한 특성들이다. 예를 들면, 지능, 자아강도, 사회적응 등 추상적인 구성개념들이다. 따라서 이러한 심리적 특성들을 수량화하였다 하더라도 그 결과를 어떤 규준에 맞추어 어떻게 해석하느냐에 따라 전혀 다른 결론에 도달할 수 있다.

결과의 해석은 심리검사에 대하여 전문적인 지식을 가진 사람에 의해서 이루어지는 것이 안전하다. 그렇지 못할 때에는 적어도 해당 검사만이라도 전문적인 지식을 가진 사람이 결과를 해석하는 것이 바람직하다. 심리검사의 결과는 그것 하나만을 독립적으로 떼어 놓고 해석하는 것은 무리가 있다. 물론 심리검사가 만들어지는 과정에서 신뢰롭고 타당한 검사 도구라는 사실을 확인하지만 그 검사만을 가지고 인간을 이해하고 설명하려는 것은 위험하다. 인간을 이해하는 방법은 매우 다양하고 또한 인간은 그만큼 복잡하다. 심리검사의 결과는 인간의 한 부분만을 설명해 주는 것이고 그 결과를 좀 더 바르고 정확하게 해석하기 위해서 가능한 대로 다른 검사들을 통하여 그 결과를 보완해야 하고, 뿐만 아니라 다양한 인간이해의 방법을 동원하여 그 결과를 지속적으로 보완해야 한다. 심리검사의 결과는 최대한 신중하게 이해하고 해석하는 것이 바람직하다.

검사의 결과에 의해서 피평가자를 낙인찍지 않도록 주의해야 한다. 예컨대, 성격검사의 경우 단지 이론적으로 가정된 특성을 측정할 뿐이지 실제로 존재하는 특성을 정하는 것은 아니다. 따라서 검사결과를 해석할 때 단정적 표현을 삼가야 한다. 왜냐하면 심리검사의 결과는 충분한 검토를 거쳤다 하더라도 때로는 현실 아닌 하나의 가설일 수 있으며, 이러한 가설의 타당성에는 언제라도 의문을 제기할 수 있기 때문이다. 검사의 결과는 언제나 그 검사가 보유하는 규준에 따라서 해석해야 한다. 많은 경우 심리검사는 규준집단 내에서 상대적 위치를 나타낸 점수로 요약된다. 예컨대, 성격검사에서 내향성 점수가 높게 나왔다면, 그 높은 점수는 단지 동년배 집단의 수준에 의해서 결정된 상대적 위치의 점수인 것이다. 비교할 대상지반이 달라지면 그 점수는 의미를 상실하게 된다. 결국 하나의 심리검사점수는 규준집단에 의해서 의미가 주어지는 것임을 명심해야 한다.

(2) 심리검사 보고서의 작성 및 활용

심리검사의 보고서는 의뢰 사유와 관련된 정보를 제공하고 앞으로 수행할 상담이나 교육 프로그램을 구성하는 데 기초자료가 될 수 있도록 작성해야 한다. 따라서 심리검사의 보고서는 실시된 검사들의 결과만을 나열하는 것이 아니다. 검사 실시 과정에서 아동이 보인 행동의 관찰, 부모로부터 수집된 양육사 혹은 교사나 주변사람들로부터 얻어진 모든 정보를 종합하여 지적·정서적·성격 및 사고의 특성 전반에 걸친 아동의 고유성을 제시해 주어야 한다. 아동의 심리검사 결과 보고서에는 다음과 같은 내용이 포함된다.

① 아동의 인적사항

보고서의 첫 부분에 기록하는 사항으로 아동의 이름, 연령, 성별, 생년월일, 학교와 학년 그리고 의뢰된 기관이 포함된다.

② 의뢰 사유(주호소)

아동이 현재 보이는 문제를 독특한 행동이나 증상을 중심으로 구체적으로 기술한다. 더불어 의뢰인이 검사를 통해 얻기를 원하는 정보가 무엇인지에 관해서도 기록해야 한다. 의뢰 사유는 어떤 검사를 실시할지를 결정하는 데 도움이 된다.

③ 검사 시 행동 관찰

아동의 신체적 외모, 평가자에게 보이는 반응, 검사과제에 성공했을 때와 실패했을 때의 행동, 습관적 행동 등의 관찰이 포함된다. 검사 시 행동관찰은 검사 도구로는 측정할 수 없는 부분에 대한 정보가 된다. 예를 들어, 지능검사에서 기대보다 낮은 점수가 나왔다면 이것이 산만함 때문인지 혹은 자신감이 없어 반응하기까지 오랜 시간이 걸려 낮은 점수를 받았는지를 구별해야 한다. 또한 검사 시의 행동관찰은 아동이 낯선 장소에서 보일 수 있는 행동을 예측해 볼 수 있게 해 준다.

④ 평가결과와 임상적 인상

평가결과에는 실시된 검사결과의 수치만 제시하는 것이 아니다. 실시된 모든 검사들의 결과를 분석하고 종합하여 제시한다. 아동의 전반적 지적 능력, 정서적 상태, 사고의 형태 등 아동 전반에 걸친 현재의 상태를 기술하게 된다. 이 밖에 정신병리가 시사되는 측면, 아동이 결함을 보이는 특정 영역, 이것들의 원인 및 가능한 진단명을 제시해 준다. 또한 아무리 문제가 심각한 아동이라도 아동이 가지고 있는 장점을 발견하여 제시해 줌으로써 앞으로 상담, 치료 혹은 교육 프로그램을 수행하는 과정에서 아동의 장점을 자원으로 활용할 수 있게 하는 것도 중요한 측면이다.

⑤ 제언

제언은 부모나 교사의 호소 내용을 염두에 두고 작성하여 이들이 얻고 싶은 질문에 명확한 답을 제시해 주어야 한다. 그 외에 아동의 문제의식, 아동의 문제를 해결하기 위한 부모나 교사의 대처방안, 활용할 수 있는 프로그램의 방향도 포함되어야 한다. 아동의 문제와 약점을 수정하고 보완하는 과정에서 아동의 강점을 어떻게 자원으로 활용할 수 있는가의 방안도 반드시 제시해 주어야 한다.

다음은 검사 보고서의 작성과 활용에 대한 이해를 높이기 위해 심리검사의 결과 보고서를 제시한 것이다.

〈표 9-18〉 보고서 작성법

1	평가결과에 근거하여 객관성과 정확성에 중점을 두고, 간결하고 명확하게 기록
2	실시한 각각의 검사 결과들을 분석하고 종합하여 평가
3	행동관찰, 다른 검사결과와의 관련성, 검사 동안 아동의 행동과 관련된 중요한 기질과 성격 등을 종합하여 아동의 개별성에 대한 정보 제공
4	검사의 실시상황, 관찰과 상호작용의 결과 등의 임상적 인상을 포함
5	관찰된 내용들이 왜곡되어 기억되거나 잊혀지지 않도록 가능한 한 빨리 작성
6	문장을 진술할 때 이해하기 쉽고 평이하게, 단정형 동사보다 추론형 동사를 사용
7	보고서를 보는 사람에 따라 달리 내용을 작성할 수 있음(개인의 사생활 보호 차원)

출처: 사단법인 한국심리협회 발달진단평가사 2급 강사용 교재.

〈표 9-19〉 심리학적 평가 보고서

〈심리학적 평가 보고서〉

김OO F/5세 10개월 유치원

–Test Date: 2014.03.03.
–Test Administration: BGT, HTP, KFD, KEDI-WISC, Rorschach, TAT

1. 검사 사유

자기주장이 강하고 단체생활에서 자신이 하고 싶지 않은 것은 절대 하지 않는 등 순응력이 떨어져 내원하게 된 아동으로 심리학적 평가가 의뢰되었다.

2. 검사 태도

수줍어하고 얌전해 보이는 외양과는 달리 행동이 부주의하고 다소 거칠어 보였다. 예를 들어, 의자를 돌리고 책상을 밀치는 행동을 보이기도 하였다. 그림을 그리면서는 "진짜 잘 그리죠? 민지가 워낙 잘 그려서…."라고 말하며 자신을 자랑하기도 하였다. 평가자에게 긍정적 피드백을 받고 싶어 하며 반복해서 동의를 구하기도 하였고, 그림을 그리면서 혼잣말이 많고 검사에 대해 이것저것 물어보는 등 말의 산출은 활발하였으며 다소 수다스러워 보였다. 그림은 용지에 꽉 차게 크게 그렸으며 지시 이외의 다른 것을 더 첨가하여 그리기도 하였다. 그림의 질은 연령수준보다 높으며 그림 그리는 것을 좋아하였다. 주변에서 일어나는 상황에 대해 일일이 반응을 하였는데, 다른 놀이실에서 들리는 다른 아동의 소리를 듣고 "쟤 뭐라고 하는 거지?"라고 말하였으며 전화벨 소리에도 일일이 반응하였다.지능검사에서는 어렵고 잘 모르는 것이 나오면 모른다는 대답은 잘 하지 않고 이유와 변명을 대는 양상을 많이 보였다. 말을 논리적으로 잘 하는 편이었다. 간간이 수행 도중에 놀잇감을 책상 위에 올려놓고 만지작거리며 놀기도 하였고 점차 부산스러워졌다. 예컨대 의자에서 들썩거리며 반응할 때가 많았고 자극 카드로 평가자의 눈을 찌르는가 하면 옆에 있는 작은 인형을 부러뜨리기도 하였다. 그러나 전반적으로 검사에는 협조적으로 임했으며 흥미를 가지고 적극적으로 수행하였다.

3. 검사 결과

1) BGT: 정상 범주에 속한다(recall=2)

2) KEDI-WISC로 측정한 아동의 현재 지능은 전체 IQ=1,249(VIQ=116, PIQ=126)로 '우수 수준'에 속하며 잠재능력은 '최우수 수준'으로 시사된다. 제반 '인지기능이 비교적 우수하게 개발되어 있다. 특히 어휘력이 풍부하여 개념 간에 공통된 요소를 파악하는 언어적 개념화나 언어적 이해력, 표현력 등을 비롯한 언어적 기능이 우수하게 개발되어 있다. 일반 상식이 연령보다 높게 획득되어 있는 바, 교육문화적 배경으로부터 받은 자극도 적절했던 것으로 보인다. 이에 비해 산술능력 및 수 개념에 대한 이해는 다소 떨어지고 있는 바, 이에 대한 반복 훈련 및 학습은 부족했던 것으로 보인다.

시각적 자극을 분석하고 통합하는 능력, 지각 구성 능력, 시각-운동 협응과 속도를 비롯한 제반 비언어적 기능은 최우수 수준으로 잘 개발되어 있다. 그 밖에 사물의 본질적인 부분을 파악하는 능력 및 사물에 대한 관찰능력도 양호하게 개발되어 있다.

주의 집중력도 비교적 양호한 편이나 다른 능력에 비해서는 상대적으로 다소 떨어지고 있다. 주목되는 바는 주어진 단서에 의해 상황에 적절히 대처하는 기능 및 대인관계에서의 문제해결력이 상대적으로 많이 떨어지고 있다는 점이다. 아동의 지적 능력은 비교적 우수하여 언어적 수준이나 피상적 수준에서는 관습이나 규범에 대한 인식이 그런 대로 되고 있지만 사회적 장면에서 상호작용하면서 자신이 직접 부딪치며 해결해야 하는 과제에서는 많이 떨어지고 있다(이해=13, 차례=10). 이로 보아 사회적 기술 및 사회지능이 자신의 지적 능력에 비해 많이 떨어질 것으로 사료된다.

3) 정서면에서 볼 때 외양과는 달리 다소 부주의한 면이 시사되고 있다. 가장 두드러지는 바는 연령이나 자신의 지적 능력에 비해 정서적으로는 미성숙하다는 점이다. 즉, 지적 능력에 비해 정서발달과 사회성 발달이 떨어지고 있음이 시사된다.

정서면에서 정서적으로 피상적인 면이 사료되고 있다. 즉, 자신 및 타인의 감정의 흐름에 민감하지 못하고 공감능력도 떨어지며 타인의 동기나 욕구에 대해서는 다소 무감각하여 주변상황을 고려해서 주변 환경에서 요구하는 대로 행동하기보다는 자신이 원하는 바대로 행동하려는 경향이 강한 것 같다. 이런 경향성은 주로 사회적 상호작용을 요하는 또래 및 기타 대인관계(유치원 같은 규범적인 단체생활)에서 두드러질 듯하다. 예컨대 아동이 유치원 단체생활이나 수업시간에 간헐적으로 지시에 순응하지 않고 자기가 원하는 것만 하려고 한다는 내원 사유와 관련해 볼 때, 이러한 행동이 거부적이고 권위에 반항하려는 ODD(적대적 반항 장애)적인 경향성에서 나왔다기보다는 사회적 상황이나 돌아가는 맥락을 민첩하게 파악하지 못하여 환경의 요구에 순응하는 것이 다소 어려운 것과 더 관련이 있어 보인다.

이렇게 공감능력의 부족, 사회적 상황과 맥락에 대한 이해 부족 및 둔감성(사회적 감각이 떨어짐)은 공감능력과 사회성의 기초가 되는 초기 공감의 실패 또는 사회성과 정서발달에 필요한 양적–질적인 자극의 결핍, 모자간의 정서적 상호작용이 많이 부족했던 것과 관련이 깊은 것으로 추론된다. 제반 검사상에서 상기한 특징을 반영하고 있어 주목된다. 예컨대 '괴물', '뼈 없는 괴물', "소 뼈인데 뼈 안 속이 부러졌어.", '검은 색 나비', '나비 뒷모습' 등 환경에 대한 시각과 태도가 부정적–냉소적임을 시사하는 반응과 함께 대인관계 효율성이 낮으며 사람에 대한 부족함이 시사되고 있다.(M, H반응이 하나도 없음). 또한 CAT에서도 "엄마 토끼가 놀이터에 들어가라고 하는데 아기 토끼는 자기 집에서 놀고 싶다고 짜증을 부렸어. 놀이터가 더 싫어서 친구들이 싫은가봐. 혼자 놀다가 심심할 때만 친구들이랑 놀아.", "고양이가 거울을 봤는데 자기 모습이 잘 보인다." 등의 연상 내용 또한 초기 반영 과정에서 풍부한 정서적 상호작용의 부족은 자신에 대한 긍정적인 상을 형성하는 것에 어려움을 주는 것주는 것 같고 사회성의 기초가 되는 타인과 친한 관계를 맺고자 하는 타인에 대한 적극적인 관심과 긍정적인 수용을 하는 데 어려움을 주는 것 같다.

한편 복잡한 Rorschach 카드에서 전혀 조직 통합을 못하고 있다(8~10카드에서 '모른다. '어렵다' 등과 같이 반응이 없음). 이는 아동이 지능은 우수한 데 비해 낯선 상황이나 비구조화된 장면에서의 문제해결력이 떨어지고 있음을 시사해 준다.부모–자녀 관계 면에서 볼 때, 부모 모두에 대해 경직되게 지각하는 것 같다. 가정에서 엄마를 더 중요하게 지각하는 것 같고 아빠에 대해서는 다소 소원한 것 같으며 핵심적인 인물로 지각하지는 않는 것 같다(KFD에서 아빠의 얼굴 크기를 제일 작게 그렸으며, Rorschach에서 Father card를 reject함).

이상에서 볼 때, 지적능력은 비교적 우수한 데 비해 사회적 지능과 감각이 떨어지며 정서적인 미성숙이 유의미하다. 좀 더 빈번한 사회적 접촉과 상호작용을 통하여 자신이 직접 부딪치면서 문제를 해결할 수 있도록 기회를 더 많이 갖는 것이 필요해 보이며, 주변에서 아동의 이런 특성(사회적 감각이 떨어지는 것)에 대해 정확한 피드백을 주어 타인의 입장에서 생각할 수 있는 훈련과 같은 공감훈련이 필요해 보인다. 외양과는 달리 다소 부주의하고 와일드한 행동으로 주변으로부터 산만하다는 평을 들을 수는 있어 보이나 근본적인 주의집중의 어려움은 시사되지 않고 있다.

평가자: 임상심리 전문가 / ㅇㅇㅇ

제4부

아동상담의 실제

제4부에서는 아동상담 현장에서 활용하는 상담모델들에 대해 살펴볼 것이다.
제10장에서는 아동상담의 한 방법인 놀이치료의 개념과 변화 기제를 알아볼 것이다. 모래놀이치료, 치료놀이, 게임놀이치료에 대해 구체적으로 살펴봄으로써 놀이치료의 원리와 실천 방법을 이해할 것이다.
제11장에서는 예술을 활용한 상담모델의 개념과 유형에 대해 살펴볼 것이다. 미술치료, 심리극, 독서치료의 정의, 과정, 기법을 학습함으로써 예술을 치료로 활용하는 방법을 이해해 보고자 한다.
제12장에서는 교육현장에서 아동상담을 실천하는 방안으로서 집단상담과 부모상담에 대해 학습할 것이다. 이를 통해 다양한 상담 방법들에 대해 구체적으로 이해할 수 있을 것이다.

제 10 장 놀이치료를 활용한 상담

놀이치료는 아동상담 분야에서 가장 널리 활용되는 상담방법 중 하나로 문제해결 뿐 아니라 아동의 발달과 능력 향상을 도모하는데에도 효과적으로 활용되고 있다. 이에 본 장에서는 놀이치료의 개념과 아동의 변화를 돕는 놀이치료의 기제들, 기법과 원칙에 대해 살펴볼 것이다. 또한 놀이치료의 하위 유형인 모래놀이치료, 치료놀이, 게임놀이치료의 정의와 특성, 과정, 활동들에 대해서도 알아볼 것이다.

1. 개념

놀이치료는 아동상담 분야에서 가장 널리 활용하는 상담접근 중 하나로, 아동의 문제해결뿐만 아니라 정서 및 행동발달을 촉진하는 수단으로 유용하게 활용하고 있다. 이처럼 놀이치료를 유용하게 활용하는 이유는 아동에게 친숙한 놀이를 치료에 활용함으로써 아동의 상담에 대한 저항은 감소시키고 흥미와 집중도를 높인다는 장점이 있기 때문이다. 한편 상담을 통해 내담자가 변화하기 위해서는 내담자의 자기표현이 선행되어야 하는데 아동 내담자는 빈약한 언어능력으로 상담자에게 자신을 드러내는 데 한계가 있다. 놀이는 이러한 아동의 언어적 한계를 보완할 뿐만 아니라 놀이에는 아동의 정서, 생각, 행동 특성이 반영되므로 놀이치료는 아동을 위한 효과적인 상담방법으로 인정받고 있다.

놀이치료(play therapy)란 놀이의 치료적 효과, 치료자의 이론적 지식과 임상 기술, 아동과 치료자 간 치료적 관계를 바탕으로 아동의 사회·정서·행동문제를 해결하고 사회정서능력 향상을 도모하는 아동상담의 한 방법이다. Sigmund Freud가 한스라는 아동의 말(horse)에 대한 공포를 치료하기 위해, 아버지에게 한스의 놀이를 분석하는 방법을 알려 준 것이 놀이치료의 기원이라고 전해진다. 이후 1910년대 후반에 들어서, Hug-Hellmuth, Melanie Kline, Anna Freud에 의해 정신분석놀이치료가 발전하기 시작하였다. 1930년대 Levy의 이완치료, 1940년대 Axline의 아동중심놀이치료, 1980년대부터 1990년대에 걸쳐 인지행동놀이치료가 발전해 왔으며, 현재 놀이치료는 아동상담의 주요 방법으로 자리매김하였다.

'놀이'와 '치료'가 강조된 흥미로운 이름으로 놀이치료는 몇 가지 오해를 받고 있다. 대표적인 예로 놀이치료에서는 치료자가 아동의 문제해결에 도움이 되는 놀이를 선택하고 제안해야 한다는 인식, 놀이치료자는 아동을 칭찬해야 한다는 인식, 놀이치료에서 아동은 항상 즐거울 것이란 인식을 들 수 있다. 이는 모두 놀이치료에 대해 잘못 알려진 사실이다. 놀이치료의 배경이론에 따라 정도의 차이는 있지만 많은 놀이치료 모델들이 아동이 놀이를 선택하고 주도한다는 원칙을 따른다. 또한 여러 놀이치료 모델들이 아동을 문제해결의 주체로 간주하고 놀이치료자에게 아동을 칭찬하거나 비판·평가하지 말 것을 권장한다. 그리고 아동은 놀이치료 중 통찰과 반성, 깨달음을 경험할 수 있고 이로써 불편한 감정을 느끼는 경우도 있다. 놀이치료자는 아동이 불편한 감정을 극복하고 성장할 수 있도록 아동을 격려하며 아동발달과 상담이론, 문제에 대한 지식을 바탕으로 아동이 놀이를 통해 자신을 탐색하고 발견하도록 촉진하는 역할을 수행한다.

몇 가지 기준에 따라 놀이치료를 구분해 보는 것은 놀이치료의 개념을 이해하는 데 도움이 된다. 첫째, 놀이치료는 이론에 따라 정신분석놀이치료, 아동중심놀이치료, 인지행동놀이치료 등으로 구분하며 그 정의와 치료자의 역할 등에 차이가 있다. 예를 들어, 정신분석놀이치료는 아동의 무의식을 의식화하고 자아(ego)를 강화하는 과정으로 정의한다. 따라서 치료자의 역할은 아동의 놀이를 관찰하고 놀이에 드러난 무의식을 발견하여 해석하는 것이다. 아동중심놀이치료는 아동이 능력과 가능성을 발휘하는 과정으로 정의하며 치료자의 역할은 아동이 가지고 있는 자아실현 경향성을 신뢰하고 아동의 경험을 수용하는 것이다.

둘째, 주사용 매체에 따라 놀이치료 유형을 세분화할 수 있다. 일반적으로 놀이치료에서는 인형, 자동차, 블록, 미술도구, 게임 등 다양한 치료 도구들을 사용한다. 그러나 모래놀이, 게임 등 한 가지 유형의 도구만을 집중적으로 사용하기도 하는데 이 경우, 주사용 매체에 따라 모래놀이치료, 게임놀이치료로 명명한다. 그리고 어떤 이론에 기초하는가를 고려하여 정신분석게임놀이치료, 인지행동게임놀이치료 등으로 유형을 세분화한다. 다양한 이론을 활용할 수 있는 게임놀이치료와 달리 모래놀이치료는 Carl Gustav Jung의 분석심리학에 기초하므로 별도로 이론을 명명하지 않는다는 특징이 있다.

마지막으로 놀이치료에 참여하는 사람이 누구인가에 따라 개인놀이치료, 집단놀이치료, 가족놀이치료로 구분할 수 있다. 그리고 이론과 주사용 매체에 따라 정신분석개인놀이치료, 아동중심집단놀이치료 등으로 명칭을 구체화한다.

〈표 10-1〉 **놀이치료의 구분**

이론	주 사용 매체	참여자
정신분석놀이치료 아들러학파놀이치료 아동중심놀이치료 인지행동놀이치료 게슈탈트놀이치료 등	모래놀이치료 게임놀이치료 치료놀이 등	개인놀이치료 집단놀이치료 가족놀이치료

이처럼 다양한 형태의 놀이치료 중에서 내담 아동에게 어떤 이론과 매체를 적용할 것인지는 문제유형과 원인, 문제지속에 영향을 미치는 요인, 아동의 흥미 등을 총체적으로 고려해 결정한다. 예를 들어, 아동이 가진 문제가 아동중심 이론의 병리론(문제 발생에 대한 가정)으로 가장 잘 설명할 수 있고 아동이 승패가 존재하는 게임에 매력을 느끼며 여러 명의 또래와 상호작용하기보다는 놀이치료자와의 1:1 상호작용을 통해 안전감을 경험해야 할 필요가 있다고 판단한다면 놀이

치료자는 아동중심게임놀이치료를 개인 상담 형태로 실시할 수 있을 것이다.

이처럼 치료자가 아동에게 가장 효과적일 것으로 예상하는 이론과 놀이 매체, 치료 형태를 선택하고 적용할 때, 아동은 더 효과적으로 성장하고 변화할 수 있으며 치료자는 자신의 책임과 윤리를 다할 수 있다. 그러나 이처럼 다양한 요인을 고려하여 놀이치료 모델을 선택하는 것은 치료자에게 매우 어렵고 힘든 일이다. 새로운 지식을 계속 배워야 하며 아동의 사례를 놓고 많은 생각과 고민을 해야 하기 때문이다. 그러나 아동이 겪는 어려움, 문제로 인한 아동과 가족의 고통에 비교하면 놀이치료자의 수고는 아주 작은 것일 수 있다. 이에 치료자는 아동을 위한 최선의 놀이치료 모델을 선택할 수 있도록 지식과 경험을 축적해야 할 것이다.

2. 변화를 돕는 기제들

1) 놀이의 치료적 효과

놀이치료가 아동의 문제해결과 성장 도모에 효과적인 이유 중 하나는 치료에서 놀이를 사용한다는 점이다. 놀이의 치료적 효과를 살펴보면 첫째, 놀이는 아동의 제한적인 의사소통능력을 보완한다. 상담은 내담자가 자신의 느낌과 생각, 경험을 표현하는 것으로부터 시작된다. 그러나 아동 내담자는 제한적인 언어능력으로 표현이 어려울 뿐만 아니라 치료자의 언어적 개입을 이해하는 데에도 한계가 있다. 아동은 놀이치료에서 언어 대신 놀이를 통해 문제의 본질, 감정과 생각을 드러내게 된다. 치료자는 아동의 놀이를 관찰하고 분석함으로써 아동의 상태를 이해하고, 아동에게 하고 싶은 이야기를 놀이 속 주인공의 입을 빌어 전달하는 방식으로 아동의 발달수준에 맞게 놀이치료를 진행할 수 있다.

둘째, 놀이는 부정적 정서와 행동을 안전하게 표현하는 기회를 제공한다. 미움, 슬픔, 화, 짜증 같은 부정적 정서는 공격 행동, 위축 행동 등 부정적 행동을 야기하는 원인이다. 따라서 부정적 행동을 감소시키기 위해서는 부정적인 감정을 발산해 내야 하는데 이는 사회적으로 금기시되는 경향이 있다. 하지만 아동은 놀이라는 가상현실에서 보복 위협이나 제한 없이 부정적인 감정을 마음껏 발산할 수 있는데 천으로 만든 인형이나 쿠션을 때리는 놀이, 칼싸움, 전쟁놀이를 유용하게 활용할 수 있다. 일상에서는 이러한 놀이를 공격적이라는 이유로 제한할 수 있지만, 놀이치료 과정에서는 아동 자신과 치료자에게 신체적 위험을 초래하지 않는 한에서 허용하고 아동은 이를 통해 부정적 정서를 안전하게 드러낼 수 있다.

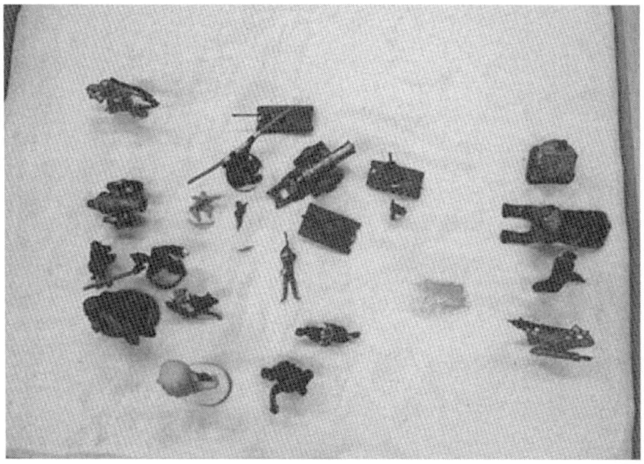

[사진 10-1] **전쟁놀이**

셋째, 놀이는 아동의 신체적·인지적·정서적 능력발달에 기여한다. 또한 뇌 기능 발달을 돕고 창의성을 자극한다(Ginsburg, 2007). 아동의 부모-자녀 갈등, 또래와의 갈등 같은 관계 문제, 신체·인지발달 지연, 우울이나 충동성·공격성 같은 정서·행동문제로 놀이치료에 의뢰한다. 이러한 문제들은 타인에 대한 공감 능력 및 유대감 발달(정서 능력 발달), 신체·인지 자극, 유능성과 자아존중감을 증진시킴으로써 해결하는데 놀이는 이러한 영역의 발달촉진에 기여한다.

넷째, 놀이는 아동에게 연습과 훈련 기회를 제공한다. 아동은 놀이 과정에서 자발적으로 역할을 선택하고 수행해 본다. 부모가 되어 돌봄과 배려 행동을 연습할 수 있으며 자신감 넘치는 사람인 척 연기하면서 새로운 역할을 훈련할 수도 있다. 거인이 되어 자신의 힘을 확인하고 통제력의 중요성을 깨달을 수도 있다. 이처럼 놀이는 역할 연습 기회를 제공하며 아동은 이를 통해 규칙과 규범, 사회적 책임감을 발달시킬 수 있다.

[사진 10-2] 놀이를 통한 교사 역할 훈련

놀이의 치료적 효과로 아동은 놀이치료 과정에서 자신을 표현하고 감정을 정화하며 능력을 계발하고 사회 적응력을 키울 수 있다. 그 결과 아동은 문제를 해결하고 자신의 능력과 가능성을 신뢰하는 사람으로 성장할 수 있다.

2) 치료적 관계

치료적 관계는 아동의 문제 해결과 내적 성장을 목적으로 형성된 아동과 치료자 간의 상호작용, 아동과 치료자 간의 정서적 유대와 동맹을 뜻한다. 치료적 관계는 놀이치료의 성과와 질에 직접적인 영향을 미친다(Mattin, Graske, & Davis, 2000). 따라서 치료자에게는 아동과 따뜻하고 친근한 치료적 관계를 가능한 한 빨리 맺을 수 있는 능력이 요구된다(O'connor, 2001).

치료적 관계를 형성하기 위해 치료자는 아동이 친밀감과 신뢰감을 느낄 수 있도록 해야 한다. 아동의 요구에 맞추려 노력하고 아동을 판단하지 않으며 아동이 이끄는 대로 따라가 주고 꼭 필요하다고 생각하는 최소한의 규칙을 제시하는 것은 아동과 치료자 간의 친밀한 관계와 신뢰감 형성에 도움이 된다(VanFleet,

Sywulak, & Sniscak, 2010). 치료자의 이러한 허용적·수용적인 태도가 아동의 버릇을 나쁘게 만들지 모른다고 우려하는 경우가 있다. 하지만 아동의 요구에 맞추고 최소한의 규칙을 제시한다는 것이 아동이 제멋대로 하게 둔다는 의미는 아니다. 놀이치료자는 아동이 자신과 타인에게 신체적·정서적 상처를 주는 행동, 윤리적으로 올바르지 않은 행동을 할 때는 분명하게 제한해야 한다. 치료자는 아동의 모든 감정과 자신·타인에게 해가 되지 않는 행동은 전적으로 수용하되, 사회규범에 어긋나는 행동은 단호하게 제한한다. 이를 통해 아동은 치료자가 자신을 이해하고 수용하며 안전하게 지켜 줄 것이라는 믿음을 갖게 되고, 치료적 관계를 형성할 수 있다. 그리고 아동은 규칙을 따라 다양한 시도·실험을 해 보며 자신의 능력을 개발할 수 있다. 다음에 치료적 관계 형성을 촉진하는 치료자의 반응을 제시하였다.

〈표 10-2〉 **치료적 관계 형성을 돕는 치료자의 반응**

치료자의 반응		치료자의 반응에 대한 평가
아동의 요구 수용	아동: "자동차 놀이를 할 거예요." 치료자: "자동차 놀이를 할 거구나."	치료적 관계 형성을 돕는 반응이다. 아동은 자발적, 능동적으로 자신이 원하는 것을 표현하였고 치료자는 아동이 이끄는 대로 따라갈 것임을 표현하고 있다. 아동이 원하는 것을 할 수 있게 허용해 줌으로써 아동이 주도적으로 행동할 수 있게 돕는다.
제한 설정	아동: "놀이치료실 벽에 그림을 그릴 거예요." 치료자: "벽에 그림을 그리고 싶구나. 하지만 안 돼. 대신 종이에 그림을 그릴 수 있단다."	치료적 관계 형성을 돕는 반응이다. 아동의 요구는 놀이치료실을 이용하는 다른 아동들과 치료자를 불편하게 하며, 사회적 규범에 어긋나는 것이므로 제한해야 한다. 아동이 벽에 낙서를 하게 허용했다면 아동은 그간 가정과 교육기관에서 배워 온 규칙과 반대되는 경험에 혼란을 느낄 것이다. 또한 보편적인 지침에 반대되는 치료자의 태도를 불신하게 될 수 있다.

치료자의 반응		치료자의 반응에 대한 평가
아동의 감정 수용, 보호 (한계) 제공	아동: "선생님 미워요! (발을 구르며 몸을 이리저리 흔든다)" 치료자: "선생님이 밉구나. 누구나 다른 사람이 밉고 싫을 때가 있지. (뒤에서 아동을 꼭 안으며) 이러면 네가 다칠까봐 걱정이 된단다."	치료적 관계 형성을 돕는 반응이다. 아동은 타인에 대한 부정적 감정을 표현하면 보복당하거나 미움받을 수 있다고 여겨 솔직하게 표현하지 못하는 경우가 있다. 이렇게 억압된 감정은 아동의 문제행동을 야기할 수 있다. 치료자는 아동의 부정적 감정을 수용해 주면서 아동이 다치지 않게 보호하고 있다. 아동은 치료자에게 어떤 감정도 숨길 필요가 없다는 것을 알게 되며, 치료자가 자신을 지켜 줄 것이란 믿음을 가지게 된다.
아동의 감정을 존중하기, 평가하지 않기	아동: "(그림을 그리고는) 저 잘 그렸나요?" 치료자: "내가 어떻게 생각하는지 궁금하구나? 나는 네가 어떻게 느끼는지 궁금하단다. 네 그림이 마음에 드니?" 아동: "네. 마음에 들어요." 치료자: "네가 마음에 든다니 다행이구나."	치료적 관계 형성을 돕는 반응이다. 부모나 교사, 또래에게 평가를 받는 것에 익숙해 있는 아동들은 놀이치료자에게도 좋은 평가를 받기 위해 애를 쓴다. 이런 아동들은 자신이 원하는 것을 하고 자신이 만족하는 결과를 얻기 위해 노력하기보다는 다른 사람을 만족시키기 위해 애쓰는 경향이 있다. 아동이 자신과 자신의 작품에 대한 평가를 요구할 때 비판단적·비평가적인 태도를 보임으로써 아동은 자신이 무엇을 원하는지 깨닫고 자신의 욕구와 의지에 의해 행동하는 주도성을 획득할 수 있다.

3) 기법과 원칙

놀이치료의 기법과 원칙은 이론에 따라 차이가 있다. 예를 들면, 인지행동놀이치료자는 칭찬을 적극적으로 사용하지만 아동중심놀이치료자는 칭찬이 외부 가치(예: 부모의 가치관)를 조건화시킨다고 보기 때문에 칭찬을 사용하지 않는다. 그리고 정신분석놀이치료나 아동중심놀이치료에서는 아동이 자발적으로 놀이를 선택하고 치료자는 아동의 지시에 따라 놀이에 참여하지만, 인지행동놀이치료에서는 치료자가 놀이 주제를 선택하고 결정하기도 한다. 하지만 추적하기, 반영하기, 의사결정권과 책임감 촉진하기, 아동이 원하는 것을 제공하기, 제한 설정, 양육자 면담과 관련된 기법 및 원칙은 놀이치료 이론에 관계없이 보편적으로 적용한다.

(1) 추적하기

추적하기(tracking, 트래킹)는 아동의 행동과 비언어적인 놀이를 치료자가 언어로 언급해 주는 기법이다. 아동이 움직이고 놀이하는 모습을 묘사해 줌으로써 아동은 놀이치료자가 관심을 가지고 자신을 지켜보고 있음을 알게 된다. 아동의 행동과 놀이를 추적할 때에는 놀잇감에 이름을 붙이거나 놀이에 대한 아동의 의도를 추측하지 않도록 주의해야 한다. 치료자가 아동의 의도를 추측하여 놀잇감에 잘못된 이름을 붙일 경우, 아동은 치료자가 자신을 이해하지 못한다고 느낄 수 있다. 또한 치료자의 잘못된 명명으로 아동은 자신의 의도대로 놀지 못하고 치료자가 암시를 준 방향으로 놀이를 전개할 수 있기 때문이다. 다음에 추적하기의 예를 제시하였다.

〈표 10-3〉 올바른 추적하기의 예

추적하기의 예	치료자의 반응에 대한 평가
아동: (찰흙으로 작은 덩어리를 만들어 그릇에 담는다.) 치료자: 그렇게 만들어서 담고 있구나.	아동의 의도를 추측하거나 놀잇감의 이름을 명명하지 않은 올바른 반응이다. 아동은 자신이 원하는 놀이를 지속할 수 있게 된다.
아동: (트럭에 모래를 싣는다.) 치료자: 거기에 그걸 싣고 있구나.	
아동: (인형의 머리를 쓰다듬으며) 아가야, 언니가 잘 돌봐 줄게. 치료자: 아기 머리를 쓰다듬어 주는구나.	아동이 먼저 인형을 '아기'라고 명명하였다. 치료자는 아동의 의도대로 인형을 아기로 명명하면서 행동을 트래킹하고 있다.

〈표 10-4〉 올바르지 않은 추적하기의 예

추적하기의 예	치료자의 반응에 대한 평가
아동: (찰흙으로 작은 덩어리를 만들어 그릇에 담는다.) 치료자: 맛있는 음식을 만드는구나.	치료자가 아동의 의도를 단정하는 잘못된 추적 반응이다. 치료자의 단정적인 언급으로 아동은 자신이 원하는 놀이가 아닌, 치료자가 원하는 놀이를 하게 될 가능성이 높다.
아동: (종이에 원을 그린다.) 치료자: 해님을 그리려고 하는구나.	
아동: (곰 인형을 모래에 묻는다.) 치료자: 엄마 곰을 모래에 묻는구나.	

(2) 반영하기

행동, 표정, 놀이, 언어에 드러난 아동의 감정, 생각과 의도를 발견하여 말로 표현해 주는 것이다. 반영을 통해 아동은 치료자에게 수용받고 있음을 깨닫고 자신을 솔직하게 드러낼 수 있다. 반영을 통해 아동은 미처 인식하지 못했던 자신의 감정, 생각, 의도나 욕구를 깨달을 수 있으며 자신이 어떤 존재인지 발견할 수 있게 된다.

아동을 반영할 때 치료자는 불필요한 질문과 조언으로 아동을 방해하지 않아야 하는데, 이를 위해 놀이치료자는 아동을 주의 깊게 관찰하는 능력과 아동의 내면을 정확하게 이해할 수 있는 능력을 개발해야 한다. 또한 치료자는 아동의 감정, 생각, 의도에 일치되는 톤의 목소리를 냄으로써 더 정확하고 훌륭하게 반영을 실천할 수 있다. 다음에 반영하기의 예를 제시하였다

〈표 10-5〉 올바른 반영의 예

반영하기의 예	치료자의 반응에 대한 평가
아동: (블록으로 집을 만들다가 얼굴을 찡그린다.) 치료자: 마음에 들지 않는가 보구나. 아동: (블록 조각들을 손으로 살짝 밀치며*) 난 만들기를 못해요. 치료자: 뜻대로 안 되서 화가 났구나.	아동의 표정과 행동, 언어, 목소리 톤으로 알게 된 감정과 의도를 올바르게 반영하였다. 불필요한 질문, 조언을 하지 않고 감정에 초점을 잘 맞추고 있다. *블록을 살짝 밀치는 것은 위험한 행동이 아니므로 놀이치료자는 제지하지 않았다. 사람이 다치거나 놀잇감이 부서질 정도의 거친 행동은 제한해야 한다. 아동의 행동이 위험하다면 치료자는 행동을 중단시키고 화를 푸는 데 도움이 되는 안전한 행동(예: 신문지 찢기)을 알려 주어야 한다.
아동: (슬픈 목소리로) 엄마 곰은 아기 곰을 떠나갔어요. 치료자: 그래서 아기 곰이 슬프구나.	
아동: 거대한 태풍이 오고 있어요. (겁먹은 목소리로) 아주 위험해요. 사람들이 태풍 때문에 다칠 거예요. 치료자: 태풍 때문에 사람들이 다칠까봐 걱정되는구나.	

〈표 10-6〉 올바르지 않은 반영의 예

반영하기의 예	치료자의 반응에 대한 평가
아동: (화난 표정으로 펀치백을 발로 찬다.) 치료자: 그걸 때리는구나.	"그걸 때리는구나."라는 치료자의 반응은 행동을 묘사하는 추적하기 반응이다. 반영은 아동의 행동에 드러난 감정, 생각이나 의도를 언급하는 것으로, "넌 지금 화가 났구나."라고 표현해야 한다.
아동: (퍼펫을 던지며) 미워! 치료자: 왜 그러니? 인형이 싫으니? 아동: (고개를 끄덕인다) 치료자: 화가 났구나. 그런데 인형을 던지면 안 돼. 인형이 아프잖아.	아동이 감정을 명확하게 표현했음에도 불구하고 불필요한 질문을 하고, 행동을 제한함으로써 감정 표현을 방해하고 있다. 천으로 만들어진 퍼펫은 부서질 염려가 없으므로 감정 표현을 위한 도구로 사용할 수 있는데 "인형이 아프다."는 비현실적인 반응을 보임으로써 아동이 죄책감을 느끼게 될 수 있다.

(3) 의사결정권과 책임감 촉진하기

아동이 치료자에게 질문을 하거나 도움을 청할 때, 아동 스스로 답을 찾게 하고 문제를 해결하게 함으로써 의사결정권과 책임감을 발달시킬 수 있다(Giordano, Landreth, & Jones, 2005). 아동이 치료자에게 결정과 책임을 미루는 행동은 놀이치료 과정의 초기 단계에서 흔히 나타난다. 이때 치료자가 즉각 도움을 제공한다면 아동은 자신의 무능력을 확신하게 되며 의존성을 더욱 키우게 된다. 아동이 도움을 요청할 때에는 스스로 결정하고 행동할 수 있음을 알려 주고 기다려 주어야 한다. 이를 통해 아동은 자신의 능력을 깨닫고 스스로를 신뢰할 수 있게 된다.

〈표 10-7〉 올바른 의사결정권/책임감 촉진의 예

의사결정권과 책임감 촉진하기의 예	치료자의 반응에 대한 평가
아동: 무엇을 해야 하죠? 치료자: 네가 원하는 것을 할 수 있지. 네가 결정할 수 있단다. 아동: 잘 모르겠는데…. 선생님이 알려 주세요. 치료자: 여기에서는 네가 원하는 것을 할 수 있어.	치료자가 결정해 주기를 바라는 아동에게 스스로 결정할 수 있음을 알려 주는 좋은 반응이다. 의존성이 강한 아동일수록 결정에 시간이 더 오래 걸리고, 드물기는 하지만 어떤 놀이를 할지 결정하지 못해 가만히 있다가 집으로 돌아가는 아동도 있다. 이런 상황이라면 치료자는 결정하는 것이 처음에는 어려울 수 있음을 언급해 주고, 놀이치료실에 어떤 놀잇감들이 있는지 함께 둘러볼 수 있다. 이후 아동이 결정을 내릴 때 까지 인내심을 가지고 기다려 줌으로써 아동이 결정권과 책임감을 갖게 도울 수 있다.
아동: (주사위를 들고) 이건 뭐 할 때 쓰는 거죠? 치료자: 어떻게 쓸지 네가 결정할 수 있어. 아동: (주사위를 바닥에 굴린다.) 치료자: 어떻게 사용하는 건지 알고 있구나.	놀잇감을 어떻게 사용할지 아동이 스스로 결정할 수 있게 하는 올바른 반응이다. 놀이치료실의 도구들은 아동의 요구에 맞게 다양한 용도로 사용할 수 있다. 치료자가 놀잇감의 용도와 사용방법을 정해서 알려 준다면 아동은 계속 치료자에게 의존적으로 행동하게 된다.

〈표 10-8〉 올바르지 않은 의사결정권/책임감 촉진의 예

의사결정권과 책임감 촉진하기의 예	치료자의 반응에 대한 평가
아동: (뚜껑을 열기 위해 애쓰고 있다.) 치료자: 어렵구나. 선생님이 도와줄게.	아동이 도전하고 노력할 기회, 책임감을 발달시킬 기회를 빼앗는 좋지 않은 반응이다. 아동이 도움을 요청하지 않고 어떤 일을 해내려 애쓰고 있다면 "너 정말 열심히 하는구나. 해 보려고 노력하는구나." 같은 말로 아동을 격려하며 기다려 주어야 한다.
아동: (그림을 그리면서) 개구리는 무슨 색으로 칠하면 좋을까요? 치료자: 개구리가 무슨 색이었더라? 잘 생각해 보자.	아동의 결정권과 자유로운 표현 기회를 박탈하는 좋지 않은 반응이다. 치료자는 "네가 결정할 수 있어. 네가 원하는 색으로 칠할 수 있지." 같은 말로 아동이 결정권과 책임감을 발달시키도록 도울 수 있다.

(4) 아동이 원하는 것을 제공하기

놀이치료자는 아동이 요청할 때에만 놀이에 참여하고, 놀이에 관여할 때에는 아동의 지시를 따라 말하고 행동함으로써 아동이 원하는 것을 제공해 주어야 한다. 아동이 원하는 것을 제공한다는 원칙은 치료놀이 같이, 치료자가 회기에서 실시할 놀이를 사전에 계획하는 일부 모델을 제외한 대부분의 놀이치료에 적용하는 것이다. 초보 놀이치료자들은 종종 아동에게 놀이를 제안하거나 자발적으로 놀이 속 등장인물 역할을 맡아 주도적으로 말하고 행동하는 실수를 저지른다. 이렇게 치료자가 놀이를 주도한다면 놀이치료는 아동이 아닌 치료자를 위한 시간이 되고 만다.

아동은 보통 "저는 아이를 할 테니 선생님이 엄마 역할을 하세요." 같은 말로 치료자를 놀이에 초대한다. 그리고 아이 역할을 맡은 아동은 치료자에게 "엄마, 오늘 어린이집에서 친구가 놀렸어요." 같은 말을 함으로써 놀이를 시작하고, 엄마 역할을 맡은 치료자가 자신의 요구에 맞게 반응해 주기를 기다릴 것이다. 치료자가 아동이 원하는 반응을 보이지 않으면 아동의 일상, 행동과 감정 표현을 방해하고 억압된 욕구를 해소할 기회를 망쳐 버릴 수 있다. 어떻게 반응해야 할지 알 수 없다면 치료자는 아동에게 "뭐라고 말할까?"라고 물어보고 아동이 원하는 반응을 보여주어야 한다. 앞서 언급한 예시 상황에서 아동이 특별한 지시 없이 "마음대로 말하세요."라고 한다면 보통의 어머니들이 보일 수 있는 일반적인 반응, 중립적인 반응을 보이고(예: 저런, 그래서?, 어떻게 되었니?) 아동의 반응을 기다리는 것이 좋다.

아동의 지시를 따라 놀이에 참여하다 보면 아동이 어떤 상태인지, 아동이 놀이를 통해 무엇을 말하고 싶어 하는지, 아동이 원하는 것은 무엇인지를 이해할 수 있게 된다. 예를 들어, 내담 아동이 어린 아이가 물에 빠지는 놀이를 반복한다고 가정해 보자. 이 내담 아동은 불안을 겪고 있으며 자신을 무력한 사람으로 인식하고 있을 가능성이 있다. 한편으로는 물에 빠진 아이를 누군가가 구출해 주길 바랄 수 있다. 놀이치료자는 "물에 빠진 아이는 정말 무섭겠다." 같은 말로 공감해 주고 놀이에 구조대를 투입하여 인형(물에 빠진 어린 아이)을 구출함으로써 아동에게 힘을 불어넣을 수 있다. 이러한 개입은 내담 아동의 현실 상황, 아동의 주 호소 문제 및 심리에 대한 충분한 지식과 임상 경험을 바탕으로 조심스럽게 이루어져야 한다.

(5) 규칙 및 제한 설정

일반적으로 놀이치료에서는 아동의 선택과 결정, 주도성을 매우 중요시한다. 하지만 아동과 치료자, 놀잇감을 보호하고 아동의 통제력과 책임감을 증진시키며 현실 적응 능력을 키우기 위해 최소한의 규칙과 행동 제한은 필요하다. 놀이치료 시 아동에게 적용되는 일반적인 규칙은 다음과 같다.

* 아동 자신과 치료자를 신체적으로 공격해서는 안 된다.
* 놀이치료실과 놀잇감을 훼손하거나 부수면 안 된다.
* 치료 시간 외에는 놀이치료실에 들어올 수 없다.
* 아동이 지각해도 치료 시간은 연장되지 않는다. 치료는 정해진 시간에 끝나야 한다.
* 놀이치료실에서 음식을 먹을 수 없다.
* 놀잇감을 집으로 가져갈 수 없다.

놀이치료자는 첫 번째 놀이치료 회기에서 위에 제시한 규칙들을 설명하고, 이후 아동이 어길 때 다시 상기시켜 준다. 그리고 아동이 문제행동을 보일 때에는 문제행동을 제한하여 아동과 치료자 자신, 놀이실 환경을 안전하게 지켜야 한다. 제한을 설정하는 절차와 예를 다음에 제시하였다(Giordano, M., Landreth, G., & Jones, L., 2005).

〈절차〉

1단계 A—감정 인정하기(Acknowledge the feeling)

- 아동의 이름을 불러 주목시킨다.
- 아동의 감정을 이해하고 수용한다는 것을 알린다.
- 감정, 욕구, 소망은 수용할 수 있으나 문제가 되는 행동은 수용할 수 없음을 알린다.

2단계 C—제한 전달하기(Communicate the limit)

- 구체적이고 분명하게 제한을 전달한다.
- 논쟁을 피하고 설명을 길게 하지 않는다.

3단계 T—대안 제시하기(Target an alternative)

- 대안을 제시하여 아동이 욕구를 표현할 수 있게 한다.
- 아동이 선택하게 함으로써 통제력을 경험할 기회를 제공한다.

〈제한 설정의 예〉

A—너는 의자에 색칠을 하고 싶구나.

C—하지만 의자는 색칠하는 곳이 아니란다.

T—(종이를 가리키며) 대신 너는 종이나 신문지에 색칠을 할 수 있단다(종이와 신문지 중 아동이 원하는 것을 선택하게 한다).

(6) 양육자 면담

아동이 놀이치료에 참여하는 기간 동안 치료자는 아동의 주양육자와 정기적으로 면담을 실시하는데, 매 회기 아동의 놀이치료가 끝난 후 10~20분 정도 실시하는 것이 일반적이다. 양육자 면담에서 치료자는 양육자에게 아동의 주호소 문제에 대해 설명하고 문제로 양육자도 힘들지만, 누구보다 가장 고통받는 사람은 아동이라는 점을 알려 주어야 한다. 아동에 대해 설명하는 과정에서 치료자는 아동과의 비밀보장 의무를 위반하지 않도록 주의해야 한다. 아동이 놀이치료에서 했던 말과 행동을 구체적으로 언급하는 대신, 놀이를 관찰함으로써 알게 된 아동의 상태를 대략적으로 설명하고 양육자가 아동을 도울 수 있는 방법을 알려 주는 것이 좋다. 또한 아동과의 상호작용 방법, 아동의 문제행동을 다루는 방법 등을 교육할 수 있는데 앞서 제시한 추적하기, 반영하기, 아동의 의사결정권과 책임감 촉진하기, 행동 제한하기 기법을 알려 주고 연습하게 하면 효과적이다.

3. 유형

1) 모래놀이치료

(1) 정의와 특성

모래놀이치료(sandplay therapy)는 모래상자에 상징물을 배치하여 모래상자를 꾸며 보게 하는 놀이치료방법이다. 아동이 만든 모래상자 작품은 아동의 내면 상태를 반영한다. 따라서 모래놀이치료자는 아동의 모래상자를 관찰하고 분석함으로써 아동의 욕구, 문제, 갈등, 정서를 이해할 수 있다.

모래놀이치료는 1929년 Lowenfeld에 의해 시작되었다. Lowenfeld는 아동이 모래상자와 작은 놀잇감을 가지고 재미있게 노는 모습을 보고 모래놀이치료를 창안했는데, 아동이 꾸민 모래상자가 아동의 내적 세계를 반영한다는 의미를 담아 자신의 모래놀이치료기법을 '세계기법(world technique)'이라고 명명하였다. Lowenfeld는 아동이 선택한 놀잇감들이 무엇을 의미하는지 정확히 이해하는 것을 강조하였고 아동에게 각 놀잇감이 무엇을 의미하는지 설명하게 하는 방식을 사용하였다.

Lowenfeld의 제자인 Kalff는 Jung의 분석심리학에 기초하여 모래상자에 표현된 상징을 해석함으로써 모래놀이치료를 발전시켰다. 또한 Kalff는 모래놀이치료자와 아동 간의 관계를 매우 중요시하였다. 모래상자를 만들어 보게 하는 것은 간단하지만 모래상자에 내면을 표현한다는 것은 안정된 기반이 없으면 불가능하다고 보았기 때문이다. Kalff는 아동과 치료자 간 관계를 '모자 일체성(mother-child unity)'이라 명명하고 모자 일체성이 성립되면 아동은 자기치유 능력을 발휘하기 시작한다고 생각했다(김보애, 2003). 정리하면, 모래놀이치료는 치료자와 아동 사이의 모자 일체성에 기초하여 아동에게 모래상자에 작은 치료 도구들을 배치하게 함으로써 아동의 내면을 이해하는 놀이치료 방법이라고 정의할 수 있다.

모래놀이치료에는 다른 놀이치료 모델과 구분되는 특징이 있다. 가장 두드러지는 것은 모래를 사용하기 때문에 아동에게 독특한 감각 자극을 제공한다는 점

그리고 아동이 모래상자를 만들고 치료자는 아동의 모래상자에 반응하는 형태로 상담을 진행하기 때문에 아동과 치료자 간에 치료적 거리가 존재한다는 점이다. 아동과 치료자 간 직접적인 접촉이나 대화 대신 아동이 치료 도구에 자신을 투사하고 은유적으로 내면을 드러내기 때문에 생기는 치료적 거리는 치료에 거부감을 느끼는 아동, 치료자와의 직접적인 대화를 회피하는 아동의 상담에 긍정적으로 작용한다.

(2) 치료 도구

모래놀이치료를 실시하기 위해서는 모래, 모래를 담을 모래상자와 상자를 올려놓을 테이블이 필요하다. 모래는 기본적인 고운 황색 모래(마른 것)와 물을 사용할 수 있는 젖은 모래를 준비한다. 그리고 흰 모래나 붉은 모래, 굵은 모래가 담긴 모래상자도 치료실에 함께 구비해 두면 좋다. 모래를 담는 상자는 직사각형으로 57×72×7㎝ 크기의 것을 준비하는데 젖은 모래용 상자는 반드시 방수처리가 된 것을 선택한다. 모래상자의 안쪽 벽과 바닥은 파란 색인 것을 선택해야 하는데 모래를 파서 바다, 호수, 하늘을 표현할 수 있게 하기 위해서이다. 모래상자용 테이블은 아동이 앉았을 때 편안한 높이의 것을 선택하고 모래는 주기적으로 세척하고 건조하여 위생적으로 관리해야 한다.

아동이 젖은 모래에 물을 붓거나 뿌릴 수 있도록 물통을 마련하고 치료 시작 전 물통에 물을 담아 둔다. 모래를 만진 후 바로 세면대에서 손을 씻으면 세면대가 막힐 수 있으므로 물그릇을 마련하여 여기에서 먼저 손을 씻게 하는 것이 좋다.

모래놀이치료에서 아동은 내면을 표현하기 위해 다양한 소품을 요구하고 사용한다. 따라서 여러 가지 소품들을 마련하고 아동이 직접 선택할 수 있는 높이의 장식장에 유목별로 정리해 둔다. 모래놀이치료실에 갖추어야 하는 소품들은 다음과 같다.

〈표 10-9〉 모래놀이치료에 필요한 소품들

사람	• 가족(아기, 아동, 청소년, 성인 남녀, 할아버지, 할머니 등) • 여러 인종의 사람들 • 여러 직업인(소방관, 경찰, 의사, 간호사, 교사, 요리사, 운동선수, 우주비행사, 우체부 등) • 군인, 궁수, 갑옷 입은 무사 등 • 원시인, 인디언 등 • 신랑, 신부
집	• 아파트, 한옥, 양옥, 초가집, 원두막, 이글루 등
교통수단	• 승용차, 구급차, 소방차, 경찰차, 여객기, 헬리콥터, 여객선, 잠수함, 로켓, 구명보트와 튜브, 들것, 유모차 등
가구 및 가정 소품	• 침대, 소파, 책상, 의자, 식탁, 식기류, 가스레인지, TV, 피아노, 전화기, 거울, 시계 등
음식	• 밥, 과일, 빵, 음료수 등
건축물	• 소방서, 경찰서, 주유소, 교회, 성당, 절, 탑, 고궁, 피라미드, 다리(교각), 등대, 성, 우물, 다양한 표지판, 놀이기구, 울타리 등
캐릭터 인물	• 요정, 신화 속 인물, 외계인, 마법사, 영웅과 악당, 인어공주, 피노키오, 수퍼맨 등 동화나 만화 속 인물들
동물	• 개, 고양이, 소, 돼지, 닭, 호랑이, 사자, 코끼리, 토끼, 기린, 쥐, 물고기, 뱀, 거미, 개구리, 공룡 등
식물	• 다양한 종류와 크기의 나무와 꽃, 나뭇가지, 잎사귀 등
무기	• 총, 칼, 활, 대포, 탱크, 전투기, 전투함 등
영적·종교적 상징물	• 예수, 마리아, 부처, 목사, 신부, 수녀, 스님, 천사, 십자가, 목탁 등
기타	• 탄생과 죽음을 상징하는 요람, 관, 해골 • 양초, 구슬, 보석, 조개껍질, 돌, 찰흙, 실 등

(3) 과정

아동에게 모래와 치료 도구, 치료실 환경, 규칙(예: 모래를 상자 밖으로 꺼낼 수 없고 물은 젖은 모래에만 뿌릴 수 있음)을 소개하는 것으로 첫 회기를 시작한다. 그리고 "소품들을 사용하여 모래상자를 꾸며 주세요."라는 요청으로 매 회기를 시작한다. 아동이 모래상자를 만드는 동안 치료자는 아동의 표정, 언어, 소품을 다루는 태도, 모래상자에 배치한 소품의 종류와 위치, 배치 순서를 기록한다. 치료자는 모래상자 작업에 방해가 되지 않도록 아동과 적당한 거리를 유지하며 아동의 모습과 상자에 배치하는 소품들을 관찰한다. 아동의 질문, 대화 요청에는 반응해야 하지만 치료자가 지나치게 말을 많이 할 경우 아동을 방해할 수 있다는 점을 기억해야 한다.

아동이 모래상자를 완성하면 아동에게 수정하고 싶은 부분이 있는지 묻고, 원한다면 수정할 수 있게 시간을 준다. 그리고 아동과 함께 여러 방향에서 모래상자를 살펴보며 상자의 어느 위치에 어떤 소품이 놓여 있는지를 말로 표현해 준다. 치료자는 소품을 명명할 때 정확한 명칭을 사용하지 말고 "여기에 이런 게 있구나." 같은 형식으로 언급하도록 한다. 아동은 치료자에게 자신이 만든 모래상자를 설명하면서 소품의 의미와 놓인 위치를 다시 한 번 인식할 수 있게 된다. 치료자는 아동의 설명을 그대로 기록하고 아동의 설명에 수용적으로 반응해 준다. 아동이 상자에 대한 설명을 마치면 모래상자에 대해 더 이야기하고 싶은 것은 없는지, 모래상자를 만드는 동안 또는 완성된 상자를 보며 떠오르는 것이 있었는지, 모래상자의 제목은 무엇인지 물어본다(정문자 외, 2011).

연령이 높은 아동은 "모래상자를 보니 제 상태가 어떤가요?", "모래상자에 둔 ○○은 무슨 의미인가요?"라고 물으며 치료자에게 해석을 요구하는 경우가 있다. 아동에게 모래상자를 해석해 주는 것은 치료에 필수적인 과정이 아니다. 아동에게는 여러 회기에 걸쳐 모래상자를 만들면서 스스로 의미를 깨달을 수 있는 힘이 있기 때문이다. 따라서 치료자는 모래상자를 해석해 주기보다 "그게 어떤 의미라고 생각하니?"라고 물어 아동이 스스로 의미를 발견하게 하는 것이 좋다.

매 회기는 보통 1시간 정도 진행되며, 아동에 따라 매 회기 마다 1~3개 정도 모래상자를 만들게 된다. 첫 번째 모래상자를 만들고 이야기를 나눈 후에도 종결까지 시간이 충분히 남아 있다면 아동에게 두 번째, 세 번째 모래상자를 만들어 보게 한다. 첫 번째 모래상자를 만들었던 것과 같은 방식으로 아동에게 모래상자를 꾸미게 하고 이야기를 나눈다.

치료 시간이 끝나면 치료자는 아동을 양육자에게 인계하고 치료실로 돌아와 모래놀이 작품을 사진 찍고 상담 기록을 정리한다. 그리고 치료자는 아동이 상자 꾸미기에 사용했던 소품들을 정리하면서 아동 내면의 균형을 찾는다.

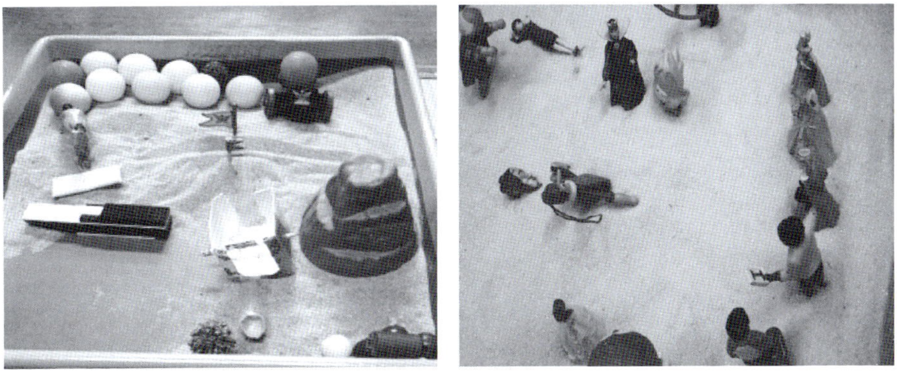

[사진 10-3] 아동의 모래놀이치료 작품

(4) 해석

아동은 작은 소품들을 사용하여 모래상자에 자신의 내면을 표현한다. 따라서 작품을 해석해 보는 것은 아동의 내면을 이해하고 평가하는 데 도움이 된다. 치료자는 작품에 대해 단정적이고 절대적인 해석을 제시해서는 안 된다. 아동이 어떤 의미를 부여했는지, 작품에서 어떤 특징이 두드러지는지를 살펴보며 아동을 이해하겠다는 자세를 가지는 것이 바람직하다. Kalff가 제안한 작품 해석 시 고려 사항은 다음과 같다(유가효·위영희·문현주·이희정·김태은, 2010; Turner, 2009).

* 내담자(아동)의 역사와 환경: 유사한 작품이라 할지라도 아동의 역사(발달사)와 아동의 생활환경에 따라 전혀 다른 의미를 가질 수 있다. 작품은 아동의 내적·외적 환경을 고려해 해석해야 한다.
* 회기 내용: 회기 동안 나타난 아동의 언어적·비언어적 표현, 아동과 치료자 간 상호작용, 아동의 정서, 작품에 대한 아동의 의견 등을 고려해 해석한다.

* 치료자의 감정: 작품과 회기 전반에 대한 치료자의 느낌은 해석에 중요한 정보를 제공한다.
* 공간: 아동이 반복적으로 비워 두는 공간, 공간의 불균형은 아동의 우울이나 트라우마를 반영하는 것일 수 있으므로 공간이 활용되는 방식을 고려해 해석한다.
* 모래의 선택과 사용: 아동이 다양한 모래 중 어떤 것을 선택했고 왜 선택하였는지, 모래를 만지기 싫어하는지, 모래를 고르게 펴고 정리하는 행동을 보였는지 등을 살펴봄으로써 아동의 공포, 불안, 안정감 등에 대해 이해할 수 있다.
* 소품과 모래의 배열: 소품과 모래로 모래상자에 어떤 형태를 만들어 냈는지를 살펴본다. 소품과 모래가 배열된 모습이 원 모양인 경우, 여성성이 강조된 작품으로 해석할 수도 있다.
* 색: 모래상자에 많이 사용된 색깔을 살펴보고 색깔의 의미를 해석에 반영할 수 있다.
* 모래상자의 푸른 면: 모래를 파서 푸른 바닥을 드러내길 꺼리는 것은 깊은 정신세계 탐색을 두려워하는 것일 수 있다.
* 소품의 사용: 여성적인 소품과 남성적인 소품 중 어떤 것을 많이 사용했는지, 행복과 우울 중 어떤 것을 상징하는 소품이 주로 사용했는지, 사용하길 꺼리는 소품이 있었는지, 소품을 어떤 용도로 사용했는지를 살펴본다.
* 소품의 위치: 가장 멀리 떨어져 있는 소품들은 무엇인지, 어떤 소품들이 가까이에 위치하는지 등 소품 간의 간격을 살펴본다.
* 분화 수준: 모래상자에 소품을 던져 넣거나 무작위로 아무렇게나 배치하는 태도, 혼란스러운 전투 장면 묘사 등은 낮은 분화수준을 나타내고 분명한 경계와 분리가 드러난 작품은 분화수준이 높다는 것을 의미한다.
  *참고: 분화 수준–감정과 사고, 자신과 타인을 구분하는 능력
* 소품들 간의 관계: 소품들이 서로 관련이 있는지, 상호작용하고 있는지, 고립

되거나 숨겨져 있는 소품은 없는지 살펴봄으로써 아동의 대인 관계 등에 대해 이해할 수 있다.

* 개인적 표현: 아동이 모래에 그린 그림, 도구를 사용해 창작한 소품, 집에서 가져온 소품이 무엇인지 살펴봄으로써 아동의 개인적인 욕구를 알 수 있다.
* 역동성: 모래상자에 표현된 장면이 역동적인지 정체되어 있는지를 살펴봄으로써 에너지 수준과 혼란의 정도를 이해할 수 있다.
* 모래 활용 방식: 모래에 소품을 배열하거나 모래를 쌓고 파는 등 3차원적으로 사용하는지, 모래에 그림을 그림으로써 2차원적으로 사용하는지를 살펴본다. 아동은 실현되기 어렵다고 생각하는 것을 모래에 그림으로 그리는 경우가 있다.
* 의식의 접근: 모래상자에 표현한 것이 현실적인 것인지, 상상 세계인지 살펴본다. 가상·상상적인 내용은 의식되지 않은 욕구의 표현으로 생각해 볼 수 있다.
* 상징의 내용: 소품들은 각각 어떤 것을 의미하고 상징하는데, 아동이 선택한 소품의 의미와 상징을 이해함으로써 아동의 내면을 더 잘 알 수 있다. 그러나 상징은 절대적·단정적으로 해석할 수 없다. 상징을 이해하기 위해서는 동화, 신화, 종교 등에 대한 해박한 지식을 요구한다.
* 내용 해석: 아동은 여러 회기에 걸쳐 수 개에서 수십 개에 달하는 작품을 만들게 된다. 아동의 모래상자는 전체 치료과정 맥락에서 해석해야 한다.
* 내면 발달단계에 대한 고려: 학자들이 제안한 인간 발달단계, 특히 분석심리학의 발달단계 관점에서 모래상자를 분석해 봄으로써 아동의 발달수준, 치료 진전 상태 등을 이해할 수 있다.
* 내담자와 치료자 간 관계: 모래놀이치료 과정, 모래놀이 작품에는 아동과 치료자의 관계가 반영된다. 아동의 작품이 편안하고 안정적이라면 아동과 치료자 간의 관계도 안정적인 것으로 이해할 수 있다.

(5) 모래놀이치료 사례

심희옥(2014)은 가정 및 학교생활 부적응을 겪는 초등학교 5학년 남아를 대상으로 모래놀이치료를 실시하였다. 내담 아동은 늦은 귀가, 거짓말, 물건 훔치기 행동을 보이며 또래 관계가 좋지 못하다. 또한 피해의식이 강하고 우울해 보이는 특성이 있다. 내담 아동에게 주 1회 1시간씩 총 59회의 모래놀이치료를 실시했다. 회기 진행에 따른 모래상자의 변화 및 아동의 변화를 요약해 다음에 제시하였다.

〈표 10-10〉 부적응을 겪는 아동의 모래상자 및 놀이행동 변화

단계(회기)	내용
초기, 적군과의 전쟁준비 (1~5)	• 1회기: 모래상자에 모래가 많다며 반 정도의 모래를 치웠다. 이집트 관련 소품을 거의 다 상자에 넣고 '사막의 피라미드'라는 제목을 붙였다. 치료자에게 "치워 달라, 불을 꺼 달라." 등 요구를 많이 했다. • 3회기 세 번째 모래상자: 길을 만든다며 모래상자에 물을 부어 달라고 했다. 선반이 다 비워질 정도로 소품들을 잔뜩 상자에 가져다 넣었다. 모래상자의 왼편은 우리 편이고 오른편은 적군이라고 했다. 인간 방패라며 적군 편에 작은 사람을 많이 놓았고 십자가와 우물도 가져다 놓았다.
중기 I, 불태우는 의식 (6~17)	• 6회기: 모래상자에 있는 '모래'의 12번째 생일이라며 모래상자에 초를 놓기도 하고, '마술'이라며 촛불을 회전시키기도 했다. 공중에 촛불로 자신의 이름을 쓰기도 했다. • 15회기: 움집을 짓는다며 작은 사람들을 가져오고는 사람들이 인질이라고 했다. 뱀이 집을 지키게 했고, 인질들은 나쁜 사람들이라고 했다. 사자와 호랑이가 인질들을 지켜보는데 스파이더맨이 인질들을 죽이려 한다. 모래상자 아래에 판자 3개로 사다리를 만들고 인질들을 탈출시켰다. • 16회기: 성냥에 불을 붙여 모아 놓는다. 앞선 회기들에서 불놀이를 자주 했었는데 불놀이 횟수가 줄어들고 있다.
중기 II, 보물찾기와 불태우는 의식 (18~30)	• 18회기: 방바닥에 나무토막으로 '전쟁에 대비한 마법의 성'을 쌓았다. 모래상자에 케이크를 만들고 선생님의 생일이라고 했다. 아동은 학교에서 종일 숙면을 취한다고 했다. • 21회기: 종이에 숫자를 1~5까지 적어 치료실 여기저기에 숨기고 치료자와 '보물찾기' 놀이를 했다. 모래상자에 '행복한 우리 집'을 꾸미고 음식 만드는 사람들이라며 작은 사람들을 뿌리듯이 놓았다. • 26회기: 성냥에 불을 붙여 모닥불처럼 모아 놓았다. 젠가로 성을 쌓으며 '새로운 공사'라고 했다.

단계(회기)	내용
중기 Ⅲ, 투쟁과 건설 (31~47)	• 31회기: 색종이로 표창을 만들어 모래상자에 놓았다. 아동의 외숙모에 의하면 내담자가 정말 많이 좋아졌다고 한다. 아동과 만나는 사회복지사는 예전에 치료실에 데려오려면 내담자를 찾아 다녔는데 이제는 시간이 되면 아동이 스스로 나타난다고 했다. • 32회기 첫 번째 모래상자: 쇠로 된 통을 모래상자로 옮겨 '마지막 작업'이라며 물과 휴지로 통 안팎에 묻은 촛농을 닦고 '할아버지 제사'라고 했다. • 40회기: 모래로 파이를 만들고 치료와 함께 먹자고 했다. 모래로 성을 만들었다. • 47회기: 집들, 해골 모양 배, 배, 작은 사람들, 네모로 된 관을 놓고 모래로 소품들을 덮었다.
말기, 통합 (48~59)	• 51회기: 치료자가 처음으로 내담자의 가정과 학교에서의 태도를 언급했다. 내담자는 자신의 모습을 지적하자 힘들어하며 자탄했다. • 53회기: 스머프, 심슨 등 다양한 캐릭터를 모래상자에 놓으며 '전시관'이라고 한다. 내담자의 엄마는 내담자의 누나와 내담자가 집에 들어오지 못하게 문을 걸고 열어 주지 않았다고 했다. 때문에 누나가 경찰에 신고해 내담자와 누나가 시설로 보내지는 일이 있었다. • 55회기: '나만의 러브하우스'를 꾸미며 다양한 집들과 등대로 모래상자를 꾸몄다. • 59회기 두 번째 모래상자: '아기들의 쉼터'라며 아기인형들을 놓고 난쟁이, 스님, 예수님, 다양한 모습의 여인상을 놓았다. 중앙에 축구복 차림의 소년을 놓았다. 난쟁이가 놓인 쪽은 동화 속이고 병원, 아이들의 쉼터, 하나님의 기도를 받는 아기들이 여기에 있다고 했다. 반대쪽은 '감사하는 것'이라며 모래상자에 놓은 소품들을 설명하였다.

출처: 심희옥(2014). 발췌 수정.

2) 치료놀이

(1) 정의와 특성

치료놀이(theraplay)는 부모-자녀 관계 개선을 위해 애착이론을 치료에 적용한 최초의 시도 중 하나이다. Ann Jernberg 박사에 의해 창시되어 1969년 헤드스타트 프로그램을 통해 아동들에게 제공되기 시작하였다(Booth & Jernberg, 2009).

치료놀이에서는 부모-자녀 관계가 아동의 성장과 발달, 문제행동에 핵심적인 요인이라고 간주한다. 생의 초기에 부모와 건강한 관계를 맺은 아동은 자신에 대한 긍정적 이미지를 형성하고 타인을 사랑하고 신뢰하며, 세상을 안전하고 살아갈 만한 곳으로 지각하게 된다. 하지만 부모와 따뜻한 관계를 형성하지 못한 아동은 자신을 가치 없는 존재로 받아들이고 타인과 세상을 위협적이고 무심한 것으로 인식하게 되어 문제행동을 나타낸다. 따라서 치료놀이에서는 아동이 건강한 부모-자녀 관계를 경험할 수 있는 기회를 제공하여 아동의 문제행동을 개선하고자 하며, 양육자의 치료 참여를 권장한다. 다음에 치료놀이의 특징 및 치료자의 자세를 제시하였다(강지현·김유진·김윤경·신현정·윤난호·윤미원 외, 2005; Booth, & Jernberg, 2009).

* 치료자는 아동과 안정 애착을 형성하는 '충분히 좋은 어머니'가 되어야 한다. 아동은 치료자를 통해 건강한 부모-자녀 관계를 경험함으로써 자신과 타인 그리고 세상에 대한 긍정적인 관점을 형성하게 된다. 따라서 치료자는 온정적으로 아동을 보살피고 격려하는 '충분히 좋은 어머니'가 되어 주어야 한다. Jernberg는 저서를 통해 따뜻한 어머니가 아기를 보살피는 모습을 생동감 있게 묘사하였는데, 이는 충분히 좋은 어머니의 상징적인 모델로 보인다.

> 엄마는 아기의 목을 코로 문지르고, 배에 바람을 불고, 귀에 대고 노래를 불러 준다. … 엄마는 아기를 움직여 주고 돌리고, 앞뒤로 흔들고… 머리를 빗겨주고 씻겨주고 토닥이고 문질러 준다. … 엄마는 콧노래를 부르고 재잘거리고 의미 없는 소리들을 낸다. … 엄마는 눈을 크게 뜨고 아기를 쳐다보며 밝게 웃어 준다. 아기가 놀랐을 땐 아기를 안아 주고 다독이고 보호한다. 엄마는 아기가 생활하는 공간과 관계, 시간을 어떻게 사용할 것인지 결정한다. 그리고 엄마는 아기보다 한 발 앞선 곳에서, 아기가 앞으로 움직이고 도전할 수 있도록 힘을 북돋아 준다.

출처: Jernberg(1979).

* 치료자는 반응적이고 공감적이며 조율적이어야 한다. 온정적이고 민감하게

반응하며 아동의 감정을 잘 알아차리고 공감해 주는 부모의 자녀는 부모와 안정애착을 형성한다. 또한 아동의 흥미, 각성수준을 민감하게 관찰하여 활동과 분위기를 조율할 수 있는 부모의 아동은 어떤 일에 즐겁게 참여하고 그것에 더 집중할 수 있다. 치료자는 이와 같은 부모의 역할과 기능을 기억하고 아동에게 민감하게 반응하고 공감해야 하며, 아동의 상태에 맞게 치료활동과 분위기를 조율해야 한다.

* 양육적이고 감각적인 신체 접촉과 다감각적인 활동을 실시한다. 부모가 아기에게 제공하는 감각적인 신체 접촉은 부모-자녀 유대를 강화시키고 아동에게 안정감을 느끼게 한다. 신체 접촉을 통한 촉각뿐만 아니라 미각, 전정감각(자신이 어디에 위치하는지에 대한 감각), 고유감각(공간에서 자신의 위치를 파악하기 위해 근육, 힘줄, 관절을 사용하는 것) 등 다양한 감각을 자극하는 활동은 아동의 자기 인식을 촉진하고 사회적 상호작용을 긍정적으로 받아들일 수 있게 돕는다(Williamson & Anzalone, 2001). 따라서 치료자는 아동에게 감각적인 신체 접촉과 다양한 감각을 자극해야 한다.
* 성인이 안내하고 주도한다. 건강하고 유능한 부모는 자녀에게 무엇이 필요한지, 자녀에게 도움이 되는 것이 무엇인지를 잘 알고 이를 제공한다. 아동의 욕구를 전적으로 따를 경우, 아동은 오히려 자기조절과 사회화에 어려움을 겪을 수 있다. 치료자도 부모와 마찬가지로, 내담 아동에게 적절한 환경을 구성해주고 위험한 행동은 제한하며 아동이 자신의 행동을 조절할 수 있게 안내해야 한다. 또한 부모가 어린 자녀와의 관계를 주도하듯, 치료자도 아동과의 관계를 주도해야 한다. 그리고 치료자는 아동의 욕구를 고려하여 치료놀이활동을 계획하고 회기를 구조화한다.

정리하면, 치료놀이는 아동이 생의 초기에 경험했어야 할 따뜻한 부모-자녀 관계, 안정적이고 구조적인 부모-자녀 관계를 다시 경험하게 하는 시간이라고 볼 수 있다. 따라서 치료자는 건강하고 유능한 아동의 대리 부모로서 치료 시간 동안 아동을 안아주고 보호하며 안내해 주어야 한다. 치료자의 이러한 태도는 아동의 주도성과 결정권, 자발성을 강조하는 이론에 기초하는 치료자, 특히 아동중심 치료자의 역할과 대비된다.

(2) 원리

치료놀이는 건강하고 온정적인 부모-자녀 관계로부터 도출한 구조, 도전, 개입, 양육 네 가지 원리를 활용한다. 치료자는 매 회기마다 네 가지 원리들을 반영한 활동들을 계획하고 실시함으로써 아동이 건강한 부모-자녀 관계를 경험하게 한다(강지현 외, 2005; 신현정, 2009; Booth et al., 2009). 다음에 치료놀이의 원리와 각 원리를 반영한 활동의 예를 제시하였다.

① 구조(structure)

부모는 어린 자녀를 일정한 시간에 먹이고, 재우며 규칙적으로 보살핀다. 또한 적절한 지시를 통해 아동이 안전하게 생활할 수 있게 한다. 이러한 부모의 태도를 통해 아동은 세상에 규칙이 존재하고 일정한 때가 되면 보살핌이 제공된다는 예측성을 획득하게 된다.

치료자는 이와 동일한 원리를 치료놀이에 적용한다. 일정한 시간에 치료를 시작하고 정해진 시간 동안 치료를 진행하며, 회기에서 허용되는 행동과 금지되는 행동에 대한 명확한 지시와 규칙을 제공해야 한다. 아동은 구조의 원리를 통해 회기의 흐름을 예측할 수 있으며 규칙을 준수함으로써 안전하고 즐거운 시간을 보낼 수 있다는 안전감을 경험하고, 행동 통제 방법을 배우게 된다.

구조 원리는 다양한 치료놀이활동의 규칙을 통해 아동에게 전달된다. 치료자는 팔꿈치와 무릎 아래까지만 접촉할 수 있다는 제한, 숫자를 셋까지 센 이후에 뛸 수 있다는 활동 규칙, 치료자의 행동을 보고 아동이 따라해야 한다는 활동 규칙 등을 제시함으로써 아동이 구조 원리를 경험할 수 있다.

② 도전(challenge)

실패 가능성을 무릅쓰고 어떤 일에 도전하여 성공할 때, 아동은 성취감과 흥분감, 능력에 대한 확신을 경험하고 더 어려운 일에 도전할 용기를 얻는다. 좋은 부모는 아동이 그간 해 보지 않은 어떤 일에 도전하여 이루어 낼 수 있도록 과제를 제시하고 아동을 격려한다. 마찬가지로 치료자는 아동에게 도전 과제를 제시하고 기꺼이 도전할 수 있도록 지지해 주어야 한다. 치료자는 아동이 도전활동을 통해 능력을 확인하고 성취감을 느낄 수 있도록 아동의 발달수준에 적합한 활동을 계획해야 한다. 아동이 지나치게 쉽게 성공할 수 있는 활동이나 아동의 능력으로 성취하기 어려운 활동만을 제시한다면, 아동은 도전과 노력의 기쁨을 경험할 수 없을 것이다. 따라서 치료자는 아동의 능력을 주의 깊게 평가하여 아동이 실패의 위험을 감수하고 도전해 성공할 수 있는 활동을 계획해야 할 것이다.

도전활동의 예로, 뚫고 나오기와 신문지 펀치를 들 수 있다. 뚫고 나오기는 신문지나 휴지로 아동의 다리, 몸통을 감싸고 이를 뚫고 빠져나오게 하는 놀이다. 신문지 펀치는 치료자가 신문지 한 장을 양손으로 잡고 서서 아동에게 주먹으로 신문지를 뚫어 보게 하는 것이다. 한 장의 신문지를 뚫어 보게 하는 것으로 시작하여 점차 신문지 장 수를 늘려 가면서 활동을 전개한다.

[사진 10-4] 신문지 펀치

③ 개입(engagement)

좋은 부모는 자녀와 함께 머물며 관계를 맺는다. 건강하고 안정적인 부모는 자녀와 함께 시간을 보내고, 자녀의 신체와 정서에 개입함으로써 자녀가 부모와 연결되어 있고 관계 맺고 있다는 느낌을 갖게 한다. 자녀와 관계 맺는 동안 부모는 웃고 행복해하며 반응해 주고, 자녀의 상태를 살피고 조율하면서 자녀가 즐거워할 만한 행동들을 시도한다. 부모의 이러한 개입을 통해 자녀는 자신이 타인에게 즐거움을 주는 존재라는 인식을 갖게 되고, 자신은 세상과 잘 어울려 지낼 수 있는 존재임을 깨닫게 된다. 부모와 마찬가지로 치료자는 아동에게 치료자와 연결되어 있다는 느낌을 전달함으로써 아동이 자신의 가치와 능력을 인식하게 할 수 있는데 치료놀이에서는 이를 개입 원리라고 한다.

개입 활동, 즉 아동을 치료자와의 관계로 끌어들이는 활동의 예로는 신체 치수 재기가 있다. 길게 늘인 밀가루 반죽이나 긴 젤리 등으로 아동의 손목 둘레, 귀 길이를 재고 목걸이, 반지를 만들어 끼워 준다. 치료자와 아동이 등을 맞대고 앉아 등을 간질이는 활동도 개입 원리에 기초한 활동이다. 여러 아동을 대상으로 한 집단치료놀이에서는 아동들끼리 서로 등을 맞대고 활동하게 할 수 있다.

[사진 10-5] 등 맞대기

④ 양육(nurture)

부모는 자녀를 안아주고 먹여 주고 어루만져 준다. 자녀는 부모의 보살핌을 통해 사랑받고 있음을 깨닫고 안정감과 평온함을 느끼며 세상은 안전하고 따뜻하다는 인식을 형성하게 된다. 치료놀이에서 아동은 치료자에게 보살핌을 받음으로써 어린 시절 부모와의 관계에서 느꼈던 안정감을 다시 경험하거나, 이전에 충분히 충족시키지 못했던 양육에 대한 욕구를 채울 수 있다. 이를 통해 아동은 자신이 사랑스러운 존재임을 확인하고, 따뜻함을 경험하며 세상에 대한 표상을 교정할 수 있다.

양육 활동의 예로는 먹여 주기, 아동의 손과 발에 로션이나 파우더 발라 주기, 치료자가 노래 불러 주기 등이 있다. 하지만 연령이 높은 아동, 어른 아이 특성을 보이는 조숙한 아동은 치료자의 직접적인 신체 접촉을 유치하다고 생각해 거부할 수 있다. 이런 아동에게는 매니큐어 발라 주기, 입술 보호제 발라 주기, 페이스 페인팅, 머리 빗어 주기 등의 활동을 실시하는 것이 효과적이다.

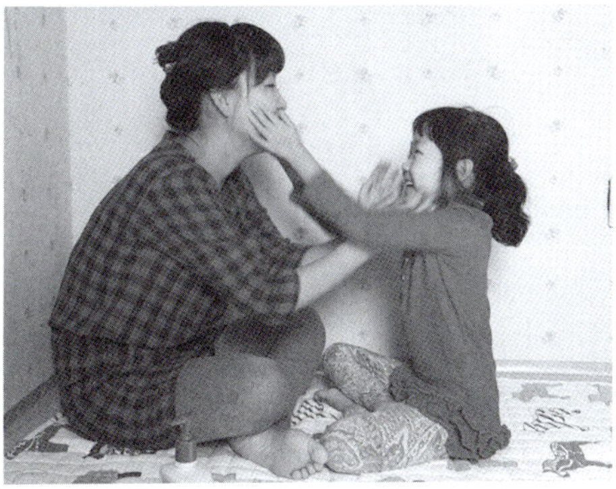

[사진 10-6] 로션 발라주기

⑤ 즐거움(playfulness)

치료놀이에서 실시되는 모든 활동들에는 즐거움 원리가 반영되어야 한다. 달리 말하면 구조, 도전, 개입, 양육 원리에 기초한 치료놀이활동들은 아동이 즐거움과 흥미를 느낄 수 있고 쉽게 참여할 수 있어야 한다.

(3) 과정과 활동

① 평가

본격적인 치료 회기를 시작하기 전 실시되는 평가단계에서는 MIM(Marschak Interaction Method)을 사용해 부모-자녀 간 상호작용 방식과 상호작용의 질적 수준을 측정한다. MIM은 치료놀이의 원리인 구조, 도전, 개입, 양육을 평가하기 위한 일련의 과제들로 구성되어 있다. 치료자는 부모와 아동이 각 원리에 해당하는 과제들을 수행하면서 어떻게 관계를 맺고 상호작용하는지 평가해 보고, 평가 결과를 바탕으로 치료 계획을 수립한다.

② 치료

치료단계의 매 회기들은 인사 나누기, 체크업활동, 중심활동, 마무리 순으로 실시된다. 인사 나누기에서 치료자는 밝은 인사로 아동을 기쁘게 맞이해야 한다. 체크업활동에서는 "네 귀 뒤에 숨어 있는 예쁜 점이 오늘도 그대로 있구나." 같은 언급으로 아동이 항상성을 인식하게 도울 수 있다. 이어 "지난주보다 키가 조금 더 큰 것 같구나." 같은 언급을 통해 아동의 성장과 변화를 관심 있게 지켜보고 있음을 깨닫게 한다.

중심활동단계에서는 아동이 즐겁게 참여할 수 있는 구조, 도전, 개입, 양육활동을 실시한다. 치료자는 아동의 욕구와 상태를 고려해 이번 회기에 실시할 활동을 치료 시작 전에 미리 선택해 두어야 한다. 선택한 활동을 실시할 때에는 아동의 반응을 관찰하며 실시 순서나 활동의 강도를 조율해야 한다. 예를 들어, 양육활동으로 아동의 얼굴에 로션 바르기를 계획했는데, 아동이 이를 불편하게 느낀다면 얼굴 대신 손에 로션을 바르는 활동으로 조율해 준다. 동적인 활동과 정적이고 차분한 활동을 번갈아 제공하는 것이 좋으며 먹여 주기, 노래 불러 주기 같은 양육활동으로 회기를 마무리한다(Booth et al., 2009).

한 회기가 끝나면, 다음 회기 전까지 아동이 치료자와의 따뜻한 관계를 기억하며 지낼 수 있도록 이번 회기활동을 되짚어 준다. 대기실에 있는 양육자에게 아동을 데려다 주고, 아동과 양육자에게 가정에서 치료놀이활동을 해 보고 올 것을 제안할 수 있다. 이 단계에서 치료자는 아동이 양육자와 재회하기 전까지 아동이 절대 혼자 남겨지는 일이 없도록 주의해야 한다. 또한 아동이 이번 회기에서의 경험을 스스로 이야기하는 것을 들어줄 수는 있지만 이번 회기에서의 경험을 먼저 묻지 말아야 한다는 점을 양육자에게 안내해 준다.

치료놀이에서는 불건강한 부모-자녀 상호작용을 아동 문제의 원인으로 보기 때문에 부모-자녀 관계 개선과 온정적인 양육행동 훈련을 목적으로 양육자가 치료에 참여할 것을 권장한다. 치료단계의 초기 몇 회기 동안은 양육자가 아동의 치료장면을 치료실 밖에서 관찰하게 한다. 아동의 치료놀이 회기에 참여하지 않는 치료자가 양육자와 함께 치료실 밖에서 치료장면을 관찰하면서, 양육자에게 치료놀이의 과정과 원리를 설명해 주는 것이 좋다. 양육자가 치료에 참여할 준비가 되었다고 판단되면, 치료자는 양육자를 치료놀이에 참여시킬 수 있다.

③ 종결

아동의 문제가 해결되고 부모의 양육행동이 개선되면 치료를 종결한다. 종결 시기는 아동과 부모, 치료자가 함께 상의하여 결정하고 만약 문제가 재발할 경우 언제든지 다시 방문할 수 있음을 알려 준다.

(4) 치료놀이 사례

김윤경(2013)의 치료놀이 사례연구에 따르면, 내담 아동은 생후 26일에 입양된 6세 여아로 양모와의 애착문제, 야뇨증, 손톱 물어뜯기, 배앓이, 산만함 문제를 가지고 있었다. 아동과 양모를 대상으로 가족 치료놀이 8회, 아동만을 대상으로 한 개별 치료놀이 20회를 주 1회씩, 30분 간 진행하였다. 구조 원리를 통해 양모의 지시를 잘 따르게 하고 안전감을 느끼며 조절력을 기르는 것, 개입 원리를 통해 양모와의 상호작용을 즐기게 되는 것, 양육 원리를 통해 양모가 제공하는 양육을 편안하고 자연스럽게 받아들여 안정 애착을 재형성하는 것, 도전 원리를 통해 발산 욕구를 충족시키고 성취감을 경험하게 하는 것을 치료목표로 설정하였다. 다음에 회기별 활동 및 아동의 행동 변화를 요약해 제시하였다.

〈표 10-11〉 야뇨증을 가진 아동을 위한 치료놀이 활동 및 아동의 행동 변화

단계 (회기)	내용
탐색 (1~4)	• 1~2회기: 체크업활동에서 아동은 "손이 부드럽고 예쁘다."는 치료자의 피드백을 수용하지 못하고 "아니다."라고 부정하였다. 이불썰매(양육활동)에서는 발을 구르고 장난을 치며 일부러 활동을 방해하였고 양육을 받아들이는 것을 불편해했다. • 3회기: 솜공터치(개입활동)에서 치료자와 즐겁게 상호작용하였다. 그러나 양모와 활동할 때에는 저항을 보였다. 매 활동에 의욕적으로 참여했고, 지난 회기와 달리 이불썰매 활동도 잘 받아들였다. 하지만 양모, 치료자와의 눈맞춤은 잘 되지 않았다.
불확실한 수용 (5~12)	• 5~6회기: 치료자의 리드에 따라 순조롭게 활동에 참여하였으나 질문을 많이 하고 주변 사물을 건드리는 등 산만한 모습을 보였다. 먹여 주기 활동을 피하고 자신이 스스로 먹으려 하면서 양육활동에 저항하였다. 손 닦아 주기, 로션 바르기(양육활동) 등을 제공하려 하자 접촉을 거부하고 스스로 하겠다고 하였다. • 9회기: 방석점프(도전 활동)에서 치료자는 아동의 손을 잡아 주고 균형 잡는 것을 도와주었는데 아동은 이를 잘 수용하였다. 회기 끝 부분에서 아동에게 간식을 먹여 주기(양육활동) 위해 양모가 들어왔으나 눈을 잘 맞추지 않았고 장난치는 척하며 양모의 손을 깨물기도 하였다.
저항 (13~19)	• 13~14회기: 활동을 이탈하기도 하였고 활동을 방해하거나 물건을 던지고 양모를 약 올리기도 하였다. • 16회기: 양모가 양육활동 시 눈맞춤과 부드러운 접촉을 제공하자 아동의 저항이 감소했다. • 17회기: 이번 회기까지 아동은 에너지 발산 욕구가 증가된 모습을 보였다. 치료자는 단순하고 에너지를 발산할 수 있는 도전활동을 주로 제공하였다. • 18회기: 아동의 자기조절능력을 증진시키기 위해 구조 활동을 제공하였다. 부모는 아동이 일상생활에서 어머니에게 도움을 요청하기 시작하면서 어머니와의 관계가 개선되었으며, 야뇨증과 배앓이가 사라졌다고 보고하였다.
신뢰와 성장 (20~24)	• 이 단계에서 아동은 신호, 규칙을 더 잘 따랐고, 먹여 주기나 이불썰매(양육 활동) 활동에서 눈맞춤이 증가했으며 먹여 주기를 더 잘 받아들였다. 도전활동에서 성공할 때마다 양모와 포옹을 하는 등 스킨십과 애정 표현이 증가했다. 21회기에서 치료 종결을 예고한 후 야뇨가 1회 나타났는데 종결에 대한 불안 때문으로 보였다.
종결 (25~28)	• 치료놀이에 참여 중인 다른 가족들과 함께 집단치료놀이를 실시하였다. 풍선치기, 호일 프린팅 등의 활동을 실시했는데 아동은 전보다 상호작용을 즐기며 적극적으로 참여하였다. 손톱 물어뜯기는 많이 감소했지만 완전히 사라지지는 않았다. 야뇨증과 배앓이는 사라졌고, 어머니와의 관계도 개선되었다.

출처: 김윤경(2013). 발췌 수정.

3) 게임놀이치료

(1) 정의와 특성

게임놀이치료는 게임을 주 매체로 활용하는 놀이치료의 한 방법이다. 아동은 치료자와 게임을 하는 과정에서 사회적으로 용인되는 방식으로 욕구, 갈등, 소망을 표현하고 새로운 행동, 문제해결책을 시도해 볼 수 있으며 자신을 통제하는 경험을 하게 된다.

놀이와 달리 게임에는 고정된 규칙이 있고 승패가 존재한다. 따라서 게임에는 다음과 같은 특징이 나타난다. 첫째, 게임은 행동과 욕구를 조절하고 통제하는 경험을 제공한다. 자신의 순서가 돌아올 때까지 기다리고 정해진 행동반경 내에서 움직여야 하는 등 게임 규칙을 따름으로써 아동은 조절능력을 키울 수 있다. 둘째, 게임은 타인과의 상호작용, 승리의 기쁨과 패배의 슬픔을 수용하는 경험을 제공한다. 게임에서는 두 명 이상이 경쟁하며 승패를 결정짓는다. 즉, 아동은 상호작용을 통해 다양한 감정을 경험함으로써 대인관계 기술 및 정서발달 기회를 갖게 된다. 셋째, 게임은 아동의 인지기능을 요구한다. 게임에서 승리하기 위해서는 전략을 세우고 논리적으로 사고해야 하며 다른 사람의 의도를 추측하는 능력을 활용해야 한다. 이 과정에서 아동의 인지기능을 촉진시킬 수 있다. 넷째, 게임에서는 자아(ego) 기능을 활용한다. 욕구와 열의가 강하다고 해서 게임에서 승리하는 것이 아니다. 게임에 참여하고 승리하기 위해서는 본능적인 욕구를 통제해야 하며 다른 사람과의 관계 및 사회 규범을 고려해야 한다. 이 과정에서 욕구와 현실 여건을 조율하는 자아 기능이 활용되고 자극된다.

게임에는 다양한 치료적 요소가 존재한다. 첫 번째 치료적 요소로, 치료적 관계 형성을 들 수 있다. 게임은 아동에게 즐거움을 주는 매체이기 때문에 아동은 게임 상대인 치료자에게 긍정적인 감정을 느끼고 치료자와 자연스럽게 관계를 형성할 수 있다. 또한 아동은 게임 과정에서 언어로 직접 자신을 드러낼 필요가 없기 때문에 치료에 대해서도 긍정적인 인상을 가지게 된다. 게임이 가지는 두 번째 치료적 요소는 정서 성장 촉진이다. 아동은 게임하는 과정에서 다양한 정서를 경험하게 된다. 뜻대로 되지 않을 때에는 좌절, 슬픔, 화, 짜증, 수치심을, 반대의 경우에는 기쁨과 성취감을 경험할 것이다. 아동은 게임 과정에서 이처럼 다양한 감정을 경험하고 수용하며 또 극복함으로써 정서적으로 성장할 수 있다. 셋째, 게임에는 진단 기능이 있다. 아동의 게임 태도와 언어 표현, 승패 집착 정도, 게임 전략의 수준을 관찰함으로써 치료자는 아동의 문제행동과 장점에 관한 정보를 수집할 수 있다. 마지막으로 아동은 게임을 통해 현실검증 능력을 키울 수 있다. 게임을 하면서 아동은 많은 것을 선택해야 하는데, 여러 가지 대안들을 비교·적용해 보고 대안의 실효성을 즉시 확인함으로써 현실검증 능력이 향상된다.

(2) 치료 도구

게임놀이치료에서는 다양한 게임들이 도구로 활용된다. 치료자는 내담 아동의 발달수준과 문제 유형을 고려해 여러 가지 게임을 선별하고 비치한다. 망가지고 부서진 것, 내담 아동의 능력에 비해 지나치게 어려운 것, 승패가 결정되기까지 오랜 시간이 걸려서 치료 시간 내에 완료할 수 없는 게임은 치료 도구에 포함시키지 않는 것이 좋다. 게임 시 사용하는 기술(Sutton-Smith & Roberts, 1971)과 치료효과(Schaefer & Reid, 1986)에 따라 게임의 유형이 구분된다. 게임의 유형과 활용 방법을 제시하면 다음과 같다.

① 게임에서 사용하는 기술에 따른 분류

이 분류에 해당하는 게임으로는 신체활동게임, 전략게임, 우연게임이 있다. 신체활동게임은 대근육과 소근육, 시지각 능력, 공간지각 능력을 사용하는 게임으로 낚시 게임, 미니 농구, 스매시 축구, 트위스터, 볼링, 다트 등이 있다. 신체 에너지를 발산할 수 있고 행동 조절능력을 키울 수 있다는 장점이 있지만 규칙이 단순하여 쉽게 흥미를 잃을 수 있고 지나치게 흥분할 수 있다는 단점이 있다. 과잉행동과 충동성이 높은 아동, 공격적인 아동의 치료에 효과적이다.

[사진 10-7] 신체활동게임의 예

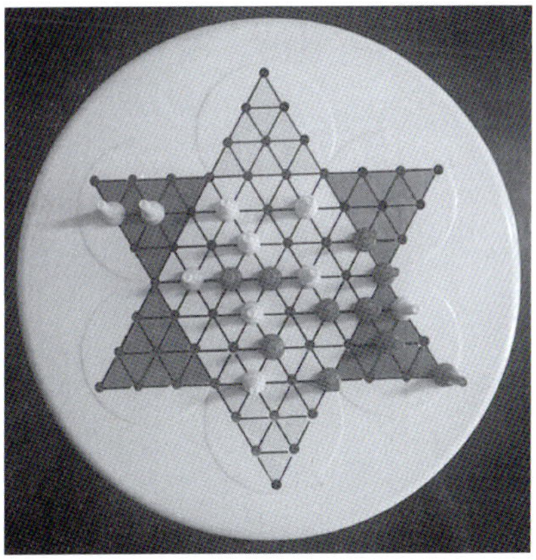

[사진 10-8] 전략게임의 예

전략게임은 인지능력을 요하는 게임으로 체스, 장기, 오셀로, 다이아몬드 게임 등이 해당한다. 인지능력과 집중력, 통제력 향상에 효과적이지만 승패가 결정되기까지 비교적 긴 시간이 걸리고 과도한 긴장감을 유발한다는 단점이 있다. 또한 전략 수립에 많은 시간과 에너지가 투입되기 때문에 아동과 치료자 간 치료적 대화에 사용해야 할 시간, 에너지가 부족해질 수 있다.

우연게임은 운과 우연에 의해 승부가 결정되는 게임으로 빙고, 가위바위보, 주사위 게임, 사다리 게임 등이 있다. 단순하고 간단하기 때문에 연령이 어린 아동, 위축되고 소심한 아동도 즐겁게 참여할 수 있으며 인지능력을 덜 요구하고 긴장감을 덜 유발하기 때문에 게임놀이치료 초기단계에서 유용하게 사용할 수 있다. 또한 우연에 의해 승패가 좌우되기 때문에 아동에게 치료자를 쉽게 이기는 경험을 제공할 수도 있다. 그러나 게임 방법이 단순하고 특별한 전략을 요하지 않기 때문에 아동이 흥미를 잃기 쉽다는 단점이 있다.

② 치료 효과에 따른 분류

의사소통게임, 문제해결게임, 자아강화게임, 사회화게임으로 구분된다. 의사소통게임은 아동의 언어 표현을 증진시키려는 목적이 있으며 비경쟁적이고 수용적인 분위기를 조성한다는 특징이 있다. '친구란?'(인지), '내가 가장 기쁠 때는?'

(정서), '내가 화가 날 때는?'(행동)과 같은 질문이 하나씩 적힌 카드를 뽑고 이에 대해 아동과 치료자가 순서를 정해 답하는 형식으로 게임을 진행할 수 있다. 의사소통게임을 통해 심리검사나 면접에서 발견되지 않았던 아동의 강점이나 문제점을 발견할 수 있다는 장점이 있다. 또한 아동의 문제와 관련된 질문이 적힌 카드만 모아 게임을 진행할 수 있으며 문제해결에 도움이 되는 질문 카드를 치료자가 쉽게 만들어 사용할 수 있다는 장점이 있다. 예를 들어, 자아존중감이 낮은 아동의 상담에서는 '나의 장점은?', '친구들은 나의 ㅎㅎㅎㅎㅎ 을 칭찬해요' 같은 질문 카드만을 모아 사용할 수 있다. 또한 의사소통게임은 여러 아동이 참여하는 집단상담, 아동의 가족이 참여하는 가족상담 시에도 유용하게 활용할 수 있다..

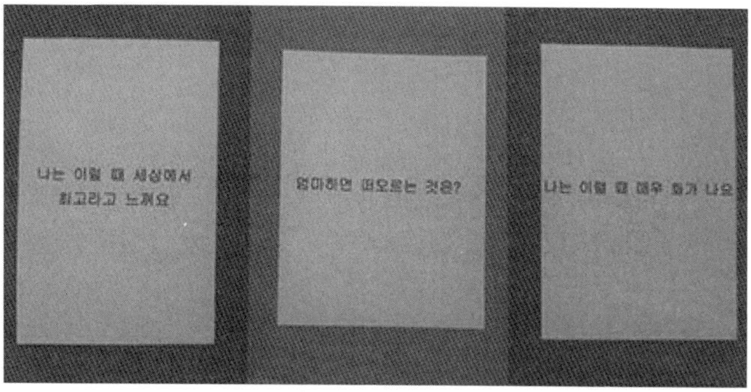

[사진 10-9] **의사소통게임의 예**

문제해결게임은 구체적인 문제 상황을 제시하고 문제해결책을 모색하는 형태의 게임을 말한다. "친구들이 나를 보며 비웃는 것 같아요. 친구들에게 뭐라고 이야기할까요?", "동생이 내 장난감을 망가뜨려서 화가 나요. 나는 어떻게 해야 할까요?"와 같은 상황에 대한 대처법을 이야기해 보고 해당 행동의 유용성을 평가해 보는 형태로 실시할 수 있다. 의사소통게임과 마찬가지로 질문이 적힌 카드를 활용하거나, 주사위를 굴려 나온 숫자만큼 게임 말을 이동시키면서 게임 보드판에 적힌 문제 상황에 대해 해결책을 제시하게 할 수도 있다. 문제해결게임은 아동의 사회적 기술과 적응력을 높이는 데 유용하다.

자아강화게임은 아동의 자아(ego) 기능 향상을 목적으로, 경쟁과 도전 요소가 강조된 게임이다. 아동은 치료자에게 도전하고 경쟁하는 과정에서 충동과 좌절을 경험하게 되는데, 승리하기 위해서는 충동과 좌절을 다스리고 게임에 집중해야 한다. 이 과정에서 아동은 자아의 기능을 활용하고 자아를 강화할 수 있게 된다. 윷놀이, 공기놀이와 같이 참여자들 간 경쟁과 도전이 활성화된 게임이 여기에 해당된다.

사회화게임은 의사소통 연습, 자기주장 훈련, 행동 연습, 토론 등을 활용하여 아동의 대인관계와 사회 적응력 증진을 목적으로 하는 게임이다. 여러 명의 아동이 참여하는 집단게임놀이치료에서 주로 사용하며 집단원과 눈 맞추기, 서로 칭찬하기, 정중하게 요청하기, 협동하여 과제 해결하기 등이 사회화게임에 해당한다.

(3) 과정과 활동

① 도입

회기를 시작하기 전에 치료자는 내담 아동의 능력을 넘어서는 어려운 게임이 치료실에 비치되지는 않았는지, 망가진 게임 도구는 없는지, 아동의 문제해결을 촉진하는 게임들이 제대로 구비되었는지를 점검해야 보아야 한다. 아동이 도착하면 반갑게 인사하고 아동과 함께 치료실에 입장한다. 지시적인 상담 이론에 기초한 게임놀이치료에서는 이번 회기에 할 게임을 치료자가 선택해 제시할 수 있으나, 아동에게 원하는 게임을 선택하게 하는 것이 일반적이다.

② 치료

설명서의 규칙을 따라 게임을 하는 것이 일반적이지만 게임 시작 전에 아동과 치료자가 협의하여 게임 규칙을 변경하거나 아동에게 전적으로 규칙을 결정하게 할 수도 있다. 어떤 규칙을 따를 것인가 하기보다는 정해진 규칙을 지키는 것이 아동의 성장과 문제해결에 더 중요한 요소이기 때문이다. 아동은 규칙을 결정해 보면서 현실 고려 능력과 창의성을 발달시킬 수 있다.

아동이 직접 규칙을 정했다 할지라도 아동은 게임 도중 규칙을 바꾸고 싶어 할 수 있다. 이때 치료자는 아동에게 규칙을 바꾸고 싶은 이유가 무엇인지 물어보아야 한다. 패배가 예상되는 상황에서 지고 싶지 않기 때문에 규칙을 바꾸겠다고 한다면, 우선 치료자는 승리에 대한 아동의 욕구를 인정해야 한다. 그리고 이번 게임을 끝내고 규칙을 바꾸어 보자고 제안할 수 있다. 아동이 게임에서 패배하고 이를 수용하는 경험도 아동의 성장에 도움이 되기 때문이다.

아동이 치료 도입부에서 선택한 게임을 치료시간 끝까지 지속하는 경우는 드물다. 치료자에게 게임에 패하는 것이 싫다거나 게임에 흥미를 잃는 등의 이유로 다른 게임을 하자고 제안하는 경우가 흔하다. 이런 경우 치료자는 아동의 요구를 수용하고 새로운 게임에 참여해야 한다.

아동은 게임을 하는 동안 다양한 감정을 표현한다. 승리에 따른 기쁨, 의도대로 게임이 진행되는 것에 대한 즐거움을 드러낼 때 치료자는 아동의 정서를 말로 표현해 주고 공감해 주어야 한다. 패배에 따른 슬픔과 좌절을 표현할 때에는 "게임에 지면 화가 나는 것은 당연해. 많이 속상하구나. 견뎌 보려고 애쓰는구나."와 같은 반응으로 공감해 주고, 부정적인 감정을 견뎌 낼 수 있게 지지해 준다. 만약 아동이 화가 나서 치료자를 공격하거나 도구를 파괴하려 한다면 ACT(Acknowledge the feeling → Communicate the limit → Target an alternative) 절차를 따라 행동을 제한하고 분노를 발산할 수 있는 대안을 제시해 준다. 아동은 게임에서 승리하기 위해 치료자를 속이기도 하는데, 치료자는 이를 문제행동으로 받아들이기보다는 아동의 대처 방식 또는 성격의 일부로 이해해야 한다(Reid, 2001). 승리하고 싶은 아동의 마음을 공감해 주고 게임 규칙을 지켜야 한다는 점을 강조해 준다. 아동의 속이는 행위를 허용하거나 비난하지 않도록 주의해야 한다.

치료자는 아동에 비해 인지능력과 통제력, 신체 기술이 우월하기 때문에 대부분의 게임에서 아동에게 승리할 확률이 높다. 많은 치료자가 아동을 이겨도 되는지, 아동에게 일부러 져 주어야 하는지를 고민한다. 이에 대해서는 그간 다양한 의견이 제시되어 왔다. 아동과 치료자가 비슷한 정도로 승패를 유지해야 아동의 자존감을 지켜 줄 수 있다는 견해가 있는가 하면, 아동은 치료자의 의도적인 패배를 알아차릴 수 있기 때문에 오히려 자존감에 해가 된다는 의견도 있다. 또한 치료자가 일부러 져 줄 경우, 성인의 능력이 아동보다 우수하다는 보편적인 원리를 거스르는 상황을 만든다는 견해도 있어 결정이 쉽지 않다. 분명한 사실은 치료 상황이 아동 삶의 일부이고, 삶에는 보편적인 원리가 존재한다는 점이다. 이러한 관점에서 보면, 아동보다 유능한 성인인 치료자가 일부러 져 주지 않는 것이 자연스럽고 더 나은 선택일 수 있다. 아동은 치료자가 유능성을 발휘하는 모습을 보며 체계적인 사고방식, 조절과 통제를 모델링할 수 있다. 만약 치료자가 의도적으로 실수하고 패배한다면 아동은 치료자의 유능한 모습을 모델링할 기회를 잃을 수 있다. 따라서 치료자는 능력을 발휘하여 성실하게 게임에 임하되, 게임 중 아동의 장점과 유능성, 승리하기 위한 노력을 자주 언급해 주고 우연에 의해 승패가 결정되는 우연게임, 경쟁이 덜 강조되는 의사소통게임을 활용함으로써 아동의 자아존중감을 증진시킬 수 있다.

이 단계에서 아동들은 게임에 진 사람에게 벌칙을 주자고 제안하기도 한다. 그리고 아동이 벌칙으로 꿀밤 때리기, 팔목 때리기 등을 제안하면 치료자는 이를 받아들여야 할지 말지를 두고 고민에 빠진다. 치료자는 아동의 벌칙 제안을 받아들여야 할까? 벌칙, 벌은 잘못한 일에 대한 대가이다. 그런데 게임에서 패배한 것은 잘못한 일, 나쁜 행동이 아니므로 게임 패배자에 대한 벌칙은 수용하지 않는 것이 좋다. 대신 치료자는 패자가 승자에게 노래 불러 주기, 승자를 10분 간 '형님'이라고 부르기 같은 축하 세레모니를 실시하도록 지도할 수 있다.

치료자는 회기 종결 시간을 확인하고 아동에게 끝날 시간이 다가오고 있음을 미리 알려 주어 아동이 게임을 마무리 지을 수 있게 준비시켜야 한다. 치료 시간이 끝나면 아동과 함께 치료실을 나와 양육자가 기다리는 대기실로 이동한다. 대기실로 가는 동안 아동과 오늘 했던 즐거운 게임에 대해 이야기를 나눌 수 있으며 회기 동안 관찰한 아동의 장점을 언급해 줄 수 있다.

③ 종결

아동의 문제행동이 감소되면 아동, 치료자, 양육자가 상의하여 종결 시기를 결정한다. 문제가 해결되었다고 즉시 치료를 종결하지 말고, 최소 3~4회 이상 회기를 더 진행하면서 아직 해결되지 않은 문제는 없는지, 아동이 치료 종결을 불안해하지 않는지 지켜보는 것이 좋다.

(4) 게임놀이치료 사례

강민혜, 이정숙(2019)은 초등학교 4–5학년 24명을 세 집단으로 나누어 분노 표현 및 자아존중감 개선을 위한 집단게임놀이치료를 실시하였다. 집단게임놀이치료는 인지행동 접근에 기초해 주 2회씩, 총 10회, 매 회 60분 간 실시되었다. 아래에 집단게임놀이치료를 활용한 분노조절 프로그램의 활동들을 소개하였다.

〈표 10–12〉 **분노표현 및 자아존중감 개선을 위한 집단게임놀이치료의 구성**

<table>
<tr><th>단계</th><th>회기</th><th>회기 별 목표</th><th>활동명</th><th>기대효과</th></tr>
<tr><td rowspan="2">도입</td><td>1</td><td>• 프로그램에 대한 소개 및 구조화
• 구성원 간 친밀감 형성</td><td>• 집단규칙 정하기
• 이름 외우기 게임
• 목표 타임캡슐 활동</td><td>구조화
기대감</td></tr>
<tr><td>2</td><td>• 집단 응집력 향상
• 구성원 간 익숙해지기</td><td>• 이완 게임: 종이탑쌓기
• 분노의 감정을 동작으로 표현하기 게임
• 나는 누구일까요 게임</td><td>흥미고취</td></tr>
<tr><td rowspan="2">장점인식 및
분노표현
방식경험</td><td>3</td><td>• 공격적이며 폭발적인 분노 표출방식의 위험성 인식
• 장점 인식을 통한 신체외모 영역의 자아존중감 향상</td><td>• 이완 게임: 몸으로 말해요
• 분노의 종이조각 맞추기 게임
• 하트 빨리 게임</td><td>긍정적
자기인식/
분노표출 경험</td></tr>
<tr><td>4</td><td>• 보다 안전한 분노표현방식 경험
• 본인의 분노표출방식을 객관적으로 인식</td><td>• 이완 게임: 포스트잇 빨리 떼어 내기 게임
• 분노의 뽁뽁이 게임
• '분노기면' 소시오드라마</td><td>안전한
분노표현 경험</td></tr>
</table>

단계	회기	회기 별 목표	활동명	기대효과
장점인식 및 분노표현 방식경험	5	• 장점 찾기 활동 및 집단 게임을 통한 자존감 향상	• 이완 게임: 공중부양 화장지 게임 • 나의 장점 찾기 활동 • 장점 말하기 하키 게임	자존감 향상
자존감 향상 및 분노표현 연습	6	• I-message의 개념을 학습하여 이를 활용해 분노를 통제하는 방법 훈련	• 이완 게임: 할머니 게임 • I-message 개념학습 • I-message 풍선폭탄 게임	사회적 기술 학습 및 연습
	7	• 다양한 사회적 기술 학습 • 경청하기 및 상대방 이해의 중요성 깨닫기	• 이완 게임: 장님 딱지줍기 게임 • 경청 퀴즈 게임 • 같은 그림, 다른 이야기 게임	사회적 기술학습 및 연습
	8	• 경청하기 복습 및 재연습 • 분노조절능력 향상	• 이완 게임: 즉석공장 게임 • 말 전하기 게임 • 화 내는 사람이 지는 거야 게임	인지적 문제해결 연습
	9	• 집단게임을 통한 자신감 느끼기 및 자존감 향상 • 사회적 기술, 분노표현방식 등 복습하기	• 이완 게임: 3분 집단미션 게임 • 여기서는 내가 전문가 게임 • 분노 골든벨 퀴즈	자존감 향상/ 개념 총복습 및 재연습
자아통합 및 마무리	10	• 초기 목표 되돌아보기 • 프로그램 참가 소감 공유 • 향후의 목표 설정	• 성취 사과나무 만들기 • 1년 후 나에게 편지쓰기	성취감 및 공감

출처: 강민혜, 이정숙(2019) 발췌.

제 11 장
예술을 활용한 상담

아동은 미술, 연극, 문학, 음악, 무용과 같은 예술활동을 통해 자신이 처한 상황과 감정, 생각, 소망, 갈등을 표현한다. 아동이 창조한 예술작품으로 우리는 아동을 진단하고 이해할 수 있으며 아동과 교류할 수 있다. 또한 예술활동은 정서적 고통을 완화시키고 창의성을 자극하며 신체 기술발달을 촉진하는 효과가 있어 아동상담의 매체로 유용하게 활용한다. 이에 본 장에서는 예술을 활용하는 상담방법인 미술치료, 심리극, 독서치료에 대해 살펴볼 것이다.

1. 개념

예술을 활용하는 아동상담의 방법으로는 미술치료, 심리극과 연극치료, 문학치료, 음악치료, 무용치료 등이 있다. 예술을 활용한다는 특징 때문에 이러한 상담 모델들은 예술치료의 하위 유형 또는 주요 예술치료 기법으로 불리기도 한다. 하지만 '예술을 활용하는 상담'과 '예술치료(arts therapy)'는 다르다. Malchiodi(2005)에 따르면, 예술치료는 미술, 연극, 문학, 음악, 무용뿐만 아니라 놀이, 모래상자 등을 정신치료와 상담이라는 맥락에서 통합적으로 활용하는 상담방법이다. 즉, 예술치료는 미술, 연극, 문학, 음악, 무용과 같은 여러 예술 매체를 상담에서 통합적으로 사용하지만 예술을 활용한 상담인 미술치료, 연극치료, 독서치료에서는 각각 미술, 연극, 문학 한 가지 예술활동만을 사용한다.

예술을 활용한 상담에서 아동은 언어 대신 예술활동으로 자신을 표현한다. 치료자는 아동이 창조한 예술작품을 통해 아동을 이해하고 아동의 성장과 변화에 필요한 반응을 제공한다. 아동은 치료자의 자극과 반응을 통해 욕구, 감정, 사고, 갈등을 인식할 수 있으며 작품활동을 통해 성취감을 경험하고 창조성을 계발할 수 있다.

놀이치료가 '놀이'의 치료적 효과를 활용해 아동의 성장을 촉진하듯, 예술을 활용한 상담방법들은 예술활동이 가진 치료적 효과를 통해 아동의 변화에 기여한다. 정신분석 이론의 창시자인 Freud는 "예술은 환상세계와 현실세계를 연결하는 다리로, 예술을 창작함으로써 환상세계를 현실에서 구체화할 수 있다. 예술 창작활동으로 무의식 세계에 갇혀 있는 갈등을 외현화(표현)함으로써 고통을 경감시키고 해방감을 느낄 수 있다."고 하였다(황순자, 1995). Freud에 따르면 예술은 아동의 무의식에 존재하는 고통(문제)의 원인을 표현하는 수단인 것이다. 또한 예술은 '상담'에 대한 아동의 저항을 감소시킨다는 장점이 있다. 아동에게 미술, 연극, 문학, 음악, 무용과 같은 예술활동은 일종의 즐거운 놀이가 된다. 예술이 주는 즐거움으로 아동은 어려움과 갈등이라는 복잡한 문제를 다루는 상담에 대한 저항감을 극복할 수 있다. 상담자는 아동의 예술작품을 관찰함으로써 문제의 원인을 이해하고 이론적 기법과 자세를 활용하여 변화를 촉진하는 역할을 수행한다.

이상과 같이, 예술이 가지는 특성과 치료 효과로 인해 예술을 활용하는 상담 모델들이 아동상담에서 널리 활용되고 있다. 여기에서는 다양한 예술 영역 중 미술과 연극, 문학을 활용하는 상담 모델인 미술치료와 심리극 그리고 독서치료에 대해 알아볼 것이다.

2. 유형

1) 미술치료

(1) 정의와 특성

미국미술치료학회(American Art Therapy Association)에서는 미술치료(art therapy)

를 그리기, 색칠하기, 조각하기 같은 미술활동, 심상(이미지) 그리고 창조 과정을 심리치료와 통합한 치료방법이라고 정의한다. 발달수준, 능력, 성격, 흥미, 관심, 갈등을 작품에 투영하는 미술활동을 통해 내담자는 정서적 갈등과 분노를 해소할 수 있고 자기 자각, 사회적 기술, 현실감, 자아존중감을 증진시킬 수 있으며 행동을 조절하고 문제를 해결할 수 있게 된다(Malchiodi, 2005).

미술치료는 심신의 어려움을 가진 아동뿐만 아니라 일반 성인과 청소년, 아동의 자아 성장에도 효과적이다. 작품을 만드는 동안 갈등을 스스로 조절하고 승화시킬 수 있을 뿐만 아니라 개인의 내적 세계와 외적 세계 간의 조화를 이루는 경험을 할 수 있기 때문이다.

19세기 초 독일의 정신과 병원에서 처음으로 미술이 심리치료에 사용된 이래로, Rorschach, Anna Freud, Jung과 같은 정신분석에 기반을 둔 학자들에 의해 미술치료의 기초가 다져졌다. 1940년대 초반 유럽 정신과 의사들에 의해 미국에 미술치료가 소개되면서(정여주, 2003) 심리치료 분야에서 미술이 활발히 사용되기 시작했다. 그리고 미술치료에서 '미술'과 '치료' 중 무엇이 더 강조되어야 하는지가 화두로 제기되었다. Naumburg는 정신분석에 근거하여 미술이 내담자의 무의식을 드러낸다고 보고 미술작품을 무의식의 의식화 도구로 간주하였다. 이와 달리, 화가이자 교육자였던 Kramer는 미술을 통해 내담자가 감정을 분출시키고 공격적 욕망을 승화시킬 수 있기 때문에 그림을 그리는 과정 자체가 곧 치료라고 보았다. Naumburg는 '치료'를 강조한 반면 Kramer는 '미술'을 더 강조한 것이다. 한편 미술치료라는 용어를 처음으로 사용한 Ulman은 미술의 치료적인 면과 창조적 측면이 통합되어야 하고 모두 강조되어야 한다고 보았다(Malchiodi, 2003). 1969년에는 미국미술치료학회가 창립되었으며, 1992년에는 우리나라에 한국미술치료학회가 창립되면서 현재 상담 영역에서 미술치료가 활발히 활용되고 있다.

미술이 내담자의 능력 향상과 문제 해결에 효과적인 이유는 미술이 치료적 기능을 가지고 있기 때문인데, 미술의 기능을 정리해 보면 다음과 같다. 첫째, 미술에는 평가 기능이 있다. 치료자는 작품의 구도와 등장인물 간의 거리 등을 분석하고 미술 작업 중 아동의 태도를 관찰함으로써 아동의 성격, 강점과 약점, 가족·또래관계 등을 평가·진단해 볼 수 있다. 또한 미술작품은 보존이 가능하기 때문에 현재와 과거의 작품을 비교해 봄으로써 아동의 변화, 발달 상황을 확인할 수 있다. 둘째, 미술에는 감정정화의 기능이 있다. 아동은 미술작업을 통해 사회적으로 수용되며 해롭지 않은 방식으로 분노, 적대감 등을 표현하므로 감정을 정화할 수 있다(김춘경, 2004). 마지막으로 미술은 성장과 발달을 촉진하는 기능을 한다. 아동은 미술작품을 만들기 위해 느끼고 생각하며 이미지를 구체화한다. 또한 작품을 완성하기 위해 집중하며 기술을 반복적으로 연습한다. 즉, 미술작업을 통해 아동의 정서·인지·행동의 발달을 촉진하는 것이다(문혁준·서소정·김정희·김혜연·김태은·이종신, 2011).

어떤 이론에 기초하여 미술치료를 실시하는가에 따라 미술치료의 개념과 의미에는 다소 차이가 있다. 또한 이론에 따라 미술치료에서 사용되는 기법에도 차이가 있는데 이를 다음에 표로 제시하였다.

〈표 11-1〉 미술치료의 이론과 개념

미술치료 이론	개념	주요 치료 기법
정신분석 미술치료	내담자의 상상이나 자유연상에 의한 미술표현을 통해 이미지를 표출하는 것이 무의식을 의식화하는 작업이며 이것이 치료의 효과를 가져온다.	무의식의 해석과 분석
분석심리학 미술치료	미술이라는 매체를 통해서 개인적 무의식과 집단적 무의식인 원형을 의식화하여 자기성장을 통한 개성화를 목표로 한다.	무의식의 해석과 분석
인간중심 미술치료	내담자의 능동적인 참여가 중요하며 미술을 통해 개인의 창조적 잠재력과 성장 가능성을 일깨워 자기실현을 목표로 한다.	무조건적인 긍정적 존중, 반영, 수용
인지·정서·행동주의 미술치료	미술활동을 통해 드러난 내담자의 비합리적 신념을 인식하게 하고 내담자가 좀 더 합리적인 신념을 갖도록 유도한다.	비합리적 신념에 대한 논박

출처: 정문자 외(2011). 발췌 수정.

(2) 치료 도구

미술치료실에는 이젤, 작업 테이블과 의자, 세면대, 그림을 그리고 쉽게 지울 수 있는 벽면을 갖추어야 한다. 대표적인 미술활동인 그리기와 색칠하기, 만들기, 조각하기에 필요한 주요 매체들을 다음에 제시하였다.

* 그리기와 색칠하기: 다양한 크기와 재질의 도화지, 연필, 볼펜, 붓, 색연필, 크레파스, 사인펜, 물감, 파스텔, 목탄, 밀가루 풀 등
* 만들기: 색종이, 휴지, 한지, 셀로판지, 포장지, 하드보드지, 신문지와 잡지, 풀, 가위, 칼, 접착제, 수수깡, 면봉, 이쑤시개, 실, 단추, 조개, 돌, 색 모래, 리본 끈, 나뭇잎 등
* 조각하기: 찰흙, 고무찰흙, 지점토, 밀가루 반죽, 석고, 조각칼 등

미술치료실에는 이처럼 다양한 도구들을 구비하되 아동의 발달수준, 문제 유형과 성격 특성을 고려하여 재료를 제시하는 것이 좋다. 연령이 어리고 인지수준이 매우 낮은 아동을 상담할 때에는 삼킬 위험이 있는 작은 단추나 색 모래 등은 아동이 볼 수 없는 곳에 치워 두는 것이 좋은데, 만약 사용할 경우에는 아동을 주의 깊게 관찰해야 한다.

긴장 수준이 높거나 지나치게 조숙한 아동에게는 젖은 점토, 밀가루 풀, 물감 등을 제시하면 정서 이완과 퇴행이 촉진되어 긴장이 풀어지고 어린 아기가 된 것 같은 원초적 즐거움을 느끼게 할 수 있다. 반대로 충동성이 높고 통제력이 낮은 아동, 다른 사람에게 쉽게 휩쓸리는 성향의 아동에게는 물감보다는 조작과 통제가 쉬운 색연필이나 크레파스를 제공하는 것이 좋다. 만들기나 조각을 할 때에도 조작과 통제가 어려운 묽은 점토, 젖은 점토보다 찰흙이나 고무찰흙을 제공하는 것이 성취감 경험과 통제력 개발에 도움이 된다.

(3) 과정과 활동

전체적인 미술치료 과정은 평가, 치료, 종결단계로 구분된다. 평가단계에서는

심리검사를 실시하여 아동의 문제와 발달 상태를 평가하고 목표를 설정한다. 검사 시에는 다른 검사 도구와 함께 집-나무-사람 검사(House- Tree-Person test: HTP), 동적 가족화(Kinetic Family Drawing: KFD) 등 미술작품을 활용한 투사 검사를 실시할 수 있다. 치료단계에서 미술치료를 실시하는데 주 1회, 50~60분 정도로 진행하는 것이 일반적이다. 문제가 매우 심각하다고 판단되면 주 2회 정도 실시하기도 하며 급박했던 문제가 어느 정도 해결되면 주 1회로 횟수를 조정할 수 있다. 아동의 문제가 해결되었다고 판단되면 다시 심리검사를 실시하여 변화 정도를 평가해 보고 종결을 준비한다. 종결 시점은 아동과 양육자, 치료자가 협의하여 결정한다. 치료단계의 매 회기는 도입, 작업, 감상 후 이야기 나누기 순으로 진행된다.

① 도입

아동이 도착하면 인사를 나누고 함께 미술치료실로 들어간다. 아동이 미술작업에 집중할 수 있도록 이야기를 나누고 편안한 분위기를 조성한다.

② 작업

아동이 미술 작품을 만드는 시간으로, 아동이 작업하는 동안 치료자는 행동과 표정을 관찰하면서 감정을 반영하고 행동을 추적해 준다. 이때 치료자는 아동이 작업에 몰입할 수 있게 불필요한 질문과 대화를 시도하지 않도록 주의해야 한다.

치료자는 아동 대신 그림을 그려 주거나 작품을 만들어서는 안 된다. 아동이 도움을 요청할 때에는 작품을 평가할 목적이 없음을 알려 주고, 격려하여 아동 스스로 작품을 완성할 수 있게 해야 한다.

작업 시간에 어떤 미술활동을 할 것인지는 아동 또는 치료자에 의해 결정된다. 치료자가 정신분석 이론, 분석심리 이론, 아동중심 이론에 기반한다면 아동이 직접 미술활동을 결정하게 한다. 인지·행동주의에 기초하는 경우에는 치료자가 미술활동을 결정해 아동에게 제안할 수 있다. 한편 작업단계에서는 다음과 같은 활동들이 주로 실시된다.

＊ 난화 그리기

아동에게 도화지와 연필, 색연필, 크레파스나 사인펜 등을 제공하고 자유롭게 곡선, 직선, 원 등을 그리게 하는 활동이다. 난화를 그린 후 그림의 방향을 바꾸어 가며 관찰하고 그림에서 연상되는 이미지를 더 구체화시켜 가거나 그림을 보며 이야기를 만들어 아동의 내면을 탐색할 수 있다. 그림 그리기에 자신 없어 하는 아동, 미술작업에 저항하는 아동, 연령이 어린 아동 등에게 효과적이다(문혁준 외, 2011).

＊ 자화상 그리기

연필, 색연필, 크레파스 등으로 자신의 얼굴과 몸을 그리게 하는 방법이다. 종이의 어느 위치에 자신을 그리는지, 누락된 신체 부위가 없는지, 얼굴, 목, 몸통과 팔, 다리의 균형이 맞는지, 표정은 어떤지, 그림의 크기는 적절한지 살펴봄으로써 아동의 심리와 발달 상태를 가늠해 볼 수 있다. 용지의 1/3~2/3 정도 크기로 한 가운데보다 약간 아래에 그려진 경우 안정적인 상태로 평가된다. 그림이 위쪽으로 치우친 그림은 불안과 충동성을, 지나치게 아래로 치우친 경우는 우울을 반영하는 것일 수 있다.

[그림 11-1] **자화상**

＊ 가족화 그리기

아동과 가족을 그리게 하는 것으로, 아동의 가족관계를 파악하는 데에도 유용하게 사용된다. 가족관계와 가족에 대한 인식, 가족 내 분위기를 이해할 수 있다. 가족관계가 좋지 않은 가정의 아동이 활기차고 즐거운 가족을 묘사

[그림 11-2] **가족화**

하기도 하는데, 이는 화목한 가정에 대한 아동의 욕구를 드러내는 것일 수 있다. 반대로 좋은 관계를 유지하는 가정의 아동이 우울한 분위기의 그림을 그리는 경우, 아직 겉으로 드러나지 않은 가족문제를 겪고 있을 가능성이 있다. 가족화가 완성되면 그림 속 사람들이 무슨 생각을 하고 있는지, 앞으로 가족에게 어떤 일이 일어날지, 가족이 어떻게 달라지길 원하는지 질문하면서 이야기를 나눈다.

* 출발 용지법

종이에 선이나 도형 또는 신체와 사물의 일부를 그려 주고 나머지 부분을 아동에게 그려 보게 하는 방법이다. 치료자가 그림을 그려 제시하는 대신 잡지에서 사진을 잘라 붙인 종이를 아동에게 제시할 수도 있다. 심하게 위축된 아동, 미술에 거부감이 큰 아동의 참여를 유도하는 데 효과적이다.

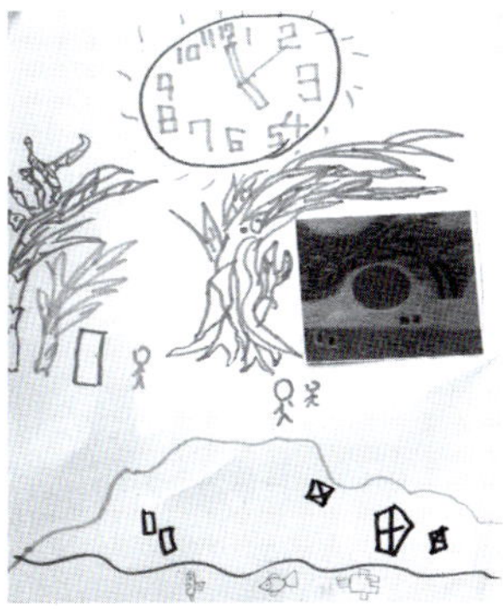

[그림 11-3] 출발 용지법

* 색 소금 채우기

굵은 소금에 식용 색소 가루를 섞어, 다양한 색깔의 소금 더미를 준비한다. 아동에게 각 색깔의 소금 더미에 이름을 붙이게 하고(예: 빨간 소금→부모님의 사랑, 노란 소금→자신감) 빈 유리병에 담게 한다. 중요하다고 생각하는 순서대로 담게 하거나 자신에게 필요한 것을 더 많이 담게 한다. 아동의 욕구를 파악하고 가치관을 이해하는 데 효과적이다.

[그림 11-4] 색 소금 채우기

* 색종이로 그림 꾸미기

아동에게 연필로 자유화를 그리게 한 후, 색종이를 손으로 찢어 그림을 꾸미게 하는 방법이다. 소극적인 아동, 연령이 어린 아동에게는 원, 사각형 같은 단순한 도형을 그려 주고 색종이로 꾸미게 하는 것도 좋은 방법이다. 소근육발달 촉진, 감정 표현과 충동성 조절, 집중력 향상에 기여하는 활동이다.

＊ 콜라주

잡지, 신문에 있는 다양한 그림을 가위로 오려 도화지에 붙이게 하는 활동이다. 그림 외에도 조개껍질, 모래, 나뭇잎, 씨앗 등 다양한 재료를 활용할 수 있다. 아동의 손과 발을 종이에 올리고 치료자가 본을 떠 주고, 본뜬 손이나 발에 콜라주 작업을 하는 것도 좋은 방법이다. 아동과 치료자 간에 자연스러운 접촉이 발생하여 치료적 관계를 형성하는 데도 도움이 된다. 아동이 말로 표현하지 않은 욕구나 갈등, 감정 상태를 이해할 수 있고 감정을 정화하는 효과가 있다.

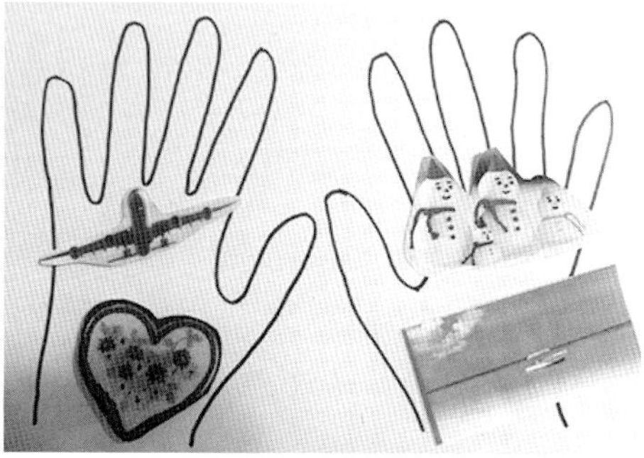

[그림 11-5] **콜라주**

＊ 나의 미래 그리기

10년 혹은 20년 뒤의 내 모습을 상상해 그리는 활동이다. 자아상을 구체화시키고 미래에 대한 희망을 자극하며, 변화 동기를 부여하는 데 효과적이다. 미술치료의 종결단계에서 유용하게 활용된다.

[그림 11-2] **나의 미래 그리기**

＊ 석고 신체 본뜨기

잘게 잘라 물에 적신 석고 붕대로 아동의 손, 발, 얼굴을 본떠 주는 활동이다. 본을 뜰 신체 부위에 오일이나 로션을 바르고 젖은 석고 붕대 조각을 서너 겹 덧붙인 다음 굳으면 떼어 낸다. 석고 본이 단단하게 굳으면 색칠을 하거나 보석 조각

등으로 자유롭게 꾸며 본다. 석고를 바르고 굳혀 손, 발, 얼굴에서 떼어 내기까지 20분 정도 걸리는데 이 시간 동안 아동의 움직임이 제한되기 때문에 과잉행동 아동, 어린 연령의 아동에게는 실시하기 어려울 수 있다. 또한 얼굴 본을 뜰 때에는 석고가 호흡을 방해하지 않도록 신경 쓰고, 눈꺼풀 위에는 석고를 붙이지 않는 것이 좋다. 신체 본뜨기를 통해 아동은 성취감과 만족감을 느낄 수 있고 자아인식을 높일 수 있다. 또한 치료자와의 접촉이 일어나므로 안정감과 신뢰감을 도모할 수 있다.

✽ 색지 띠 엮기

다양한 색깔의 색지를 준비하고 3㎝ 너비로 길게 잘라 색깔별로 2~3개의 색지 띠를 만들어 둔다. 색지 띠가 준비되면, A4 용지 크기의 색지를 세로로 놓고 3~4㎝ 간격을 두고 여러 개의 세로 선을 그린다. 세로 선을 따라 색지를 자르는데 하단 4㎝는 자르지 말고 남겨 두어 색지를 오징어 다리 형태로 만든다. 아동에게 미리 잘라 둔 여러 색깔의 색지 띠에 이름을 붙이게 한다(예: 빨간 띠→놀고 싶은 마음, 파란 띠→공부, 초록 띠→친구에게 서운한 마음). 아동에게 오징어 다리 모양으로 잘라 둔 색지에 색지 띠들을 격자 형태로 끼우게 한다. 자신이 중요하다고 여기는 색깔의 색지 띠를 더 많이 사용하게 하면서 마음이나 생각을 표현하게 할 수 있다. 아동의 소근육발달 및 조절능력 향상에 효과적이며 내면을 시각화함으로써 자기인식을 높이는 데 도움이 된다.

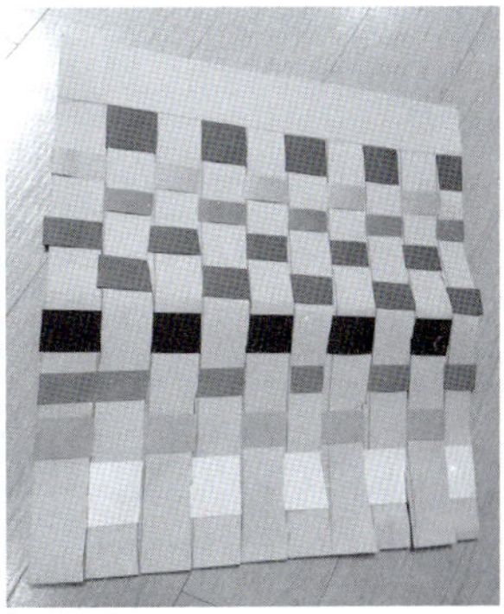

[그림 11-7] 색지 띠 엮기

③ 감상 후 이야기 나누기

작품이 완성되면 미술치료자와 아동은 작품을 감상한다. 작품을 가까이에서 자세히 보거나 거리를 두고 떨어져서 바라보는 등 다양한 방식으로 감상해 본다. 그리고 작품을 만들면서 어떤 감정을 느꼈는지, 작품의 어느 부분이 마음에 들고 또 어느 부분이 마음에 들지 않는지, 그 이유는 무엇인지 등에 대해 이야기를 나눈다. 치료자는 아동의 이야기에 공감하고 작품에 대한 느낌을 표현함으로써 아동의 이야기를 촉진할 수 있다. 작품을 만들기 위해 아동이 노력한 점과 이전 작품들보다 발전한 점을 인정하되, 작품을 평가하지 않도록 주의해야 한다.

(4) 미술치료 사례

조영숙(2012)은 사회성이 결여된 저소득 가정의 아동을 대상으로 집단미술치료를 실시하였다. 초등학교 3~5학년 아동 5명이 주 1회, 매회 60분씩 총 16회기에 참여하였다. 매 회기는 도입(10분), 본 활동(30분), 감상·느낌 나누기(15분), 마무리(5분) 순으로 진행되었다. 집단미술치료의 내용과 활동방법을 요약해 제시하였다.

〈표 11-2〉 아동의 사회성 증진을 위한 집단미술치료의 내용과 방법

회기	목표	활동명	방법	준비물
2	• 집단 역동성 파악 • 친밀감 형성	• 그림대화법	• 마음에 드는 주제를 선택하여 함께 그림을 그린다.	• 전지 • 크레파스
3	• 내면표출과 긴장 이완 • 친밀감 형성	• 소조활동	• 찰흙과 고무점토로 각자 작품을 만든 뒤, 작품을 모아 공동작품을 완성시킨다.	• 각종 점토 • 소조도구
5	• 집단원 간 응집력 강화 • 신뢰감 형성	• 핑거페인팅	• 색을 넣은 도배지 풀로 개인 그림과 집단 그림을 완성한다.	• 도배지 풀 • 전지 • 물감
6	• 신체 접촉을 통한 친밀감 증진과 상호작용 증진	• 신체상 본뜨기	• 집단원 중 한 사람을 선택하여 전지에 눕히고 신체본을 떠준다. 집단원들이 함께 신체본을 꾸민다.	• 전지 • 꾸미기에 필요한 다양한 재료
8	• 자신과 타인 인식 및 이해	• 콜라주	• 잡지의 그림을 오리고 붙여 도화지를 꾸민다.	• 각종 잡지 • 색도화지 • 가위, 풀
10	• 문제 대처능력 증진 • 집단원에 대한 존중감 및 상호작용 향상	• 돌아가며 만화 그리기	• 한 장의 종이에 돌아가며 만화를 그린다.	• 4절 도화지 • 연필 • 지우개

회기	목표	활동명	방법	준비물
11	• 부정적 감정 해소 및 상호작용 향상	• 신문지 찢기와 풀 죽 작업	• 신문지를 찢어서 날린 뒤 신문지 조각을 이용하여 종이죽을 만든다. 종이죽으로 공동작품을 완성한다.	• 신문지 • 밀가루 풀 • 하드보드지
12	• 공동체 의식 향상 및 상호작용 향상	• 우리의 나무 꾸미기	• 전지를 세로로 붙이고 나무를 꾸민다.	• 전지 • 크레파스 • 꾸미기 재료
14	• 자아 인식 및 희망찬 미래 계획	• 미래의 나는?	• 직업인이 된 미래의 내 모습을 표현한다.	• 8절 도화지 • 크레파스

출처: 조영숙(2012). 발췌 수정.

2) 심리극

(1) 정의와 특성

심리극(psychodrama)은 내담자의 개인적 일상, 문제, 의미 있었던 사건이나 사회 이슈 등 내담자가 다루길 원하는 장면과 상황을 구성하고 연극 형태로 체험하게 하는 것이다. 내담자는 자신이 선택한 상황의 등장인물이 되어 극을 진행한다. 이 과정에서 내담자는 감정, 사고, 문제, 갈등, 대인관계 양식을 드러내고 상담자의 개입을 통해 문제 해결책을 실험해 보게 된다. 심리극은 연극 형태로 실시되지만 정해진 대본 없이 내담자가 즉흥 연기를 한다는 점에서 일반 연극과는 다르다. 심리극은 개인상담뿐만 아니라 집단상담의 형태로도 실시될 수 있는데, 집단을 대상으로 실시되는 심리극은 사회극(sociodrama)이라고 명명한다.

심리극은 1921년 Jacob Levy Moreno에 의해 창시되었다. Moreno는 연극과 아동에 관심이 많았다. 의과대학 재학시절, Moreno는 반항적이고 거짓말을 자주 하는 한 여학생의 집에 가정교사로 들어가게 되었다. Moreno는 그 학생에게서 배우로서의 자질을 발견하고 부모에게 연극 수업을 받게 하도록 권했는데 이 여학생이 바로 20세기 독일에서 가장 유명했던 배우인 Elisabeth Bergner이다. Moreno

는 공원에서 소꿉놀이를 하는 아이들을 관찰하면서 아이들이 연극 형식을 빌어 자신의 욕구, 정서, 갈등을 드러낸다는 것을 알았다. 이 무렵 Moreno는 심리극을 창시하는 데 중요한 역할을 하는 환자를 만나게 된다. 환자는 극도의 고통으로 Moreno에게 제발 죽게 해 달라고 부탁했는데, Moreno는 이 환자에게 죽음을 계획하고 유언장을 쓰게 하는 등 심리극에 근접한 치료적 접근을 사용하였다. 환자는 고통스러운 여러 상황들을 연극화하면서 즐거움과 웃음을 경험했고 마침내 고통을 극복해 냈다(김유광, 1998). Moreno는 이러한 경험을 바탕으로 심리극을 만들어 냈고 1922년 비엔나에 '자발성 극장'을 세우고 즉흥극을 시행하면서 내담자를 치료하기 시작했다. 1932년 모레노는 내담자가 주변인들과의 관계를 인식하도록 돕는 소시오그램(사회도표, sociogram)을 고안하였고 이는 현재까지도 상담 및 교육현장에서 널리 활용하고 있다.

심리극은 창조성과 자발성 이론, 역할이론, 행위갈증 개념에 근거한다. Moreno는 인간이 무제한적인 창조성과 자발성을 지닌 존재라고 보았다. 그런데 특별한 계기로 인해 창조성과 자발성을 발휘하는 데 어려움을 겪게 되면서 병리가 발생한다고 보았다. 즉, 문제를 해결하기 위해서는 창조성과 자발성이 회복되어야 하는데 내담자의 능동적인 참여를 강조하는 즉흥 연극인 심리극에 참여함으로써 내담자는 창조성과 자발성을 키울 수 있다고 보았다.

역할이론에서는 다음과 같은 내용을 가정한다. ① 역할은 수정하고 학습할 수 있다. ② 역할은 변경·수정·제거하거나 재정의할 수 있다. ③ 대부분의 역할은 은밀한 혹은 명백한 사회적 계약이다(다른 사람들의 동의를 통해 역할이 획득된다). ④ 역할은 관계 속에 존재한다(예: 부모와 자녀, 교사와 학생) ⑤ 갈등과 어려움은 역할 변화 과정에서 주로 발생한다. ⑥ 역할 간에 갈등이 발생할 수 있다(예: 대학원생이 될 것인가? 직장인이 될 것인가?)(문혁준 외, 2011).

역할이론의 가정을 통해 알 수 있듯이, 인간은 누구나 역할을 부여받으며 역할을 수행하고 수정하는 과정에서 어려움과 갈등을 경험할 수 있다. 역할과 관련된 어려움, 갈등은 역할을 원만하게 수행하는 능력을 키움으로써 해소된다. 심리극은 다양한 역할을 시험해 보고 연습해 보는 기회를 제공한다. 따라서 심리극에 참여함으로써 아동은 현실에서 자신의 역할을 더 잘 수행할 수 있게 되어 더욱 건강하고 적응적인 삶을 영위할 수 있다.

심리극의 주요 개념인 행위갈증은, 인간은 누구나 행동하고자 하는 욕구가 있음을 뜻하는 개념이다. 심리극은 언어뿐만 아니라 행동(연기)하는 기회를 제공하기 때문에 인간의 기본 욕구인 행위갈증을 충족시키는 데 효과적이다. 욕구를 충족시킬 수 있는 활동에는 누구나 즐겁게 참여하게 마련이다. 심리극은 활동하고 행동하는 기회를 제공하기 때문에 아동이 즐겁게, 저항감 없이 참여할 수 있다는 장점이 있다.

심리극에서는 상담자를 디렉터(director), 내담자를 프로타고니스트(protagonist, 주인공 또는 선택된 사람)로 명명한다. 심리극에는 보조자아(auxiliary ego)가 참여하게 되는데, 보조자아는 극에 등장하는 인물의 역할을 맡아 프로타고니스트의 탐색과 통찰을 촉진한다. 따라서 보조자아에게는 문제행동과 병리에 대한 이해와 심리극에 대한 훈련이 요구된다. 심리극을 진행하기 위해 특별한 치료 도구가 필요하지는 않으나 극을 상연할 수 있는 무대와 조명, 외부 빛을 차단하는 커튼, 음향 설비를 갖춘다면 프로타고니스트의 몰입에 도움이 된다.

(2) 과정

심리극 전체 과정은 평가, 치료, 종결단계로 구분된다. 평가단계에서는 아동 및 양육자와의 면담, 심리검사를 통해 아동의 문제, 자원, 환경과의 관계를 파악한다. 치료단계에서는 심리극을 실시하는데, 주 1회 시행하는 것이 일반적이며 회당 1시간~1시간 30분 정도 소요된다. 치료단계의 회기는 다음과 같은 절차로 진행한다.

① 워밍업

워밍업(warm-up)은 아동의 관심을 지금-여기로 옮기는 단계이다. 사고를 촉진하는 인지적 활동, 감정을 자극하는 정서적 활동, 신체 에너지를 자극하는 동적 활동이 워밍업을 위해 활용한다. 강의, 토론, 이야기 나누기, 그림 그리기, 동화 읽기, 신체활동게임이 워밍업으로 활용될 수 있다. 심리극 기법인 유도된 환상 기법을 활용하여 상상하기(예: 바닷속에 있다고 상상하고 걸어 보기) 활동을 실시하거나, 빈 의자 기법을 적용하여 사랑하는 사람(또는 미워하는 사람)이 빈 의자에 앉아 있다고 생각하고 대화를 나누어 보게 하는 활동도 워밍업에서 유용하게 사용한다. 워밍업을 통해 자발성과 창조성을 자극하고 이번 회기 극의 주제를 도출한다.

② 실연

실연(acting out)은 내담 아동(프로타고니스트)이 자발적으로 선택한 주제로 극을 진행하는 단계이다. 일반적으로 아동은 워밍업에 참여하는 동안 극의 주제를 떠올리게 되고 실연단계에서 직접 극으로 상연해 본다. 이 단계는 아동이 극의 주인공이 되어 말하고 행동하는 형식으로 진행된다. 디렉터는 아동에게 극의 내용과 장면을 구체적으로 결정하게 하고 등장인물의 역할, 성격에 대해 설명해 줄 것을 요청한다. 디렉터와 보조자아는 설명을 듣고 아동이 선택한 주제로 극을 상연할 수 있게 돕는다. 디렉터는 아동의 연기를 관찰하면서 개입이 필요하다고 생각될 때, 심리극 기법을 적용해 탐색과 변화를 촉진한다. 이 단계에서 아동은 현실에서 표현하지 못했던 감정을 안전하게 드러내고 카타르시스를 경험하며 그간 시도해 보지 못했던 방식으로 행동해 보고 역할을 실험해 볼 수 있다.

③ 공유와 종결

공유(sharing)는 실연에 참여한 아동, 디렉터, 보조자아가 서로 소감을 나누고 아동에 대한 긍정적인 피드백을 주고받는 단계이다. 아동은 자신이 자발적으로 극을 창조했다는 만족감과 성취감을 느끼고 실연 과정에서 떠오른 생각과 깨달음을 정리하게 된다. 또한 다른 사람들의 피드백을 통해 내면과 문제에 대한 통찰을 얻게 된다. 이때 디렉터와 보조자아는 새로운 문제 해결책을 제안하고 아동에게 해결책을 현실에서 적용해 볼 것을 권할 수 있다. 디렉터는 아동을 격려하고, 실연을 통해 해결책이 탐색되었다고 문제가 즉시 해결되는 것은 아니라는 점과 변화를 위해서는 지속적인 노력이 필요하다는 사실을 강조한 후 회기를 종결

(closure)한다.

(3) 기법

심리극 기법은 아동의 변화와 성장을 촉진시켜 사회 적응력을 높이기 위한 목적으로 사용한다. 300여 가지 넘는 기법들이 있으며 아동의 욕구나 디렉터의 관심에 따라 새로운 기법을 만들거나 변형할 수 있다. 중요한 것은 기법 자체가 아니라 아동의 문제탐색과 갈등해결에 도움이 되는 기법을 디렉터가 얼마나 적절하게 활용할 수 있는지 여부이다(김유광, 1998). 다음에 아동 대상 심리극에서 유용하게 활용하는 기법들을 제시하였다.

① 역할전환 기법(role reversal technique)

결정적인 상황에서, 극에 참여 중인 두 사람이 역할을 바꾸어 연기하게 하는 기법이다. 역할 바꾸기를 통해 아동은 다른 사람의 생각, 느낌, 행동을 이해하게 되어 현실의 대인관계도 개선되는 효과를 얻을 수 있다. 이 기법은 극이 중단되지 않고 계속 진행되게 하는 데에도 도움이 된다. 예를 들어, 보조자아가 극 중 인물에 대한 이해가 부족해 부적절하게 반응할 경우 아동은 극에 몰입할 수 없고 결과적으로 극이 중단되는 일이 발생할 수 있다. 이때 디렉터는 두 사람의 역할을 바꾸어 줌으로써 극이 계속 진행되게 도울 수 있다.

예 아동이 친구(보조자아)를 괴롭히는 장면에서 두 사람의 역할을 바꾸어 줌.

② 거울 기법(mirror technique)

보조자아가 아동의 현재 모습을 연기하고, 아동에게 보조자아를 관찰하게 하는 기법이다. 아동은 보조자아의 연기를 보며 자신의 행동, 표현양식, 생활방식을 객관적으로 인식할 수 있다. 무력하고 우울한 아동, 반항적인 아동, 타인의 정서에 공감하지 못하는 아동에게 특히 유용하다. 아동이 놀라거나 놀림당한다고 느끼지 않도록 주의해서 사용되어야 한다.

예 보조자아에게 아동의 공격적인 행동을 연기하게 하고, 아동에게 보조자아를 바라보게 함.

③ 이중자아 기법(double technique)

보조자아가 아동의 뒤에 서서, 아동이 말로 표현하지 못하는 감정과 생각을 말로 표현해 주는 것이다. 아동이 표현하지 못하는 감정을 드러내게 하는 것이 심리극의 중요한 목표 중 하나인데, 이 기법이 감정을 표현하게 하는 데 가장 효과적인 만큼 이중자아 기법은 심리극의 정수라고 불린다. 표현하는 것을 어려워하는 아동, 자신의 감정과 생각을 잘 인식하지 못하는 아동에게 유용하게 사용한다.

예 분노를 느끼고 표현해야 마땅한 상황에서 화나지 않은 척 참는 아동의 속마음을 보조자아가 대신 말로 언급해 줌.

④ 독백 기법(soliloquy technique)

연기 중 떠오르는 생각이나 느낌을 독백하게 하는 것이다. 독백을 통해 아동의 감정을 이해할 수 있으며 충동적이고 성급한 아동, 대인관계에서 자신의 감정을 잘 표현하지 못하는 아동에게 특히 도움이 된다.

예 친구가 자신을 놀리는 장면에서 아동이 웃고 있을 때, 잠시 극을 멈추고 아동에게 속마음을 이야기하게 함.

⑤ 미래투사 기법(future projection technique)

미래에 겪게 될 일을 지금-여기에서 일어나는 것처럼 연기하게 하는 기법이다. 아동이 직면할 사건이나 과업을 미리 준비할 수 있게 하며 문제 해결책을 미리 실험해 보는 기회를 제공하여 아동의 문제행동 극복에 도움이 된다.

예 당황스러운 상황을 설정하고 다양한 방식으로 상황에 대처하게 함.

⑥ 죽음 기법(death scene)

아동이 죽음과 관련된 이슈를 가지고 있을 때 사용하는 기법으로 자살충동, 가까운 사람이나 아끼던 애완동물의 죽음에 따른 슬픔, 누군가를 공격하고 싶은 욕구를 가진 아동에게 사용할 수 있다. 자살충동을 호소하는 경우, 아동을 바닥에 눕히고 장례식 장면을 연출할 수 있다. 보조자아가 아동의 가족, 친구 역할을 맡아 슬픔을 표현하고 아동에게 보조자아의 연기를 관찰하게 한다. 자신의 죽음에 슬퍼하는 가족에 대한 느낌을 표현하게 하고 보조자아와 역할을 바꾸어 가며 자신의 죽음이 다른 사람에게 어떤 영향을 미치게 될 것인지 경험하게 할 수 있다. 아동은 죽음 기법을 통해 살아야 할 이유를 발견할 수 있다. 죽음 장면 이후 아동의 회생 장면을 설정하여 살아있다는 것에 안도하고 감사할 수 있는 기회를 마련해 준다. 가까운 사람의 죽음으로 슬퍼하는 아동에게는, 그 사람의 죽음 장면을 제시해 줄 수 있다. 미처 하지 못한 말을 하게 하거나 아동과 죽은 사람의 역할을 바꾸어 아동이 직접 유언을 하게 할 수 있다. 먼저 떠나간 이에 대한 슬픔과 애도, 원망을 표현하고 작별 인사를 나누게 함으로써 감정 정화의 기회를 제공한다.

예 원망스러운 누군가를 공격하고 싶은 욕구를 가진 아동에게, 그 사람의 죽음 장면을 제시하고 하고 싶은 말을 하게 함. 상대에게 직접 표현하지 못했던 원망을 표현할 수 있고 역할 바꾸기를 통해 상대가 아동에게 속죄하게 하거나 상대와 화해하는 경험을 제공할 수 있음.

⑦ 빈 의자 기법(empty chair technique)

빈 의자를 놓고 아동에게 의자에 누가 앉아 있는지 상상해 보도록 하는 기법이다. 아동이 대상을 결정하면 그 대상에게 하고 싶었던 말을 하게 하고 아동이 그 대상이 되어 의자에 앉아 자신이 한 말에 대답하게 한다. 아동의 상상력과 창의성을 자극하고 다른 사람에 대한 느낌 표현을 격려하기 위해 사용된다. 극 진행을 도울 보조자아가 없을 때, 아동이 보조자아 없이 진행하길 원할 때에도 유용한 기법이다.

예 아동에게 빈 의자에 가장 소중한 사람이 앉아 있다고 상상해 보도록 하고 그 사람과 대화를 나누어 보게 함. 아동은 자신이 소중하게 생각하는 사람이 누구인지, 그 사람과의 관계가 어떠하며 그 사람이 어떻게 대해 주기를 원하는지 인식할 수 있음.

⑧ 등 뒤 기법(behind your back technique)

아동을 무대에서 내려 보내거나 무대를 등지고 서게 하여 심리적으로 치료실에서 떠나게 한 후, 디렉터와 보조자아가 아동에 대해 이야기 나누는 것을 듣게 하는 기법이다. 아동을 의자에 앉히고 디렉터와 보조자아가 아동의 등 뒤에 거리를 두고 서서 아동의 장점과 유능성에 대해 이야기를 나누는 형태로 사용할 수 있다. 자아존중감이 낮은 아동, 디렉터와 보조자아를 신뢰하지 못하거나 이들에게 잘 보이기 위해 애쓰는 아동, 다른 사람이 자신을 싫어한다고 생각하는 아동에게 유용하다.

예 다른 사람의 눈치를 많이 보는 아동을 등 돌려 앉히고, 디렉터와 보조자아가 아동의 가능성과 장점, 아동에 대한 바람에 대해 아동이 들을 수 있게 이야기를 나눔.

⑨ 유도된 환상 기법(guided fantasy technique)

아동에게 어떤 주제를 상상하게 하거나 디렉터가 환상 장면을 제안하고 상상하게 하여 연기하게 하는 기법이다. 아동의 창조성과 자발성을 자극하기 때문에 워밍업 단계에서도 자주 사용된다.

예 우주, 바다, 하늘에 있다고 상상하고 몸을 움직이게 함. 아동에게 자신의 방 안에 있는 컴퓨터가 되었다고 상상하게 하고 자신에 대한 느낌을 컴퓨터 입장에서 이야기하게 함.

⑩ 동화 기법(fairy tale technique)

동화를 들려주고 등장인물을 연기하게 하는 것이다. 아동과 유사한 상황에 처한 주인공이 등장하는 동화, 아동이 가지지 못한 장점을 가진 주인공이 등장하는 동화 등을 상황에 맞게 선택할 수 있다. 기쁨, 행복, 성취감, 슬픔, 분노, 당황 등 다양한 감정을 간접적으로 경험해 봄으로써 정서발달에 도움이 되며, 동화 주인공의 문제 대처 방식을 경험함으로써 해결책 탐색의 기회를 갖게 된다. 아동이 동화를 듣고 스토리 그대로 연기하는 경우는 매우 드물다. 보통 아동은 현실에서 채우지 못한 욕구를 충족시키는 방향으로 스토리를 변형한다. 연극이라는 가상 상황에서 채우지 못한 욕구를 충족시키는 것은 아동의 변화에 긍정적인 영향을 미친다. 따라서 아동이 동화의 내용을 변형하는 것을 제재하지 않도록 한다.

⑪ 마술가게 기법(magic shop technique)

가장 널리 사용되는 환상 장면(fantasy scene) 기법 중 하나로, 디렉터는 아동에게 무대 위에 가게가 있다고 상상하게 한다. 보조자아가 가게 주인 역할을 맡아 자신의 가게에서는 물질이 아닌 정신적인 것(생각, 마음, 욕구)을 사고팔 수 있다고 설명해 준다. 원하는 것을 사는 대가로 돈 대신, 자신이 가지고 있는 다른 중요한 정신적인 것이나 자신에게 너무 짐이 되어서 버리고 싶은 것을 지불해야 한다고 알려 준다. 손님(내담자)은 자신이 사고 싶은 정신적인 것이 무엇인지 구체적으로 설명해야 하며 대가로 지불하고자 하는 것, 버리고 싶은 것이 무엇인지에 대해서도 구체적으로 설명해 줄 것을 요청받는다. 아동은 간절히 바라던 정신적인 것을 구매함으로써 성취감과 욕구 해소를 경험할 수 있다.

간혹 아동은 가족의 화목, 우정 같이 자신에게 소중한 것을 대가로 지불하고 싶어 하기도 한다. 디렉터는 이유를 들어 보고 아동이 원하는 것을 마술가게에 두고 갈 수 있게 허용해 준다. 그리고 마음이 바뀌면 언제든지 마술가게에 와서 대가로 지불한 것을 다시 찾아갈 수 있다고 설명한다. 마술가게 기법으로 디렉터는 아동이 원하는 것과 아동에게 짐이 되는 것이 무엇인지를 파악함으로써 내담 아동을 더 깊이 이해할 수 있다.

예 마술가게에서 파는 정신적인 것의 예: 노력, 정직함, 가족을 사랑하는 마음, 친구를 위하는 마음 마술가게에 팔 수 있는 정신적인 것의 예: 이타심, 사랑, 완벽주의, 질투심, 우울, 동생을 미워하는 마음

(4) 심리극 사례

높은 공격성으로 심리극에 의뢰된 10세 여아에 관한 가상 사례를 제시하였다. 아동의 공격성과 또래관계가 개선될 때까지 총 17회의 심리극을 실시하였다. 매 회기는 1시간 10분간 진행되었는데 워밍업 15분, 실연 40분, 공유와 종결에 15분이 소요되었다. 아동, 디렉터와 두 명의 보조자아가 참여하였으며 다음 〈표 11-3〉에 초기 두 회기를 요약해 제시하였다.

〈표 11-3〉 공격적인 아동을 대상으로 한 심리극 실시 예

회기	워밍업	실연	공유와 종결
1	• 자기소개 • 심리극 과정과 규칙 설명 • 다른 사람 이름으로 삼행시 지어 선물하기 • 몸으로 마음 표현하기	• 디렉터가 아동에게 마술가게를 소개하였다. 가게는 마음, 느낌, 정신을 파는 곳으로 마음을 사러 온 손님은 돈 대신 자신이 가지고 있는 정신적인 것을 지불해야 한다. 아동은 칭찬을 사고 싶다고 하였다. 가게 주인(보조자아)이 아동에게 어떤 칭찬을 원하는지, 왜 필요한지 구체적으로 설명해 줄 것을 요청하였다. 아동은 '엄마 아빠의 칭찬'을 사고 싶다고 하면서, 자신에게는 칭찬을 거의 안 해 주지만 동생에게는 많이 칭찬을 해 준다고 하였다. 점원이 '엄마 아빠의 칭찬'을 주자 아동은 짜증을 지불하였다. 점원이 이유를 묻자 짜증을 팔면 더 행복해질 것 같다고 답했다. • 디렉터는 짜증을 팔고 칭찬을 산 아동에게 집으로 돌아가 가족과 함께 저녁 식사하는 장면을 연기해 줄 것을 요청하였다. 부모(보조자아)가 아동을 칭찬하였고 짜증을 판 아동은 활발하고 즐겁게 말하고 행동하였다. • 디렉터는 역할 바꾸기 기법을 적용해 아동이 엄마의 역할을, 부모(보조자아)가 아동 역할을 하게 하였다. 부모 역할을 맡은 아동에게 짜증 부리지 않는 딸에 대한 느낌을 이야기하게 하였다. • 디렉터는 아동에게 아침이 되어 학교에 간 장면을 연기해 줄 것을 요청했다. 아동은 친구들에게 짜증 내지 않는 자신을 연기하였다. 교사와 친구 역할을 맡은 보조자아에게 아동에 대한 느낌을 독백하게 하였다.	아동: 재미있었으며 집에 가서 가족과 마술가게 놀이를 해 보고 싶다고 하였다. 보조자아: 아동의 적극성과 높은 이해력을 칭찬했다. 극을 통해 짜증이 없어지면 많은 것이 달라진다는 것을 알았다고 했다. 디렉터: 아동의 적극성에 놀랐으며 앞으로의 만남이 더욱 기대됨을 표현하였다.
4	• 인사 나누기 • 높이뛰기 • 동화 신데렐라 감상	• 아동은 보조자아들에게 신데렐라와 신데렐라 친구 역할을 부여하였다. 아동은 공부, 또래관계에 관심이 많은 신데렐라의 엄마를 연기하겠다고 하였다. 극이 시작하자, 신데렐라 역할을 맡은 보조자아가 엄마(내담 아동)의 관심을 긍정적으로 수용하는 모습을 연기하였다. 아동은 극을 중단시키고 보조자아에게 신데렐라 캐릭터를 반항적으로 수정해 줄 것을 요청했다. 아동의 지시를 따라 보조자아는 엄마에게 반항하는 신데렐라 역할을 수행했다.	아동: 재미있었고 보조자아 선생님들이 연기를 잘 한다고 칭찬하였다. 보조자아: 아동 덕분에 신데렐라의 엄마도 착한 면이 있다는 것을

회기	워밍업	실연	공유와 종결
4	• 인사 나누기 • 높이뛰기 • 동화 신데렐라 감상	• 디렉터는 역할전환 기법과 독백 기법을 적용하여, 아동에게 신데렐라 역할을 맡게 하고 독백을 요청했다. 아동은 신데렐라 입장에서 "엄마가 친구들에게 내 학교생활을 물어보는 것이 창피하고 공부를 강요하는 것이 싫으며 동생에게 더 친절한 것이 싫다."고 독백했다. 하지만 아빠는 자신을 더 예뻐하기 때문에 "괜찮다."고 하였다. • 디렉터는 이중자아 기법을 적용했다. 아동을 의자에 앉히고 보조자아들에게 아동의 양 옆에서 아동의 마음을 표현해 주게 하였다. 한 명의 보조자아는 "아빠가 날 더 예뻐하니 괜찮다."고 아동이 한 말을 반복하였다. 다른 한 명의 보조자아는 목소리를 높여 "나도 엄마의 칭찬을 받고 싶다."는 상반된 마음을 표현하였다. • 디렉터는 아동을 의자에서 일어나게 하고 의자를 바라보게 하였다(빈 의자 기법). 엄마가 의자에 앉아 있다고 생각하고 신데렐라 입장에서 하고 싶은 말을 하게 하였다. 아동은 다른 아이들처럼 더 많이 놀고 싶고 엄마에게 칭찬을 많이 받고 싶다고 말했다. • 디렉터는 역할전환 기법을 적용하여, 아동을 다시 의자에 앉히고 신데렐라의 엄마로서 신데렐라의 얘기에 답해 보도록 하였다. 아동은 신데렐라의 엄마 입장에서, 신데렐라에게 그동안 공부를 강요해서 미안했다고 사과하였다.	알게 되었으며 다른사람의 좋은 점을 발견할 줄 아는 아동이 대단하게 느껴진다고 하였다. 극을 몇 회 진행하지 않았는데 아동이 창의적으로 극을 만들어 가는 것에 놀람을 표현하였다. 디렉터: 아동의 창의력과 자발성을 칭찬했다. 또 이해력과 집중력이 높음을 칭찬하였다.

3) 독서치료

(1) 정의와 특성

미국 도서관협회(American Library Association)와 전국 연합 창조 예술 치료 협회(National Coalition of Creative Arts Therapies Associations)에서는 독서치료(bibliotherapy)를 선별적 책 읽기를 통해 내담자의 정서·행동 문제를 개선하고 개

인적 성장을 돕는 활동으로 정의한다. 유사하게, Doll과 Doll(1997)은 독서치료를 참여자의 발달 촉진을 위해 책을 사용하는 활동, 독자의 적응과 성장, 정신적 건강 증진을 목적으로 하는 활동이라고 정의하였다.

Doll 등의 정의는 독서치료에서 책 읽기 활동의 중요성을 강조한 것으로 '읽기중심 독서치료'로 불린다. 읽기중심 독서치료에서는 책을 곧 상담자로 간주하며 내담자에게 적합한 책을 선택하는 것을 중요시한다. 이와 달리, 책을 읽는 데서 얻는 이익뿐만 아니라 독서치료에 참여하는 내담자들 간의 상호작용을 통해 얻는 이익과 치료효과를 강조하는 입장이 있는데, 이를 '상호작용 독서치료'라고 한다. 상호작용 독서치료에서는 치료자의 적극적인 개입을 중요시하는데, 현재 치료 현장에서는 읽기중심 독서치료보다 상호작용 독서치료가 더 널리 활용되는 경향이 있다(이소라, 2009).

Hebert는 독서 후 토론이나 역할연기, 창의적 문제해결활동을 실시함으로써 독서치료를 성공적으로 이끌 수 있다고 하였다. 또한 김정근·송영임(2003)은 독서치료자에게는 적합한 책을 선별하는 능력뿐만 아니라 인간의 심리, 상담 이론과 절차에 대한 훈련이 요구됨을 강조하였다. 책 읽기가 끝나면 이야기 나누기, 글쓰기 등을 실시하여 내담자가 카타르시스를 느낄 수 있게 도와야 하고 내담자가 자신의 경험과 책의 내용을 연결시켜 통찰할 수 있게 지도하는 것을 독서치료자의 역할로 보았기 때문이다. 이와 관련하여 Gumaer(1984)는 독서치료자가 갖추어야 하는 필수 기술로 내담자에게 적절한 도서를 선정하고 적절한 시기에 읽게 하는 기술, 책의 내용과 관련지어 내담자와 상호작용하고 치료를 진행하는 기술, 치료적 상호작용과 치료과정을 자극하는 활동을 실시하는 기술을 제시하였다. 이상의 내용을 정리하여 독서치료를 포괄적으로 정리해 보면, 책 읽기활동 후, 내담자의 인식과 통찰을 촉진하는 관련 활동과 치료자와 내담자 간 상호작용을 통해 내담자의 성장과 변화를 도모하는 상담 방법이라 할 수 있다.

독서가 치료적 효과를 지닌 상담 매체로 인식된 역사는 매우 깊다. 기원전 인물인 Aristoteles는 시학에서 "(문학이 제공하는) 비극은 연민과 두려움을 불러일

으킴으로써 감정 정화(카타르시스)를 야기한다."고 하였다. 이는 주인공이 위험에 빠지고 파멸로 치닫는 모습을 통해 전율과 비탄을 느끼고 정서적 긴장 해소를 경험한다는(김영목, 2008) 치료적 효과에 대한 언급으로 해석할 수 있다.

독서의 치료적 효과에 대해 구체적으로 살펴보면 첫째, 책은 내담자에게 성찰의 기회를 제공한다. 우리는 위인전, 전래 동화, 신화, 소설 등 다른 사람에 대한 이야기를 통해 타인을 수용하고 나를 되돌아볼 수 있다. 이야기를 듣고 읽으며 내면을 들여다보고 성찰하는 기회를 갖게 되는 것이다. 둘째, 내담자는 책을 통해 자신의 감정과 생각을 이해하고 수정할 수 있다. 독서치료 연구자인 Joseph Gold는 책이 지닌 치료 효과에 대해 다음과 같이 설명하였다(이민용, 2009). "허구적 이야기를 통해 당신은 느낌, 불안함, 분노, 애증의 원인을 이해하고 진단할 수 있다. 이야기가 지닌 또 하나의 멋진 기능은 독자의 사고방식과 지각방식을 바꾸어 놓는다는 것이다. 이야기는 사고방식을 재조직하고 문제를 해결해 주고 기억 속의 과거를 새롭게 바라보게 해 준다. 즉, 이야기는 창조적이고 건전한 변화를 유도하는 강력한 매개체이다." 셋째, 책은 감정을 정화시킨다. 내담자는 책을 읽는 동안 등장인물과 자신을 동일시하게 된다. 등장인물은 내담자에게 자신이 현실에서 차마 드러내지 못한 감정과 생각을 거침없이 표현하는 대상, 해결하지 못한 어려움에 맞서는 대리인으로 인식된다. 따라서 내담자는 책을 통해 기쁨, 통쾌함, 시원함을 느끼고 현실에서의 고통을 보상받는 경험을 하게 된다. 주인공이 겪는 비극적 사건을 통해 동정심, 연민과 슬픔을 경험하고 사건의 해결을 통해 긴장 해소와 감정 정화를 경험하게 된다. 마지막으로 책은 내담자에게 도덕적 가치, 선에 대한 교훈을 제공한다. 이에 더해 아동 내담자의 경우 읽고, 쓰고, 말하는 능력을 개발할 수 있고 지식을 획득할 수 있으며 자신이 가진 문제가 다른 사람들도 겪을 수 있는 것이라는 깨달음을 얻어 안정감을 갖게 된다(김춘경, 2012).

(2) 자료

독서치료의 자료는 아동의 문제 유형과 상담의 목표에 맞게 선택되어야 한다. 예를 들어, 또래관계 갈등으로 상담에 의뢰된 아동에게는 친구 사귀기, 우정의 중요성 등을 주제로 한 동화가 유용할 것이다. 따라서 독서치료자는 평소 다양한 책들을 읽어 보고 각 도서의 내용 목록을 만들고 지속적으로 목록을 추가·보완해 두어야 한다.

도서를 선택할 때에는 아동 문제의 종류 외에도 나이와 성별을 고려해야 한다. 같은 주제의 도서라 할지라도 주제를 다루는 깊이와 수준에 차이가 있는데, 이는 독서에 대한 아동의 흥미와 집중도에 영향을 미친다. 또한 일반적으로 아동은 자신과 같은 성별의 주인공을 더 좋아하고 동질감을 느끼므로 내담 아동과 동일한 성별의 주인공이 등장하는 동화를 제시하는 것이 좋다.

독서치료자는 아동에게 도움이 되는 유사한 주제의 도서 몇 권을 제시해 주고 아동에게 최종 선택을 하게 하는 것이 좋다. 다음에 독서치료의 목표별 도서 목록을 제시하였다(김현희·김세희·강은주·강은진·김재숙·신혜은 외, 2003; 문경여·한유진, 2008; 이찬숙·신은희·이채호, 2009; 임성관, 2011; 조효숙·이진숙, 2008).

① 자아존중감 및 성취감 향상

도서명	출판사
쇠똥 구리구리	보림
세상에서 가장 큰 아이	비룡소
내 귀는 짝짝이	웅진
미운 돌멩이	오늘
마당을 나온 암탉	사계절
여우씨 이야기	비룡소
강아지 똥	길벗어린이
으뜸 헤엄이	마루벌
나도 캠핑 갈 수 있어!	한림출판사
우리 모두 꼴찌 기러기에게 박수를	시공주니어
꼬마 거북 프랭클린 2 – 자전거타기	웅진닷컴
나는 고슴도치야!	사계절

② 정서조절능력 향상

도서명	출판사
나 화났어	키즈엠
쿠키 한 입의 인생수업	책 읽는 곰
겁쟁이 빌리	비룡소
어둠을 무서워하는 꼬마 박쥐	비룡소
소피가 화나면 - 정말, 정말 화나면	책 읽는 곰
율리와 괴물	문학동네
네 잘못이 아니야	황금두뇌
내 마음을 알아주세요	푸른나무
수영장 사건	비룡소

③ 가족에 대한 이해 및 가족관계 증진

도서명	출판사
엄마는 항상 네 곁에 있단다	큰북작은북
엄마의 의자	시공주니어
너를 사랑해, 우리 아기 꼬질이	신인류
마법의 설탕 두 조각	한길사
엄마는 파업 중	푸른책들
아빠랑 함께 피자놀이를	보림
우리 아빠는 내 친구	시공주니어
구슬이네 아빠 김덕팔 씨	대교출판
피터의 의자	시공주니어
나도 아프고 싶어	시공주니어
난 형이니까	아이세움
우리 언니	언어세상
할머니가 남긴 선물	시공주니어
할아버지의 하모니카	새터

④ 또래관계 증진

도서명	출판사
고마워 친구야	한림출판사
짜장 짬뽕 탕수육	재미마주
미안해	어린이중앙
친구가 올까	어린이중앙
카이는 사라를 사라는 팀을 좋아해	문공사
그래서 우리는 친구가 되었어요	다사함
내 짝꿍 에이미	국민서관
털털이와 깔끔이	문학동네
다섯 친구	어린이중앙
너, 정말 이러기야	비룡소
민수야, 힘내	한림
새 친구가 이사왔어요	중앙 M & B
세상에서 가장 뜨거운 아이	문학동네
나 친구 안 사귈래	아이세움

⑤ 생명존중 및 환경보호

도서명	출판사
사과와 나비	보림
강아지가 태어났어요	비룡소
너는 특별하단다	고슴도치
아가야 안녕?	사계절
강낭콩	우물이 있는 집
숲을 그냥 내버려 둬!	크레용하우스
미나마타의 붉은 바다	우리교육
콩달이에게 집을 주세요	대교출판

⑥ 질병과 죽음 이해

도서명	출판사
병원에 입원한 내 동생	한림출판사
수두에 걸린 아서	에이콤프로덕션
셀레스틴느는 훌륭한 간호사	시공주니어
네 잘못이 아니야	황금두뇌
살아 있는 모든 것은	마루벌
언제나 널 사랑할거야	정인출판사
죽으면 아픈 것이 나을까요?	느림보
할아버지의 빨간 손수건	여명미디어

⑦ 다문화 가정 아동에 대한 이해 및 다문화 가정 아동의 적응 증진

도서명	출판사
인종 이야기를 해 볼까?	사계절
손님	느림보
달라서 좋아요	대교출판
사라, 버스를 타다	사계절
내 동무 정찬이	아이코리아
새 친구가 이사왔어요	랜덤하우스코리아
사람은 다 다르고 특별해	미세기
세계의 어린이 우리는 친구	한림출판사

(3) 과정과 활동

독서치료의 전체 과정은 평가단계, 치료단계, 종결단계로 구분된다. 평가단계에서는 아동과 부모를 면담하여 아동의 문제를 파악하고 상담 목표를 설정한다. 치료단계에서는 독서치료를 실시하며, 아동의 문제가 해결되고 상담 목표가 달성되면 아동 및 부모와 상의하여 종결을 준비한다. 독서치료의 매 회기는 50분~1시간 정도로 진행하며 준비단계, 읽기단계, 추후활동단계로 세분화한다.

① 준비단계

준비단계에서 치료자는 아동과 인사를 나누고 지난 회기 후 이번 회기가 시작되기 전까지 있었던 일 등에 대해 간단하게 대화를 나눈다. 그리고 아동에게 이번 회기에 읽을 도서를 소개한다. 스무고개 형식으로 책을 소개하면 아동의 책에 대한 흥미를 자극하는 데 도움이 된다. 상담 목표 달성에 도움이 되는 도서를 두세 권 제시하고 원하는 책을 직접 선택하게 한다면 아동의 책임감을 촉진할 수 있다.

② 읽기단계

읽기단계에서는 아동의 특성과 요구에 따라 다양한 방식으로 책을 읽는다. 내담자가 글을 읽지 못하는 어린 유아인 경우, 아동이 책을 읽어 달라고 요구할 경우에는 치료자가 책을 읽어 줄 수 있다. 여러 아동이 참여하는 집단상담에서는 아동들이 순서대로 돌아가며 소리 내어 읽을 수도 있고 각자 집에서 책을 읽어 오게 하고 읽기단계에서 책의 내용을 상기하는 활동을 실시할 수도 있다.

치료자는 아동이 책을 읽는 동안 스토리를 요약해 주거나 주인공의 상태에 대해 질문하여 스토리, 주인공의 행동과 경험을 잘 이해할 수 있도록 도울 수 있다. 또한 아동이 등장인물과 자신 간의 유사점을 찾을 수 있도록 자극해 준다. 치료자는 자신의 언급이 아동이 책에 몰입하는 것을 방해하지 않는지 주의 깊게 관찰하면서 개입수준을 조절해 간다.

③ 추후활동단계

아동이 카타르시스를 경험하고 책 속 주인공의 경험을 자신에게 대입해 봄으로써 문제해결책을 모색할 수 있도록 치료자가 아동과 상호작용하는 단계이다. 추후활동단계는 독서치료의 핵심 단계로 치료 성과에 결정적인 영향을 미친다. 치료자는 아동의 독서 경험이 내면을 치유하고 성장의 발판이 될 수 있도록 이 단계를 신중하게 계획하고 운영해야 한다. 이 단계에서 유용한 활동은 다음과 같다.

* 이야기 나누기

작품이 무엇에 관한 것이었는지, 어떤 일이 있었는지, 어디에서 일어난 일이었는지, 왜 사건이 일어나게 되었는지, 주인공은 어떤 방식으로 문제에 대처했는지, 대처 방식은 효과적이었는지 등에 대해 이야기를 나눈다. 이때 치료자는 아동이 자신에게 의미 있고 중요한 내용을 충분히 이야기할 수 있도록 해 주어야 한다. 친구들에게 따돌림당하는 문제로 독서치료에 의뢰된 아동을 예로 들어 보자. 치료자는 친구들에게 따돌림을 당하는 주인공이 친구들과 화해한다는 내용의 책을 읽게 하였다. 치료자가 이러한 내용의 책을 선정한 이유는 아동이 책을 통해, 친구를 존중해야 한다는 것을 배우고 친구들과 화해할 수 있다는 가능성을 인식하길 바랐기 때문일 것이다. 하지만 치료자의 의도와 달리, 아동은 책 주인공의 슬픔과 외로움에 초점을 맞출 수 있다. 치료자는 의도와 다른 아동의 반응에 당황할 수 있다. 하지만 아동이 치료자의 의도와 다른 반응을 보이는 것은 문제가 되지 않는다. 중요한 것은 아동 자신에게 중요한 것, 의미 있는 것을 충분히 음미하고 이야기하는 기회를 제공해야 한다는 점이다. 그럼으로써 아동은 이 단계에서 "나만 문제를 가진 것이 아니다. 누구나 어려움을 겪을 수 있다."는 보편성을 경험하고 안정과 위안을 얻을 수 있다. 또한 기쁨, 슬픔, 분노 등 지금 느껴지는 감정에 충분히 몰입하고 표현함으로써 카타르시스를 경험할 수 있다. 정리하면, 이 단계에서 가장 중요한 치료자의 역할은 아동이 자신의 관점에서 이해하고 경험한 것을 표현할 수 있게 수용적인 태도를 취하는 것이다.

* 문제 다루기

어떤 상담이론에 기초해 독서치료를 실시하는가에 따라 문제를 다루는 방식과 치료자의 태도에 조금씩 차이가 있지만, 일반적으로 다음과 같이 진행할 수 있다. 먼저 치료자는 아동에게 주인공과 비슷한 경험을 해 본 적이 있는지 질문하여 아동이 자신과 주인공 간에 유사성이 있음을 깨닫게 한다. 주인공과 같은 경험을 했을 때 아동은 어떻게 대처했고 어떤 결과를 얻었는지, 주인공은 어떻게 대처했고 어떤 결과를 얻었는지에 대해 이야기를 나눈다. 그리고 자신이 했던 선택과 주인공의 선택 중 어떤 것이 더 나은 것이었는지 평가해 보거나 또 다른 대안을 찾아보고 대안 행동을 적용했을 때 어떤 결과를 얻게 될 것인지 예상해 볼 수 있다. 독서치료자는 이 과정에서 아동이 제시한 의견을 격려하고 수용해야 한다. 만약 아동이 실현 불가능한 대안을 이야기한다면 "그렇게 생각하는구나. 그것도 대안이 될 수 있지. 하지만 실천하기까지 오랜 시간이 걸릴 것 같구나. 지금 당장 실천할 수 있는 좀 더 쉬운 다른 대안에는 어떤 것이 있을까?"와 같이 반응해 주어야 한다. 이렇게 반응함으로써 아동은 좀 더 현실적인 대안을 탐색할 수 있으며 결과적으로 문제해결 가능성을 더욱 높일 수 있다. 그림 그리기, 소조활동, 글쓰기, 역할극, 게임 등 아동이 흥미를 가지는 방식을 활용한다면 문제 다루기 과정을 더 촉진할 수 있다.

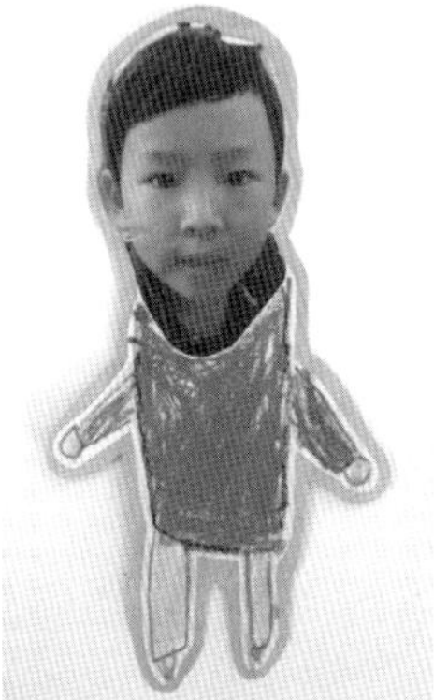

[그림 11-8] **만들기 활용한 추후활동의 예**

(4) 독서치료 사례

문경여·한유진(2008)은 또래관계에 어려움이 있는 아동을 대상으로 집단 독서치료를 실시하였다. 초등학교 3학년 학생 6명이 주 2회, 1시간 30분 간 실시한 치료에 참여하였다. 총 8회기가 실시되었으며 매 회기는 마음 열기, 중심활동, 마무리의 3단계로 진행되었다. 이 중 네 번의 회기를 소개하면 다음과 같다.

〈표 11-4〉 또래관계에 어려움이 있는 아동을 위한 집단독서치료의 내용

회기	제목	목표	내용
2	• 서로가 달라요	• 내가 잘하는 것과 잘못하는 것 인식하기	• 우리의 약속 • 나는 누구일까요? • '내 짝꿍 에이미' 읽기(동일시, 정화, 통찰 경험) • 이야기 나누기 • 나와 너 다시 보기(장점 칭찬하기) • 마음 나누기
4	• 친구관계에서 생기는 일들	• 친구와 오해 풀기	• 문장 전달하기 • '친구가 올까' 책 읽기(동일시, 정화, 갈등과 문제해결) • 이야기 나누기 • 친구를 오해한 일 대본 쓰기 • 입장 바꾸기 • 어떻게 해결할까?(오해를 푸는 방법에 대해 이야기 나누기) • 오해풍선 터뜨리기
6	• 친구관계에서 생기는 일들	• 거부하는 친구와 관계 맺기	• 딴청과 경청 • '카이는 사라를 사라는 팀을 좋아해' 책 읽기(동일시, 정화, 갈등과 문제 해결) • 이야기 나누기(거부당했을 때 마음 읽어 주기) • 인형극 공연하기 • 어떻게 해결할까?(친구가 거부할 때 할 수 있는 일에 대해 이야기 나누기)
8	• 우리는 진정한 친구	• 진정한 친구 되기	• 신문지 위에 올라가기 게임 • '행복한 의자나무' 책 읽기(동일시, 정화, 통찰 경험) • 이야기 나누기 • 좋은 친구 되기 역할극 • 종결, 소감 나누기

출처: 문경여 외(2008). 발췌 수정.

제12장

교육현장에서 아동상담 실천하기

아동상담은 그간 사설 상담 기관을 통해 주로 제공되어 왔는데 최근에는 유치원, 어린이집과 학교 등 교육현장에서 실시하는 경우도 증가하고 있다. 교육현장에서는 여러 명의 아동을 대상으로 하는 집단상담과 아동의 양육자 특히 부모를 대상으로 하는 부모상담을 유용하게 활용할 수 있다. 이에 본 장에서는 아동 집단상담과 부모상담의 정의와 특성, 과정과 내용에 대해 살펴볼 것이다.

1. 개념과 가치

아동 문제행동 및 병리에 대한 지식 증가, 상담에 대한 사회적 인식 변화, 자녀 발달에 대한 부모의 관심 증가 등으로 아동상담에 대한 수요가 꾸준히 증가해 왔다. 이에 아동상담자의 수와 서비스 제공 기관도 크게 늘어 아동상담실, 아동가족 상담센터, 소아정신과 병원, 지역사회 복지관 등에서 손쉽게 서비스를 받을 수 있게 되었다. 그러나 아동은 스스로 자신의 문제를 인식하기 어렵고, 문제를 인식했다 할지라도 상담실을 혼자 방문하거나 비용을 지불할 능력이 없기 때문에 상담에 참여하는 데 제약이 있다. 즉, 아동상담에서는 성인의 문제인식과 조력이 필수적이며 이는 도움이 필요한 취약 가정의 아동에게 특히 중요한 이슈가 된다.

유치원, 어린이집, 학교에서 아동상담을 실시하는 것은 사설 상담센터 방문이 어려운 아동을 위한 좋은 대안이다. 아동의 상담 참여가 용이할 뿐만 아니라 부모보다 아동을 더 엄격하고 객관적으로 평가하는 교사가(박진아·조성연, 2011; Merydith, Prout, & Blaha, 2003) 의뢰에 관여할 수 있기 때문에 문제행동 개선 및 예방에도 효과적이다. 미국에서는 1990년대부터 아동의 자기와 타인에 대한 이해 증진, 스트레스와 문제 행동 감소, 학업 성취 증진 등을 돕기 위해 학교·유치원에 상담을 정착시키려는 노력이 본격화되었으며, 2012년에는 국가 차원에서 발달적 학교 상담 프로그램을 제안하였다(Blanco & Ray, 2011; Trice-Black, Bailey, & Riechel, 2013). 우리나라에서는 2000년대에 들어서면서 학교 및 유아교육기관에서의 상담이 점차 증가되고 있는 추세이다. 국가 공인 자격인 청소년상담사와 사회복지사, 민간 자격인 놀이치료사, 아동상담사, 모래놀이치료사를 취득한 상담자들이 교육현장에서 상담자로 활동하고 있다.

교육기관에서의 상담은 자유놀이 시간이나 쉬는 시간, 방과 후 시간을 통해 실시하는 것이 일반적이다. 소수의 기관에서는 아동의 발달 지원을 목적으로 주 1~3회, 15~20분 정도 정기적으로 학급 단위의 상담을 실시하기도 한다. 기관에 치료 도구가 갖추어지지 않은 경우에는 상담자가 치료 도구 키트를 가지고 방문하여 상담을 진행한다. 교육현장에서는 놀이치료, 미술치료, 심리극 및 독서치료 등을 주로 활용하며 아동 한 명을 대상으로 하는 개인상담뿐만 아니라 여러 아동이 동시에 참여하는 집단상담을 실시하고 있다.

훈련된 전문 상담자가 교육기관에서 상담을 실시하는 것이 이상적인 것은 분명하다. 하지만 아동과 함께 생활하는 기관의 장이나 담임교사가 아동발달 및 아동상담에 대한 지식을 바탕으로 부모상담을 실시하는 것 역시 의미 있는 일이다. 부모상담은 정기적으로 실시하는 부모참여 수업 전후에 실시하거나, 개별적인 부모면담 시간, 관찰일지 및 생활기록장을 통해 실시할 수 있다. 이에 본 장에서는 교육현장에서 아동의 성장과 변화를 이끄는 방안으로서 집단상담과 부모상담에 대해 살펴볼 것이다.

2. 실천 방안

1) 집단상담

(1) 정의와 특성

집단상담(group counseling)은 두 명 이상의 내담자가 참여하는 상담 형태를 일컫는 용어로, 집단상담의 내용과 방법은 상담자가 선택한 이론에 따라 달라진다. 예를 들어, 집단상담이 인간중심 이론(아동의 경우, 아동중심 이론)에 기초한다면, 상담자는 집단원들의 능동적인 참여를 강조하고 성장 가능성을 일깨우는 데 초점을 맞춰 상담을 진행할 것이다. 행동주의에 기초하는 상담자라면 집단원의 목표행동(문제행동)을 변화시키기 위해 행동 형성, 칭찬, 소거 원리를 적용해 상담을 진행하게 된다.

집단은 유사한 문제나 목적을 가진 내담자들로 구성된다. 인원은 6~8명, 최대 10명 내외로 구성하는 것이 일반적인데 내담자들의 특성에 따라 인원을 조정해야 한다. 예를 들어, 주의집중이 어렵고 산만한 내담자들이나 연령이 어린 유아들을 대상으로 하는 집단상담은 4~5명 정도로 적정 인원보다 적은 수로 운영하는 것이 효과적일 수 있다. 아동은 연령에 따라 발달수준의 차이가 비교적 큰 편이기 때문에 유사한 연령으로 집단을 구성하는 것이 효과적이다.

집단상담은 주사용 매체와 이론 그리고 집단 유지 형태에 따라 유형을 세분화할 수 있다. 아동 집단상담에서는 놀이, 게임, 미술, 연극, 문학 등의 매체를 사용해 아동의 제한적인 의사소통 능력을 보완하는 것이 효과적이다. 어떠한 매체를 주로 사용하는가에 따라 집단놀이치료, 집단게임놀이치료, 집단미술치료, 소시오드라마, 집단독서치료 등으로 명명한다. 그리고 상담자가 기초하는 이론에 따라 정신분석 집단놀이치료/아동중심 집단놀이치료, 행동주의 집단게임놀이치료/인지행동 집단 게임놀이치료, 정신분석 집단미술치료/아동중심 집단미술치료 등으로 구분한다. 한편 아동상담 모델들 중 모래놀이치료, 치료놀이, 소시오드라마의 경우에는 별도로 이론을 명명하지 않는 것이 일반적이다.

집단상담은 집단 유지 형태에 따라 개방형 집단과 폐쇄형 집단으로 구분한다. 개방형 집단은 집단원의 이사, 개인상담 전환 등으로 집단에 결원이 발생할 경우 새로운 집단원을 받아들이는 형태를 말한다. 폐쇄형 집단은 결원이 생기더라도 새로운 집단원을 받아들이지 않고 처음 상담에 참여한 구성원들로 계속 집단을 운영해 간다. 집단을 개방형으로 운영할 것인지 폐쇄형으로 운영할 것인지는 집단원들의 특성과 상담목표에 따라 결정하는 것이 좋다. 예를 들면, 애착형성에 어려움이 있는 아동 집단은 폐쇄형이 더 나을 수 있으며 또래관계 기술 향상을 목표로 하는 집단은 개방형이 더 유용할 수 있다.

〈표 12-1〉 **집단상담의 유형**

주 사용 매체	이론 및 주 사용 매체	집단 유지 형태
• 집단놀이치료 • 집단게임놀이치료 • 집단미술치료 • 소시오드라마 • 집단독서치료 • 집단치료놀이 • 집단모래놀이치료 등	• 정신분석 집단놀이치료, 아동중심 집단 놀이치료 등 • 행동주의 집단게임놀이치료, 인지행동 집단게임놀이치료 등 • 정신분석 집단미술치료, 아동중심집단 미술치료 등 • 소시오드라마 • 인지주의 집단독서치료, 인지행동 집단독서치료 등 • 집단치료놀이 • 집단모래놀이치료	• 개방형 집단상담 • 폐쇄형 집단상담

집단상담에는 여러 내담자가 참여하기 때문에 집단원 간에 활발한 상호작용이 발생한다. 상담자 및 집단원과의 상호작용, 집단 내 역동은 집단상담의 가장 큰 특징이자 치료 성과를 유발하는 요인이다. Yalom(1995)은 집단상담을 통해 내담자가 변화되는 원리, 치료 성과를 야기하는 요소, 즉 치료 요인을 다음의 11가지로 정리하였다.

* 희망의 고취: 내담자는 집단상담을 통해 변할 수 있다는 희망을 느끼고 상담에 동기를 갖는다.

* 보편성: 나와 유사한 문제를 가진 집단원들을 통해 나만 문제를 가진 것이 아니며, 누구나 문제를 겪을 수 있다는 사실을 깨닫는다.
* 정보전달(정보습득): 상담자 및 집단원과 정보를 교환하며 문제의 의미를 이해하고 문제해결방법을 함께 찾는다.
* 이타심: 집단원들로부터 지지, 격려, 공감을 받고 집단원들을 이해하고 수용하는 기회를 갖는다. 이를 통해 이타주의의 효과를 경험하고 자신의 가치를 인식할 수 있다.
* 대인학습: 집단원들의 이타적인 태도, 솔직한 표현 방식, 대인관계 기술 등을 학습한다.
* 사회화 기술의 발달: 집단원들과의 접촉, 집단원들이 제공하는 피드백을 통해 사회화 기술을 발달시키고 효과적인 대인관계 기술을 체득할 수 있다.
* 모방행동: 상담자와 집단원들의 행동과 언어, 관계 양식을 모방함으로써 사회 적응력을 높인다.
* 집단응집력: 집단원들과 친밀감, 신뢰감을 형성하고 소속감을 경험한다.
* 초기가족의 교정적 재현(교정적 정서 체험): 자신의 원가족에서 경험한 상처, 사회생활이나 또래관계에서 받은 상처를 집단원과의 따뜻한 관계를 통해 치유한다.
* 정화: 억압했던 감정을 표현하고 집단원들이 이를 수용해 줌으로써 감정을 정화한다.
* 실존적 요인들: 집단원들과 교류하는 과정에서 선택과 책임, 불확실성, 소외, 이별, 죽음과 같이 인간이기 때문에 겪을 수밖에 없는 문제들을 인식하고 성실한 삶, 진실한 삶을 살아야 한다는 것을 깨닫게 된다.

집단상담에는 다양한 장점이 있다. 우선 여러 내담자가 변화를 경험하기 때문에 효율적이고 경제적이다. 또한 상담자가 여러 내담자에게 관여하므로 자신에게만 초점이 맞춰지는 것을 불편해하는 내담자의 경우, 부담감을 덜 느낀다는 장점이 있다. 공통의 문제에 대해 여러 집단원이 함께 논의하기 때문에 다양한 해결책이 도출되고 해결책의 실효성도 여러 관점에서 평가해 볼 수 있다는 장점이 있다. 마지막으로, 집단은 곧 작은 사회이기 때문에 대인관계 기술을 직접 연습해 보고 집단원들의 피드백을 통해 교정할 수 있으며 더 나은 기술을 발달시킬 수 있다.

(2) 과정

집단상담의 전체 과정은 초기단계, 중기단계, 종결단계로 구분한다. 각 단계의 목표, 내용 및 고려사항은 다음과 같다.

① 초기단계

상담자와 집단원들 간에 친밀감, 신뢰감, 집단응집력이 형성되지 않으면 집단원들은 자신을 드러내지 못할 뿐만 아니라 상대방을 진심으로 이해할 수도 없다. 따라서 초기단계에서는 친밀감 및 신뢰감, 집단응집력을 형성하는 데 초점을 맞춰야 한다. 친밀감과 신뢰감을 형성하기 위해 상담자는 편안하고 수용적인 분위기를 조성해야 한다. 특히 아동들과 작업할 때에는 집단원을 놀리거나 비난해서는 안 되며 다른 사람의 비밀을 집단 밖에서 이야기하지 않는다는 규칙을 설정함으로써 친밀감 및 신뢰감 형성을 촉진할 수 있다.

자기소개 게임, 별칭 짓기, 집단원의 장점 찾기, 집단원들의 공통점 찾기, 협력이 필요한 팀 과제(예: 풀, 스카치 테이프를 사용하지 않고 A4용지 높이 쌓기, 작게 접은 신문지 위에 집단원들이 모두 올라서기) 등을 실시하는 것도 도움이 된다. 친밀감과 신뢰감이 형성되면 '우리는 하나'라는 인식, 즉 집단응집력이 생긴다. 초기단계에 소요되는 시간은 집단 구성원들의 특성에 따라 차이가 있는데, 적어도 3~4회기 정도가 소요된다.

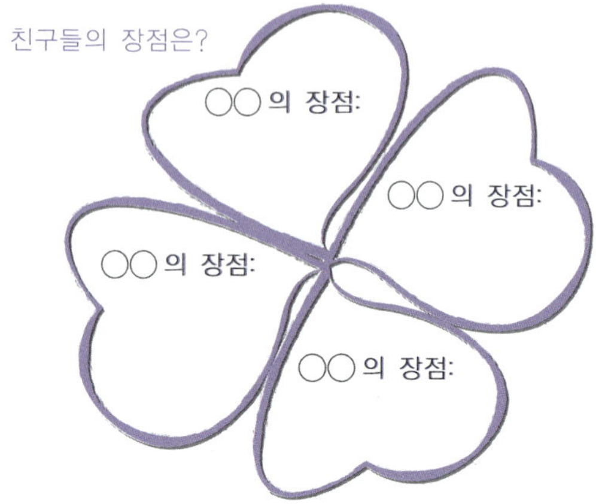

[그림 12-1] 장점 찾기 활동지

② 중기단계

중기단계에서는 집단원들이 공유하는 문제나 논의하길 원하는 주제를 다루어 상담의 목표를 달성해 간다. 중기단계는 전체 상담 과정 중 가장 긴 기간을 차지하며 매 회기는 도입, 작업, 마무리단계로 진행한다.

도입부는 집단원과 상담자가 서로 인사를 나누는 것으로 시작한다. 그리고 아동들에게 특별히 작업하길 원하는 주제가 있는지 물어보고 이유를 듣는다. 집단원 중 한 명이 주제를 제안하면 다른 집단원들에게 오늘 이 주제를 다루어도 괜찮은지 동의를 구하고 작업단계를 시작한다. 구조화된 집단상담을 실시하는 경우에는 작업단계에서 다룰 주제와 활동을 상담자가 회기 시작 전 미리 선정해 두고 도입부에서 오늘 실시할 작업에 대해 소개한다.

작업단계에서는 선정한 주제에 대해 이야기를 나누고 문제 및 문제 해결책을 탐색한다. 놀이, 미술, 연극, 문학작품 등을 활용한다면 아동의 자기표현과 작업에 대한 집중을 촉진할 수 있다. 예를 들어, 도입부에서 집단원 중 한 명이 오늘 학교에서 있었던 속상한 일에 대해 이야기하면서 집단과 작업하길 원했다고 가정해 보자. 집단원들이 작업에 동의한다면 상담자는 작업단계에서 함께 사건 해결책을 탐색하고 해결책의 유용성을 평가해 볼 수 있다. 또한 집단원들에게 속상한 일을 겪은 아동에게 주고 싶은 선물(예: 용기, 침착함)을 그림으로 그려 전달하는 활동을 실시할 수 있다. 집단원들은 이 경험을 통해 언젠가 자신도 겪을 수 있는 문제에 대한 해결책을 미리 마련할 수 있고 이타심, 공감능력, 대인관계 기술을 발달시킬 수 있다.

작업이 끝나면 오늘 작업에 대한 소감을 나누고 서로 격려하는 것으로 회기를 마무리한다. 상담 시간 동안 주제를 다 다루지 못했거나 마무리단계에서 중요한 논의 주제가 등장한다 할지라도 종결 시간을 초과해 작업해서는 안 되며, 다음 회기에 다룰 것임을 알려 주고 종결한다.

중기단계에서는 집단원들을 주도하고 지배하려는 아동이 등장할 수 있다. 또한 활동 거부, 상담자에게 인정받기 위해 애쓰는 행동, 비난과 따돌림, 비밀 누설 등의 문제가 등장할 수 있다. 상담자는 이런 문제들을 예방하기 위해 매 회기마다 놀림과 비난 금지, 비밀 유지에 관한 규칙을 상기시켜 주어야 한다. 타인을 지배하려는 행동, 활동 거부, 비난과 따돌림 문제가 등장한다면, 솔직한 생각과 느낌 나누는 시간을 가짐으로써 해당 아동이 행동 수정의 필요성을 인식하게 해 준다. 이때 상담자는 해당 아동이 상처받지 않게 주의해야 한다. 집단원들이 가해 아동에 대한 비난, 원망을 표현하기보다는 가해 행동에 대한 느낌과 생각을 표현하게 지도한다. 상담자에게 인정받기 위해 애쓰는 아동이 있다면 자기만족과 성취감을 경험할 기회를 제공해 준다. 아동을 칭찬하는 대신 "네가 한 것이 마음에 드는 구나.", "네가 스스로 해냈구나." 같은 언급을 통해 자기만족의 중요성을 인식시키고 성취감을 느끼게 할 수 있다.

③ 종결단계

상담을 통해 느낀 점, 새롭게 알게 된 것, 달라진 점에 대해 이야기를 나누고 깨달은 것을 실천할 계획을 수립한다. 상담자는 변화를 유지하기 위해 계속 노력해야 함을 알려 주고 집단원들이 서로 격려하고 지지할 수 있게 해야 한다. 느낀 점을 글이나 그림으로 표현하기, 달라진 자신을 역할극으로 표현하기, 집단원의 달라진 점 발견하여 알려 주기, 격려 편지 주고받기, 집단원들에게 고마운 점 발표하기 등의 활동을 실시할 수 있다.

일부 아동은 집단상담의 종결을 슬퍼하고 종결을 거부하기도 한다. 특히 따돌림과 소외, 학대 경험으로 상담에 의뢰된 아동은 상담 종결을 상담자에게 버림받는 것으로 여겨 분노를 표출하는 경우가 있다. 또한 집단원들이 서로에 대해 강한 애착을 형성한 경우, 문제가 재발할지 모른다는 불안감이 집단에 만연한 경우에는 다수의 집단원이 종결을 거부할 수 있다. 종결 거부를 예방하기 위해 상담자는 종결 시점을 집단원들과 상의해 결정해야 한다.

종결 날짜가 결정되면, 매 회기가 끝날 때마다 앞으로 남은 회기 수를 알려 주어 아동이 심리적으로 종결에 대비할 수 있게 해 준다. 아울러 아동의 변화를 축하하고, 필요한 경우 언제든지 다시 방문할 수 있음을 알려 주는 것도 종결을 받아들이게 하는 데 도움이 된다. 그러나 아직 해결하지 못한 문제가 있기 때문에 종결을 거부하는 경우라면, 회기 연장을 고려해 보아야 한다. 다수의 집단원에게 미해결 문제가 남아있다면 집단상담 회기를 연장하여 함께 문제를 해결하게 하고, 그렇지 않은 경우라면 집단 상담을 종결하고 상담을 더 원하는 아동을 개인상담에 참여시킬 수 있다.

(3) 놀이와 예술을 활용한 집단상담 사례

① 집단놀이치료

전아정과 김태은(2018)은 사회성 증진을 목적으로 어린이집에 재원 중인 만 5세 유아 6명에게 아동중심 집단놀이치료를 실시하였다. 집단놀이치료는 아동상담사 자격증을 소지한 보육교사에 의해 어린이집에서 실시되었다. 유아들은 주 2회씩 총 15회, 매회 45분간 진행된 아동중심 집단놀이치료에 참여하였다. 아동중심 집단놀이치료의 각 단계에서 유아들이 나타낸 사회성 변화 양상을 소개하면 다음과 같다.

〈표 12-2〉 아동중심 집단놀이치료 과정에서 유아들의 사회성 변화

단계(회기)	내용
초기단계 (1~4)	유아들은 '함께, 같이'라는 표현을 자주 사용하며 협동 욕구와 의지를 표현했다. 그러나 협동 욕구와 의지가 나눔, 협력 행동으로 연결되지는 못했다. 예를 들면, 2회기에 유아들은 함께 놀자며 점토 놀이를 선택했다. 그러나 모두 자신이 선택한 점토를 숨기고 공유하지 않았다. 이런 행동으로 인해 초기단계에서는 또래에 대한 비난과 갈등이 빈번하게 나타났다. 유아들은 자기주장을 고수하고 상처 주는 말을 하는 등 타인 이해가 부족한 모습을 보였으며 갈등 시에는 상황을 회피하였다. 원하는 것을 자유롭게 할 수 있다는 규칙을 반복해서 알렸음에도 모든 유아들이 치료자에게 허락을 구하고 의존하였다. 모든 유아들이 '어떻게 해요? 이걸 해도 되나요?'같은 질문을 자주했고 놀이실 탐색과 혼자 놀이에 집중했다. 또래가 상호작용을 시도해도 잘 반응하지 않았고 상호작용이 이뤄져도 지속 시간이 길지 않았다. 이런 행동들은 치료자의 개입과 안내에도 쉽게 사라지지 않았다.
중기단계 (3~11)	초기단계에서 관찰하기 어려웠던 협력, 도움, 규칙 준수 등 협동 행동이 관찰되었다. 예를 들면, 또래가 도움을 청해도 반응하지 않던 한 유아는 다른 유아의 요청에 도움을 제공했고 기다리기를 어려워했던 유아는 치료자와 다른 유아 간 대화가 끝날 때까지 끼어들지 않고 기다리는 모습을 보였다. 중기단계에서는 유아들에게 또래를 이해하고 의견을 수용하는 모습이 나타났는데 또래를 이해하는 데에는 대체로 치료자의 개입이 필요했다. 예를 들면, 한 유아가 친구를 놀리기 시작했는데 치료자가 이 유아에게 놀림 당하는 친구의 표정을 관찰해 볼 것을 요청하자 이 유아는 자신이 놀리던 유아에게 곧 사과하였다. 이 단계에서는 도구 탐색, 혼자 놀이, 치료자와의 상호작용, 특정 또래와의 상호작용이 점차 감소했다. 유아들은 상호작용에 실패하면 다시 시도하였고 상호작용을 주저하거나 회피, 거절하는 경우도 감소하였다.
후기단계 (12~15)	모든 유아들이 도움이 필요한 또래에게 자발적으로 도움을 제공했다. 도구를 갈등 없이 공유하였고 공동의 목표를 위해 협력하는 모습이 안정적으로 나타났다. 규칙을 어기지 않았으며 규칙 위반이 예상되면 서로 규칙을 알려주는 경우도 있었다. 예를 들면, 한 유아가 치료자에게 도움을 요청했는데 치료자가 즉시 살펴볼 수 없는 상황이었다. 이 때 다른 유아가 '내가 도와줄까?'하며 이 유아를 돕는 모습이 관찰되었다. 또래를 이해하고 배려하는 행동이 모든 유아에게서 자주 나타났다. 치료자의 개입 없이도 또래를 이해하는 경향이 두드러졌다. 또한 유아 간 상호작용이 매우 활발하게 나타났고 상호작용 시간은 중기단계에서보다 길어졌다. 앞 단계에서 보기 어려웠던 감정 교류·공유 목적의 상호작용이 빈번하게 나타났다. 재미있는 것, 즐거운 것을 발견하면 다른 유아들에게 보여주며 공유하길 원했고 다른 유아들의 작품을 칭찬하였으며 즐거워하는 다른 유아의 감정에 동화된 듯 함께 웃는 모습을 나타내었다.

출처: 전아정, 김태은(2018). 발췌 수정.

② 집단모래놀이치료

유승은·박부진(2011)은 아동의 자아개념과 자아발달을 촉진하기 위해 집단모래놀이치료를 실시하였다. 6~7세 남아 4명, 6~7세 여아 4명이 참여하였는데, 남아 집단과 여아 집단으로 나누어 치료를 진행하였다. 두 집단 모두 주 1회씩 총 20회, 매회 40분간 집단모래놀이치료에 참여하였다. 매 회기는 모래 만지기(5분), 집단 모래상자 꾸미기(30분), 이야기 나누기(5분) 순으로 진행하였다.

집단 모래상자를 꾸밀 때에는, 자신의 차례에 3개의 소품을 가져와 상자에 놓는 것을 원칙으로 하였고 소품을 가져올 기회는 모든 아동에게 3번씩 주어졌다. 마지막 기회에는 다른 친구가 놓은 소품 1개, 자신이 놓았던 소품 1개씩을 옮길 수 있게 하였다. 그리고 상자를 꾸미는 동안 집단원과의 상호작용, 자신이 놓은 소품을 다른 집단원이 옮겼을 때의 감정, 소품들 간의 갈등상황을 극복할 수 있게 도와 존재감을 확립하고 자아개념을 발달시킬 수 있게 하였다. 다음에 여아 집단이 만든 모래상자의 내용과 여아들의 행동 변화를 요약해 제시하였다.

〈표 12-3〉 여아 집단 모래놀이치료의 내용과 아동의 행동 변화

단계(회기)	구분	행동
준비단계 (1~6)	모래 상자	아동들의 상자는 전체적으로 어수선하고 혼란스러운 모습이다. 아동들은 다른 아동이 모래상자에 놓은 소품을 보고 같은 맥락의 소품을 가져오려고 하지만 마음이 합해지지 않아 무질서하고 혼란스러움이 모래상자에 드러났다. 한 아동이 뱀을 가져오자 다른 아동들은 싫어하고 혐오하면서도, 자신들도 가져와서 상자에 놓았다. 6회기의 주제는 '무덤'으로 죽음과 파멸이라는 주제도 있지만, 새로운 시작을 위한 준비로 보여졌다. 이것은 아동들이 집단모래놀이치료를 시작할 준비가 되었음을 상징한다.
	행동	아동들은 약간 어수선한 분위기로 첫 회기를 시작했는데, 이후 회기에서도 그런 분위기가 이어졌다. 한 아동은 계속 자신이 아닌 다른 사람의 이야기를 많이 하였고 다른 아동들은 그냥 듣고 있는 모습이 나타났다.
출발단계 (7~8)	모래 상자	이 단계에서 아동들은 상자에 나타난 작은 양에게 매우 집중하였다. 양이 어디로 움직이고 어떻게 있는가에 매우 관심을 보였다. 양이 강을 건너고, 마을에서 다리를 건너가려고 한다는 등 출발, 여행의 주제가 부각되었다.

단계(회기)	구분	행동
출발단계 (7~8)	행동	6회기까지와는 다르게 아동들은 활기찬 모습이었으며, 웃음이 많아졌다. 한 아동은 집단 모래상자를 꾸미는 것이 재미있다고 하였고 다른 아동이 가져오는 소품에 많은 관심을 보였으며 조금씩 자신의 의견을 이야기하기 시작했다. 그러나 자신이 가져온 소품을 다른 아동들이 마음에 안 들어 할 때에는 되돌아가 소품을 바꿔서 가져오는 등 자기 의견을 끝까지 주장하지 못하는 모습도 나타났다.
투쟁단계 (9~12)	모래상자	유령, 괴물 등을 주제로 모래상자를 꾸몄는데 소품과 소품이 서로 공격하거나, 공격당하는 사람 앞에 개구리, 개미 같은 소품을 몰아 두는 현상이 나타났다.
	행동	바다를 꾸미고 싶어 하는 아동과 육지를 꾸미고 싶어 하는 아동, 모래를 퍼내는 아동과 그것을 덮어 버리는 아동 등 아동들의 투쟁이 나타났다. 상대의 소품 옆에 위협적인 소품을 놓는 등 직접적이지 않은 방식으로 공격성이 나타났다. 이러한 과정을 겪으며 아동들의 목소리가 커지고 자기주장을 확실하게 하는 모습이 나타났다.
판타지단계 (13~16)	모래상자	사막, 외국의 마을 같은 주제가 나타나거나 가면무도회, 백설공주와 일곱난장이 등 판타지적인 주제로 상자가 꾸며졌다. 이는 정신세계의 먼 곳에 도달하려고 하며 새로운 것을 수용하고 받아들이려는 것으로 해석된다. 판타지적인 상자를 꾸미며 아동 스스로 새로운 것을 수용하고 내적인 에너지를 얻는 과정으로 해석된다.
	행동	아동들은 상자를 꾸미며 매우 재미있어 하였으며, 서로 진심으로 돕고 한 마음으로 상자를 꾸미는 모습이 나타났다. 다른 아동이 자신과 다르게 꾸미고 싶어 하면 다른 아동의 의견을 받아들이고 절충하려는 행동을 보였다. 아동들은 즐겁게 회기를 마무리했고 의견 교류도 활발하게 일어났다.
일상단계 (17~20)	모래상자	17회기부터 학교생활이 등장하며 일상적인 내용이 나타났다. 모래상자의 제목도 박물관, 우리들의 신나는 파티, 생일축하파티가 등장했다. 일상적인 주제는 자아발달의 마지막 단계에서 등장하는 주제로 자아가 성장한 아동들이 일상생활에 적응할 때 나타난다. 특히 19회기에는 우리들의 신나는 파티라는 주제로 모래상자 중앙에 원형 무대를 만들었는데, 이것은 아동들이 집단 모래놀이치료에서 경험한 것을 통합하려 함을 의미한다. 20회기에서는 아기 생일파티라는 주제로 아기가 등장하였다. 이는 탄생을 의미하고 새로운 출발을 의미하는 것으로 해석된다.
	행동	협동이 잘 되었고 주장을 조리 있게 이야기하였다. 분명 서로 마음에 들지 않는 모습이 있었지만, 소품으로 서로를 공격하는 것이 아니라 언어로 표현하고 수정해 가는 모습을 보였다. 다른 사람에 대해 이야기하는 것이 아니라 자신에 대해 이야기하고 자신의 일상적인 일, 좋아하는 것에 대해 이야기하는 시간이 늘어났다.

출처: 유승은 외(2011). 발췌 수정.

③ 집단치료놀이

김태은과 전아정(2019)은 유아의 친사회적 행동을 향상시키기 위해 집단치료놀이를 실시하였다. 어린이집에 재원 중인 만 2세 영아 6명이 주 2회씩 총 11회, 매회 40분 간 실시된 집단치료놀이에 참여하였다. 매 회기는 도입, 중심활동, 마무리 순으로 진행되었고 회기마다 치료놀이의 원리인 구조, 개입, 도전, 양육이 반영된 활동들이 실시되었다. 친사회적 행동 증진을 위한 집단치료놀이의 구성과 내용 일부를 다음에 소개하였다.

〈표 12-4〉 **영아의 친사회적 행동 증진을 위한 집단치료놀이의 구성과 내용**

단계	회기	목표	과정		내용	원리
초기	1	• 목적, 규칙 이해 • 친밀감 형성	도입	인사	• 인사 노래 부르기 • 프로그램 목적, 규칙설명	구조, 개입 양육
				체크업	• 신체 탐색 • 집단원 간 스킨십	
		• 타인 인식 향상 • 규칙준수 향상	중심활동		• 로션 그림 그리기	구조, 개입 양육
		• 집단 응집력 형성 • 규범 이해·실천	마무리		• 집단원과 악수하기 • 작별 노래 부르기	양육, 구조
	2	• 친밀감 형성	도입	인사	• 인사 노래 부르기	구조, 개입 양육
				체크업	• 신체 탐색 • 집단원 간 스킨십	
		• 타인 인식 향상 • 규칙준수 향상	중심활동		• 몸으로 달팽이 집 짓기 • 집단원의 얼굴 꾸며주기	구조, 개입 도전, 양육
		• 집단 응집력 형성 • 규범 이해·실천	마무리		• 집단원과 악수하기 • 작별 노래 부르기	양육, 구조
중기 I	4	• 친밀감 강화	도입	인사	• 인사 노래 부르기	구조, 개입 양육
				체크업	• 신체 탐색 • 집단원 간 스킨십	
		• 행동조절 증진 • 규칙준수, 협력 증진	중심 활동		• 배 타고 강 건너기 • 비눗방울 터뜨리기 • 씨앗(영아) 성장 표현하기	구조, 개입 도전, 양육
		• 집단 응집력 강화 • 규범 이해·실천	마무리		• 친구에게 로션 발라주기 • 샌드위치 포옹하기 • 작별 노래 부르기	양육, 구조

단계	회기	목표	과정		내용	원리
중기 I	6	• 친밀감 강화	도입	인사	• 인사 노래 부르기	구조, 개입 양육
				체크업	• 신체 탐색 • 집단원 간 스킨십	
		• 행동조절 증진 • 규칙준수, 협력 증진	중심 활동		• 밀가루 징검다리 건너기 • 밀가루 반죽으로 친구 꾸미기	구조, 개입 도전, 양육
		• 집단 응집력 강화 • 규범 이해·실천	마무리		• 친구 손 닦아주기 • 볼 뽀뽀하기 • 작별 노래 부르기	양육, 구조
중기 II	7	• 친밀감 강화	도입	인사	• 인사 노래 부르기	구조, 개입 양육
				체크업	• 신체 탐색 • 집단원 간 스킨십	
		• 행동조절 증진 • 규칙준수, 협력도 움행동 증진	중심 활동		• 친구와 휴지 끊기 • 휴지 공 농구 • 진행자로부터 교사 구하기	구조, 개입 도전, 양육
		• 집단 응집력 강화 • 규범 이해·실천	마무리		• 친구 다리 안마하기 • 작별 노래 부르기	양육, 구조
후기	10	• 친밀감 강화	도입	인사	• 인사 노래 부르기	구조, 개입 양육
				체크업	• 신체 탐색 • 집단원 간 스킨십	
		• 행동조절 증진 • 규칙준수, 협력도 움행동 증진	중심 활동		• 구호에 맞춰 움직이기 • 스카프로 풍선 옮기기/튕기기 • 숨겨진 꽃(영아) 찾기	구조, 개입 도전, 양육
		• 집단 응집력 강화 • 규범 이해·실천	마무리		• 진행자가 안마해주기 • 검지 하이파이브 • 작별 노래 부르기	양육, 구조
	11	• 친밀감 강화	도입	인사	• 인사 노래 부르기	구조, 개입 양육
				체크업	• 신체 탐색 • 집단원 간 스킨십	
		• 행동조절 증진 • 규칙준수, 협력도 움행동 증진	중심 활동		• 신체 부위 맞대기 • 진행자와 교사가 영아를 안아서 옮겨주기 • 손도장 찍기	구조, 개입 양육
		• 집단 응집력 강화 • 규범 이해·실천 • 변화 확인	마무리		• 지난 회기 회상하기 • 포옹하기 • 작별 노래 부르기	양육, 구조

출처: 김태은, 전아정(2019). 발췌 수정.

④ 집단미술치료

최혜원과 최연실(2019)은 다문화 가족 아동의 사회적 기술 향상에 기여하고자 해결중심 접근에 기초한 집단미술치료를 실시하였다. 해결중심 접근은 내담 아동이 가진 문제, 병리에 집중하는 대신 내담 아동이 가진 강점과 장점, 문제해결책을 발견하는데 초점을 두는 상담이론이다. 해결중심 집단미술치료에서는 아동의 강점과 장점, 문제해결책 탐색을 위해 미술매체를 도구로 적극 활용하며 척도 질문, 관계성 질문, 기적 질문, 대처 질문, 예외 질문 등 해결지향적 질문들을 사용해 내담 아동의 변화를 촉진한다. 최혜원과 최연실(2019)이 실시한 해결중심 집단미술치료에는 지역아동센터를 이용하는 다문화 가족의 초등학교 3–5학년 아동 6명이 참여하였다. 집단미술치료는 주 1회씩 총 8회기, 매회 90분 간 실시되었는데 이 프로그램의 내용을 아래의 표에 제시하였다.

〈표 12-5〉 **아동의 사회적 기술 향상을 위한 해결중심 집단미술치료 프로그램의 내용**

	회기	주제	해결중심기법 /사회적 기술	활동 내용
관계 형성	1	서로 알아가기	치료 전 질문	• 프로그램 소개 • 원하는 별칭 만들기 • 팀원(짝) 소개 • 얼굴 바꿔 그리기 • 집단규칙 정하기 * 매체: OHP필름, 매직, 색연필, 색지, 하드보드지
목표 설정	2	합동 연주회	척도 질문 /협동	• 신체이완 활동 • 마라카스 악기 만들기(협동주제) • 합동연주회–역할정하기 • 평소에 나의 협동심 점수화 * 매체: 페트병, 포스터칼라 및 아크릴 물감, 곡물
	3	나를 찾아서	관계성 질문 /주장 통제	• 점수화(주장, 통제) • 관계성 질문 • 엽서 꼴라주 작업(주장, 통제) • 지지 자원 및 피드백 * 매체: 잡지책, 엽서, 풀, 가위

	회기	주제	해결중심기법 /사회적 기술	활동 내용
해결 유도 및 개입	4	멋진 내가 되기 위해	기적 질문 /협동	• 장점 바람개비 만들기 • 소망 나무 함께 꾸미기 * 매체: 바람개비재료, 매직, 접착제, 화분, 찰흙, 아크릴물감, 붓, 채색도구
	5	나만의 성공 경험	대처 질문 /주장 통제, 협동	• 감정카드(방해요소 탐색) • 웅덩이 합동화 그리기 • 서로 해결했던 다른 성공 경험 공유(대처법) • 해결 시 감정 표현 * 매체: A4용지, 전지, 감정카드, 색채도구, 필기도구
변화 이끌어 내기	6	예외적 상황에서 나 발견	예외 질문 /주장 통제	• 신체이완하기 • 목표를 위한 나만의 주장, 통제 카드 만들기 • 이야기카드로 갈등상황 및 예외상황 나누기 * 매체: 스크래치용지, 이쑤시개, 이야기카드
종결 및 유지	7	나의 변화될 모습 상상	해결지향적 질문 /주장 통제, 협동	• 협동 석고 본뜨기 • 석고에 나의 바람 담아 작품 만들기 • 자랑스런 경험 나누기 * 매체: 석고붕대, 채색도구, 빛
	8	앞으로 나의 바람	종결 /척도 질문	• 스노우병 만들기 • 상장수여하기 • 작품 전시하기 • 종결 목표 도달 및 변화 점수 확인하기 • 종결 소감 나누기 * 매체: 공병, 반짝이, 데코재료, 클레이

출처: 최혜원, 최연실(2019) 발췌 수정.

2) 부모상담

(1) 정의와 특성

부모가 아동에게 미치는 영향이 매우 크기 때문에 아동의 문제를 해결하고 예방하기 위해 부모를 상담하는 것은 유용한 일이다. 부모상담에서는 부모가 자기 자신과 아동을 이해할 수 있게 돕고, 부모에게 정서적 지지를 제공하며 효과적인 양육기술에 대해 가르친다. 또한 필요에 따라 부모가 아동의 상담자로 기능할 수 있게 하는 훈련을 제공한다. 즉, 부모상담은 아동의 성장과 변화를 목적으로 부모를 상담하고 교육하며 지지하고 치료하는 과정으로 정의할 수 있다.

부모상담을 실시하기에 앞서 상담자는 상담에 누가 참여할 것인지, 목표가 무엇인지, 참여하는 부모의 특성은 어떠한지를 파악해야 한다. 임상현장에서는 아동의 어머니만 상담에 참여하는 일이 흔하다. 그러나 아버지의 부정적인 양육태도나 성향, 부모 간 갈등도 아동의 문제에 영향을 미치는 만큼 아버지의 상담 참여가 격려되어야 한다. 아버지가 상담을 거부하거나 참석이 어려운 상황이라 할지라도 상담자는 포기하지 말고 참여를 설득하는 것이 좋다. 한 달에 한 번이라도 아버지가 참여할 수 있게 상담 스케줄을 조정하거나 전화 상담을 실시하여 아버지가 상담에 관여할 수 있게 도와야 한다. 간혹 부득이한 사정으로 부모상담에 아동을 데리고 오는 경우가 있는데 이는 좋은 선택이라 볼 수 없다. 부모상담에서는 부모의 정서적 문제나 원가족과의 어려움, 자녀 양육의 어려움 등 다양한 주제가 다루어질 수 있는데 자녀가 동석할 경우 부모는 이에 대해 상담자와 솔직하게 대화하기 어렵기 때문이다.

상담자는 부모상담을 실시하기에 앞서 상담 목표를 설정해야 한다. 상담을 통해 무엇이 어떻게 달라지기를 원하는지, 무엇을 얻길 원하는지, 상담자가 어떤 도움을 주길 원하는지 부모에게 질문함으로써 상담 목표와 부모의 요구를 파악할 수 있다. 목표에 따라 부모상담의 초점이 달라지는데, 부모가 양육방법을 배우길 원하는 경우에는 상담에서 교육적 측면이 강조된다. 부모에게 정신병리, 심리적인 어려움이 있거나 부부 갈등이 심각한 경우, 가족 관계나 구조에 문제가 있는 경우에는 치료적 관점이 강조된다. 특히 부부 갈등, 가족관계 문제가 심각한 경우에는 부부상담 및 가족치료를 병행하는 것이 효과적이다.

부모상담은 부모의 연령과 건강상태, 성격, 이해력 등 부모의 특성과 상황을 고려하여 계획한다. 유아기 자녀의 과잉행동 개선을 목표로 부모상담을 실시하는 상황을 가정해 보자. 상담자는 이 부모에게 자녀와 다양한 신체활동을 하도록 권고할 것이다. 가정에 머무는 시간을 줄이고 자녀와 함께 수영, 공놀이, 달리기, 팔씨름 같은 에너지 발산 활동을 더 많이 하도록 요청할 것이다. 상담자의 제안대로 자녀와의 신체활동을 늘린다면 대체로 자녀의 과잉행동은 감소할 것이며 자녀는 책 읽기나 한글 공부 같은 정적인 활동에 더 잘 집중할 수 있게 될 것이다. 그러나 부모가 고령이거나 건강상태가 좋지 않은 상황이라면 상담자의 권고를 실천하기 어려울 것이다. 이 경우 상담자는 부모를 대신하여 자녀와 신체활동을 해 줄 수 있는 사람이 있는지, 부모가 활용할 수 있는 다른 자원이 있는지를 탐색해 보아야 한다.

부모의 성격 특성도 상담의 내용과 방법에 영향을 미치는 요인이다. 임상 현장에서는 의존성이 높은 부모, 부정적이고 방어적인 부모를 비교적 빈번하게 만날 수 있다. 의존적인 부모는 자녀에 관한 모든 것을 상담자와 상의하길 원하는 경향이 있다. 자녀의 문제를 정확히 이해하기 위해 책을 읽고 공부하기보다는 부정확한 소문에 의지하며 상담이 없는 날에도 상담자와 전화로 상의하기를 원하는 일이 빈번하다. 걱정이 많아 자녀의 모든 일에 관여하길 원하고, 자녀에게 명료하고 단호한 지침을 잘 제시하지 못한다. 상담자의 이야기에 집중하지만 핵심은 이해하지 못하는 경우도 흔한데 예를 들어, '아동에게는 놀이가 중요하다'는 상담자의 이야기를 듣고 값비싼 장난감을 여러 개 사거나 자녀에게 놀이를 강요하기도 한다. 그리고 상담 몇 회기 만에 극적인 변화가 나타나길 바라는 경향이 있다. 반면 이들은 수용적이고 공감적이며 자녀를 민감하게 관찰할 수 있다는 장점이 있다. 이러한 부모를 상담할 때에는 지식의 핵심과 원리를 최대한 간결하게 전달해야 한다. 그리고 문제해결의 '원리'를 적용하는 훈련을 실시하는 것이 좋다(예: 자녀를 일관되게 대해야 한다는 원리를 가르치고, 자녀가 물건을 사 달라고 떼쓰는 상황, 학원에 가지 않겠다고 하는 상황 등에서 어떻게 원리를 적용할 것인지 연습해 봄). 또한 유능성을 깨달을 수 있도록 부모의 장점을 많이 언급해 주고 자녀 역시 유능한 존재이므로 부모가 사소한 일에까지 관여할 필요가 없음을 알려 준다.

부정적이고 방어적인 부모는 상담자의 전문성을 부정하고 상담 성과를 의심하며 자신은 올바르게 자녀를 양육하고 있다고 확신하는 경향이 있다. 자발적으로 부모상담을 시작하는 경우가 거의 없고, 도움의 필요성을 인식한 배우자나 아동의 교사에 의해 의뢰되는 것이 일반적이다. 상담자에게 자녀의 문제, 양육 스트레스, 부부관계를 솔직하게 드러내지 않으며 자녀의 문제가 심각한 것이 아니라고 여긴다. 자신의 부모가 자신을 키운 방식대로 자녀를 양육하려 하며 지적하고 남 탓을 잘 하는 경향이 있다. 이런 유형의 부모에게는 "자녀에 대한 믿음이 크다. 어려움을 극복할 수 있다는 확신과 힘을 가지고 계신 것 같다."와 같은 간접 칭찬을 제공함으로써 관계 형성을 촉진할 수 있다. 부모의 의견을 부정하거나 어려운 전문 용어를 사용해 당황하게 하거나, 부모의 기에 눌려 바르지 않은 의견에 동조하는 일이 없도록 주의해야 한다. 부모가 상담자를 매우 불신하는 상태라면 상담자가 직접 말로 지식을 전달하기보다는 책이나 교육용 영상자료를 활용하는 것이 효과적일 수 있다.

(2) 내용

부모상담의 내용은 아동이 가진 문제, 부모의 특성, 상담단계 등에 따라 달라진다. 예를 들어, 과잉행동 아동의 부모상담에서는 문제 및 문제 대처 전략에 대해 더 깊이, 장기간 다루게 될 것이며 강압적이고 주도적인 부모의 상담에서는 자녀와의 의사소통 및 관계 형성 방법에 대해 더 깊이 다루게 될 것이다. 또한 부모상담의 초기단계에서는 아동의 문제에 대해 설명하는 데 초점을 맞추겠지만 중기단계에서는 아동과의 놀이 방법을 중요하게 다룰 수 있다. 또한 부모가 이미 자녀와 올바르게 의사소통하는 방법을 잘 알고 있다면 의사소통 방법에 초점을 맞추는 대신 부모가 요구하는 다른 것을 주제로 상담하게 된다. 이처럼 상담의 내용은 부모마다 조금씩 차이가 있지만 일반적으로 다음의 주제들이 부모상담 시 중요하게 다루어진다.

① 상담에 대한 설명

앞으로 부모상담에서 무엇을 다룰 것인지, 어떠한 방식으로 상담을 진행할 것인지 설명한다. 임상현장에서는 단 몇 회 만의 상담으로 극적인 효과를 기대하는 부모를 쉽게 만날 수 있다. 따라서 상담자는 상담에 따른 변화가 점진적으로 조금씩 나타난다는 사실을 분명하게 설명해 주어야 한다. 또한 단지 부모상담에 참여하는 것만으로는 문제가 해결되지 않으며, 상담에서 배운 지식과 기술을 자녀에게 적극적으로 적용하고 부모 자신이 변화할 때 자녀도 변화한다는 것을 알려 주어 상담에 동기를 갖게 해야 한다. 자녀의 문제, 자녀와의 관계, 자녀에 대한 느낌이나 자녀의 변화 등을 솔직하게 알려 줄 것을 요청하고 상담자와 나누길 원하는 주제가 있는지 물어본다. 자녀가 놀이치료 등 아동상담을 받고 있다면 상담자는 아동상담의 의미, 과정 등에 대해서도 알려 주어야 한다.

② 문제 및 아동에 대한 설명

부모는 자녀를 가장 잘 알고 있는 사람이지만, 자녀의 문제는 객관적으로 평가하기 어려울 수 있다. 실제로 부모들에게 자녀 문제의 원인이 무엇이라고 생각하는지 물어보면, 또래들이 자녀를 질투하기 때문이라고 답하거나 자신의 자녀가 또래들에 비해 더 성숙한 것이 문제의 원인이라고 답하는 경우가 있다. 또한 자녀가 자폐 스펙트럼 장애나 주의력결핍 과잉행동장애 같은 신경발달장애(뇌 손상이나 뇌 발달 지체)를 가진 경우에도 자녀의 장애보다는 담임선생님의 관심 부족을 더 주요한 문제 원인으로 간주하기도 한다. 이처럼 부모가 문제의 원인과 본질을 정확하게 이해하지 못한다면 상담에 비현실적인 기대를 갖거나 잘못된 해결책을 적용하게 될 수 있다.

따라서 상담자는 아동이 가진 문제를 파악하고 부모가 문제의 본질을 정확하게 이해할 수 있게 해 주어야 한다. 또한 아동의 능력, 가능성, 예후에 대해서도 사실대로 설명해 주어야 한다. 부모는 자녀의 문제로 힘들어하고 자신을 원망하며 경우에 따라, 자녀가 자신을 망신스럽게 한다고 생각할 수 있다. 하지만 문제를 가지길 원하거나 일부러 부모를 힘들게 하길 원하는 아동은 거의 없다. 상담자는 부모, 또래, 교사가 아동의 문제로 고통받는 만큼, 아동 자신도 힘들다는 사실을 알려 주어야 한다. 이를 이해함으로써 부모는 아동과 문제를 분리해서 생각할 수 있고 아동의 장점을 볼 수 있게 되며 아동을 혼내고 지적하는 대신 대화하고 격려할 수 있게 된다.

③ 문제행동 대처 전략

부모가 자녀의 문제행동을 다루고 대처할 수 있게 되면 부모-자녀 관계가 개선되기 시작한다. 부모-자녀 관계가 개선되면 아동의 문제행동도 감소하므로, 부모에게 문제행동 대처 전략을 가르치는 것이 필요하다.

문제행동에 대처하기 위해서는 먼저 문제가 측정 가능한 '행동'으로 정의되어야 한다. 예를 들면, 소심하다, 산만하다 같이 추상적으로 문제를 표현하는 대신 친구에게 먼저 말을 걸지 못한다(소심하다), 식사 시간에 자리를 이탈한다(산만하다) 같은 형태로 문제행동을 구체화하는 것이다. 그리고 문제행동을 통제하기 위해 사용했던 방법 중 효과적인 것이 있었는지, 아동의 문제행동이 어떤 상황에서 덜 나타났는지를 탐색해 본다. 부모가 효과적이었던 대처 전략을 기억해 낸다면 문제행동이 나타날 때마다 일관되게 효과적이었던 대처 전략을 적용하게 한다. 부모가 효과적이었던 전략이 없었다고 보고할 때에는, 문제행동이 덜 나타났던 때의 조건들(예: 충분한 수면을 취한 다음 날은 문제행동을 덜 나타냄)을 더 많이 조성해 주도록 지도한다.

문제행동을 다루기 위해 부모에게 행동수정 기법을 교육할 수도 있다. 아동이 문제행동을 나타내지 않거나 행동을 성공적으로 조절했을 때에는 칭찬, 스티커 등 강화물을 제공하고 문제행동을 나타낼 때에는 타임아웃을 실시할 수 있다. 하지만 행동수정 기법을 잘못 적용할 경우 아동은 수면, 식사, 등교 같이 당연히 해야 하는 일에 대해서조차 용돈, 컴퓨터 게임 시간 늘려 주기 같은 보상을 요구할 수 있다. 이러한 문제를 예방하기 위해 보상 제도는 반드시 문제행동에 대해서만 적용해야 한다. 또한 아동의 발달에 도움이 되지 않는 것(예: 컴퓨터 게임 시간 늘려 주기)은 보상으로 제공하지 말아야 한다. 용돈, 간식 등 물질적 보상보다는 칭찬, 부모와 보드게임하기, 부모가 동화책 읽어 주기 같은 보상을 활용하는 것이 좋다. 그리고 최종적으로는 스스로 문제행동을 통제했다는 만족감과 성취감이 아동에게 보상으로 작용할 수 있게 지도해야 한다.

아동은 타임아웃을 적용받을 때 소외감을 느끼고 부모를 원망할 수 있다. 따라서 타임아웃 시 부모는 자녀 옆에 함께 머물며 타임아웃을 하게 된 이유에 대해 아동과 대화를 나누는 것이 바람직하다. 타임아웃 지속 시간을 부모가 결정하지 말고 아동이 스스로 결정하게 하는 것도 행동수정의 부작용을 예방하는 데 도움이 된다. 타임아웃을 멈추고 하던 일로 다시 돌아갈 때를 아동이 결정하게 함으로써, 아동은 자신의 행동에 책임지는 경험을 할 수 있고 통제력과 한계에 대해 진지하게 생각해 볼 수 있다.

④ 의사소통 방법

아동을 존중하면서 효과적으로 의사소통하기란 쉬운 일이 아니다. 특히 사춘기에 접어든 아동, 반항과 산만성, 공격성을 보이는 아동, 잘 반응하지 않는 아동과 평화롭게 대화를 이어 가는 것은 부모뿐만 아니라 상담자에게도 매우 어려운 일이다. 때문에 아동과 효율적으로 의사소통하기 위해서는 다음과 같은 전략 그리고 인내심이 필요하다.

* 아동이 대화할 준비가 되었는지 확인한다. 아동이 책 읽기나 TV 시청 등 어떤 일에 몰입해 있을 때는 대화를 시작하기 적절치 않다. 긴급하게 의사소통해야 하는 주제가 아니라면 아동이 하던 일을 마칠 수 있게 기다려 주는 것이 좋다.
* 대화 주제는 아동이 선택하게 한다. 아동은 관심사를 주제로 이야기할 때 더 적극적으로 대화에 참여하고 부모에게 수용받는다고 느낀다. 부모는 “오늘 하루 어떻게 보냈니?”라고 질문함으로써 아동에게 주제 선택권을 넘겨줄 수 있다. “친구랑 사이좋게 지냈니?”, “선생님께 혼나지는 않았니?”라는 말로 대화를 시작하는 것은 대화 주제를 부모가 결정하는 전형적인 예이다. 친구와의

갈등, 꾸지람은 부모가 관심을 갖는 대화 주제이지만 아동에게는 피하고 싶은 주제일 것이다. 따라서 대화 주제를 아동이 선택하게 할 때 부모-자녀 간의 대화를 쉽게 시작하고 지속할 수 있다.

* 대화 시에는 아동에게만 집중하고, 아동의 말을 잘 들어주어야 한다. 자녀가 대화를 요청할 때에는 하던 일을 멈추고 아동과 눈을 맞추며 고개를 끄덕이고 성의껏 이야기를 들어야 한다. 또한 부모는 하고 싶은 말이 있거나 아동과 의견이 다르더라도 아동이 이야기 하는 중에는 말을 끊지 말아야 한다. 아동과 대화하기 위해 시청 중인 TV를 끄거나 휴대전화를 끄는 것은 아동을 대화에 더 집중하게 할 뿐만 아니라 부모-자녀 관계 향상에도 긍정적인 영향을 미친다.

* 비난, 명령, 훈계, 조언하지 말아야 한다. 비난과 명령은 상대의 기분을 상하게 하고 대화를 단절시키는 원인으로 상대가 나보다 열등하다고 생각할 때 나타난다. 아동은 성인과 마찬가지로 상대가 나를 못마땅해 하거나 얕잡아보는 것을 모두 알아차릴 수 있다. 따라서 부모가 대화 중 아동을 비난하고 명령한다면 대화는 곧 단절될 것이다. 대화가 지속된다 하더라도 아동은 비난과 명령을 피하기 위해 핑계를 대고 거짓말을 할 가능성이 높다. 훈계와 조언은 아동에게 유용할 수 있지만 아동의 책임감과 독립심 향상에는 부정적인 영향을 미칠 수 있다. 또한 대부분의 훈계와 조언은 부모의 관점에서 유용한 것일 뿐 아동에게는 실질적으로 도움이 되지 않는 것이 많다. 따라서 훈계하고 조언하기보다는 아동이 스스로 해결책을 탐색하게 하고 함께 유용성을 평가해 보는 것이 더 효과적이다.

⑤ 놀이 방법

놀이는 아동의 발달을 도울 뿐만 아니라 아동과 관계를 형성하고 강화하는 데 매우 효과적인 도구이다. 많은 부모들은 놀이의 중요성을 잘 알고 있으며 자녀와 자주 놀아 주기 위해 애쓴다. 하지만 놀이 방법을 잘 알지 못하거나 잘못된 방식으로 놀아 주는 경우가 흔하다. 예를 들어, 학습을 목적으로 놀잇감을 사용하는 것을 들 수 있다. 이는 말 그대로 가르치기 위해 공책과 연필 대신 놀잇감을 사용하는 것일 뿐, 놀이라고 보기 어렵다. 장난감을 늘어놓고 몇 개인지 세어 보게 하는 것, 다양한 과일 모형을 보여주며 "이게 뭐야?"라고 묻는 것은 놀이로 보기 어렵다. 아동은 즐겁고 자신의 의도대로 통제할 수 있으며 상상을 실현할 수 있을 때 놀이로 받아들인다. 따라서 부모는 아동이 뜻대로 즐겁게 노는 것을 지켜봐 주고 아동이 요청할 때 놀이에 참여하는 방법을 배워야 한다.

아동과 잘 놀아 주기 위해 특별한 놀잇감이 필요한 것은 아니다. 이미 가지고 있는 놀잇감을 활용하면 되는데, 실생활과 관련된 놀잇감(예: 다양한 인형, 전화기, 자동차, 동물, 공룡, 그릇 등), 공격성 표출을 돕는 놀잇감(예: 큰 스펀지 칼, 군인 인형, 탱크 등), 용도가 정해지지 않은 놀잇감(예: 크레파스, 종이, 찰흙, 블록 등) 중 갖춰지지 않은 것이 있을 경우, 한두 가지만 더 마련하면 된다. 그리고 다음에 제시한 올바른 놀이 방법을 따라 아동의 놀이에 참여한다.

⌛ 행동 묘사하기

놀이 중 나타나는 아동의 행동을 말로 표현해 준다. "그걸 선택했구나.", "다른 놀이를 하기로 결정했구나.", "자동차를 쳐다보는구나."와 같이 아동이 하는 행동을 그대로 묘사해 주는 것이다. 이를 통해 아동은 부모가 자신에게 집중하고 있고 관심을 가지고 있다는 것을 알게 된다.

⌛ 감정 반영하기

얼굴 표정과 행동, 놀이를 세심하게 관찰하고 여기에 드러난 아동의 감정과 의도를 말로 표현해 준다. 아동이 블록을 높이 쌓고 웃으며 박수를 친다면 아동은 자신이 한 일에 대해 만족하고 기뻐하는 상태일 것이다. 부모는 아동의 얼굴 표정과 행동을 관찰한 것에 그치지 말고 "기쁘구나." 또는 "만족스럽구나."라고 말로 아동의 감정을 표현해 주어야 한다. 이는 아동과 부모의 관계 향상에 도움이 될 뿐만 아니라 아동이 자신의 감정을 인식하게 하는 데 긍정적인 영향을 미친다.

아동이 주도하게 하고 아동의 지시를 따르기

많은 부모가 아동과 놀이할 때 지나치게 주도적인 경향이 있다. 어떤 놀이를 할지 부모가 결정하거나 놀이를 제안하며, "이건 뭐니?"라고 물어봄으로써 부모 자신의 궁금증을 해결하려 한다. 그리고 "여기에다 둬야지.", "이렇게 만들어야지." 같은 말로 아동의 행동과 생각을 통제하기도 한다. 이러한 상황이 반복되면 놀이 시간은 아동이 아닌 부모를 위한 시간이 되고 만다. 부모는 놀이 시 모든 것을 아동이 결정할 수 있게 허용해야 한다. 아동이 부모의 의견을 묻더라도 "네가 결정할 수 있어.", "네가 원하는 대로 할 수 있어."라고 반응하여 아동에게 결정권을 주어야 한다.

부모는 놀이하는 동안 아동의 지시를 따라야 한다. 아동이 부모의 개입을 원하지 않거나 부모가 말하지 않길 원한다면 조용히 옆에 머물러 주어야 한다. 아동이 놀이에 등장하는 인물 역할(예: 엄마, 선생님)을 부여하기 전까지는 함부로 놀이에 끼어들지 않는 것이 좋다. 아동이 "아빠가 선생님을 하세요."와 같은 말로 부모를 놀이에 초대하면, 아동에게 "선생님은 뭐라고 말하면 되니?"라고 물어 아동의 의도대로 놀이가 진행될 수 있게 도와주어야 한다. 아동이 원하는 바를 알아차릴 수 없을 때에도 부모는 "난 어떻게 하면 되니?"라고 물어 아동의 의도대로 행동해 주어야 한다.

행동 제한하기

아동이 위험한 행동을 하거나 놀잇감을 파괴할 경우, 자신과 부모를 공격할 경우에는 아동의 행동을 제한해야 한다. 단호한 톤으로 제한을 전달하고 어길 시에는 놀이를 중단할 수밖에 없음을 알려 준다.

칭찬, 비난하지 않기

부모는 놀이 중 아동을 칭찬하거나 비난하지 말아야 한다. 칭찬과 비난에는 아동에 대한 판단과 평가가 포함되어 있다. 놀이는 즐거움을 추구하고 상상을 실현하는 자발적인 행위로 판단과 평가의 대상이 아니다. 따라서 부모는 아동의 놀이에 대해 잘했다 또는 잘못했다, 맞았다 또는 틀렸다라는 평가가 포함된 피드백, 즉 칭찬과 비난을 제공해서는 안 된다.

⑥ 부모 자신의 문제나 가족 갈등 다루기

부모상담의 일차적인 목적은 아동의 문제해결과 성장을 돕는 것이다. 즉, 부모상담은 아동을 돕기 위한 것이지 부모 자신의 내적인 문제를 해결에 초점을 둔 것은 아니다. 그러나 부모 중 일부는 심리적인 문제나 심각한 가족갈등을 겪는 상태일 수 있으며, 이것이 부모-자녀 관계에 영향을 미침으로써 결과적으로 아동의 문제를 악화시키는 경우가 있다. 이 경우, 부모상담자는 부모가 자신의 문제를 탐색하고 해결할 수 있게 도와야 한다.

우울, 불안, 스트레스 등 부모가 개인 내적인 문제로 부모상담에 집중할 수 없다면 부모에게 개인치료를 먼저 실시하는 것이 좋다. 부모상담자가 성인상담을 진행하기 위한 지식과 경험이 부족하다면 부모를 성인상담 전문가에게 의뢰하여 치료받을 수 있게 해야 한다.

부모상담 중 부모들은 종종 자신과 자신의 부모와의 관계 문제를 드러내기도 한다. 주로 어린 시절에 느꼈던 부모에 대한 원망이나 서운함이 표현되며 이따금 현재 배우자와의 심각한 갈등이 언급하기도 한다. 이처럼 부모가 겪는 가족갈등은 부모상담의 성과를 저해하는 요인이 된다. 부모상담자는 이를 해결하기 위해 부모의 장점, 부모가 가진 자원들을 탐색하게 하고 부부간의 의사소통 방법을 교육할 수 있다. 가족상담에 대한 이해가 깊은 부모상담자라면 가계도 그리기 등을 통해 가족에 대한 이해를 제공함으로써 부모가 부모상담에 다시 집중하게 도울 수 있다. 하지만 부모상담자가 가족상담에 대한 이해가 부족하여 부모의 가족갈등 해결을 돕기 어렵다면 가족상담자에게 부모를 의뢰하여 도움을 받게 한다.

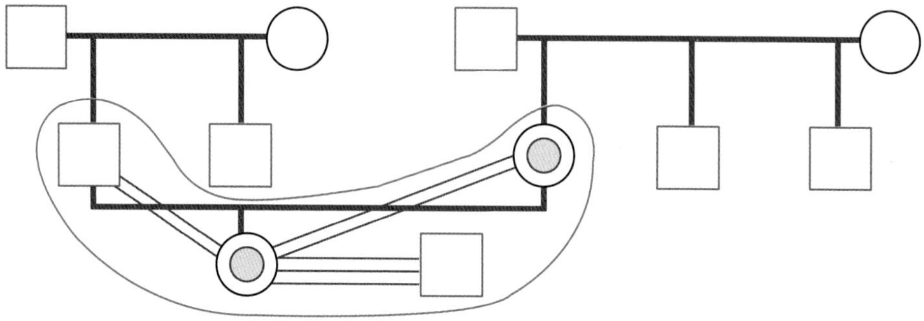

[그림 12-2] 가계도 그리기

참고 문헌

강지현·김유진·김윤경·신현정·윤난호·윤미원·윤정희·이주연·전은희·홍정애(2005). 치료놀이 사례집. 경기: 공동체.

강민혜, 이정숙(2019). 집단게임놀이치료를 통한 분노조절 프로그램이 아동의 분노표현 및 자아존중감에 미치는 효과. 영유아아동정신건강연구, 12(1), 37-56.

공윤정(2008). 상담 윤리, 상담자 전문성개발 영역 2: 상담학 Best practice 시리즈. 서울: 학지사.

곽금주(2002). 아동심리평가와 검사. 서울: 학지사.

곽금주·박혜원·김청택(2001). Korean-Wechsler Intelligence Scale for Children-III. 서울: 특수교육.

김민경·심민섭(1995). 그림을 통한 아동의 집단과 이해: HTP와 KFD를 중심으로. 서울: 학지사.

김보애(2003). 모래놀이치료의 이론과 실제. 서울: 학지사.

김순혜(2010). 현대 아동상담(11쇄). 서울: 학지사.

김승국·김옥기(1985). 사회성숙도검사. 서울: 중앙적성출판사.

김승태·김지혜·송동호·이효경·주영희·홍창희·황순택(1997). 한국아동인성검사. 서울:한국가이던스.

김영목(2008). 비극의 구조와 메커니즘. 뷔히너와 현대문학, 30, 191-223.

김영태·김경희·윤혜련·김화수(2003). 영·유아 언어발달 검사(SELSI). 파라다이스복지재단 장애아동연구소.

김유광(1998). 싸이코드라마란 무엇인가. 한국임상예술학회 학술대회 자료집, 4-25.

김유숙(2008). 아동과 청소년 심리치료. 서울: 학지사.

김윤경(2013). 야뇨증 문제를 지닌 입양아동의 치료놀이 사례. 놀이치료연구, 16(1), 63-82.

김정근·송영임(2003). 지역사회 정신보건 문제와 독서치료. 한국도서관정보학회지, 34(1), 19-41.

김정미·신희선(2006). K-CDI Korean. 서울: 학지사.

김정민·이미영(2011). 불안장애 아동을 위한 아동 CBT 집단과 아동 CBT/모 CBT 집단 간의 효과 비교. 인지행동치료, 11(1), 17-39.

김춘경(2004). 아동상담-이론과 실제-. 서울: 학지사.

김춘경(2012). 아동상담- 이론과 실제-(14쇄). 서울: 학지사.

김태련·서봉연·이은화·홍숙기(1976). 한국판 아동용 주제통각검사. 한국가이던스.

김태은, 전아정(2019). 치료놀이를 활용한 집단프로그램이 만 2세 영아의 친사회적 행동에 미치는 영향과 영아의 친사회적 행동 변화 과정. 한국보육학회지, 19(3), 183-197.

김현희·김세희·강은주·강은진·김재숙·신혜은·정선혜·김미령·박연식·배옥선·신창호·이송은·이임숙·전방실·정순·최경·홍근민(2003). 독서치료의 실제. 서울: 학지사.

노안영·송현종(2011). 상담의 원리와 기술. 서울: 학지사.

문경여·한유진(2008). 또래관계 향상을 위한 독서치료 동화 선정 및 프로그램 효과. 놀이치료연구, 12(2), 117-136.

문수백·변창진(1997). 교육심리측정도구 K-ABC. 서울: 학지사.

문혁준·서소정·김정희·김혜연·김태은·이종신(2011). 아동학개론. 서울: 창지사.

미래창조과학부·한국정보화진흥원(2013). 2012년 인터넷중독 실태조사 결과.

박경애(2011). 상담심리학. 경기: 공동체.

박진아·조성연(2011). 아동상담 교육프로그램에 의한 유치원교사의 상담인식 변화. 생애학회지, 1(2), 65-85.

박혜원·곽금주·박광배(1996). K-WPPSI. 서울: 특수교육.

서봉연·홍옥기(1995). 심리진단과 놀이치료를 위한 장면구성검사. 서울: 중앙적성출판사.

신현정(2009). 치료놀이의 이해와 적용. 서울: 학지사.

심미경·김영희·심희옥·심미경(2009). 아동상담. 서울: 창지사.

심희옥(2014). 학교와 가정에서 부적응 문제를 보이는 저소득 모자가정 초등학생 남아의 모래놀이치료 사례연구. 아동학회지, 35(1), 17-41.

오경자·이혜련·홍강의·하은혜(1997). K-CBCL 아동·청소년 행동평가척도. 서울: 중앙적성 출판사.

오경자·이혜련·홍강의·하은혜(1997). K-CBCL 아동행동평가 척도. 서울: 중앙적성출판사.

유가효·위영희·문현주·이희정·김태은(2010). 놀이치료의 이해. 서울: 양서원.

유승은·박부진(2011). 아동의 자아개념형성과 자아발달 촉진을 위한 집단 모래놀이 치료 효과. 아동학회지, 32(3), 136-157.

이동렬·박성희(2003). 상담과 심리치료. 경기: 교육과학사.

이민용(2009). 이야기와 스토리텔링의 치유적 기능. 독일언어문학, 43, 225-242.

이소라(2009). 상호작용 독서치료에서 자료의 역할과 기능. 인문학연구, 77, 287-307.

이숙·정미자·최진아·유우영·김미란(2004). 아동상담. 경기: 양서원.

이숙·정미자·최진아·유우영·김미란(2008). 아동상담. 경기: 양서원.

이순형·민하영·권혜진·정윤주·한유진·최윤경·권기남(2012). 부모교육. 서울: 학지사.

이장호(2005). 상담심리학. 서울: 박영사.

이장호·정남운·조성호(1999). 상담심리학의 기초. 경기: 학문사.

이정림·도남희·오유정(2014). 영유아의 미디어 매체 노출실태 및 보호대책 연구. 육아정책연구소.

이찬숙·신은희·이채호(2009). 발달적 독서치료 프로그램이 유아의 자아존중감과 사회적 유능감에 미치는 영향. 미래유아교육학회지, 16(1), 69-90.

이향숙·박성옥·정영선·류진아·황미영·이기영·서명원·강은주(2011). 아동상담 이론과 기법. 경기: 양서원.

임성관(2011). 다문화가정 아동을 위한 집단 독서치료 프로그램 운영. 디지털도서관, 63, 65-80.

장미경·이상희·정민정·손금옥·조은혜·유미성(2013). 아동상담의 이론과 실제(7쇄). 서울: 태영출판사.

전아정, 김태은(2018). 보육교사에 의한 아동중심 집단놀이치료가 유아의 사회성에 미치는 영향. 한국보육지원학회지, 14(6), 35-51.

정문자·제경숙·이혜란·신숙재·박진아(2011). 아동심리상담. 경기: 양서원.

정문자·제경숙·이혜란·신숙재·박진아(2013). 아동심리상담. 경기: 양서원.

정여주(2003). 미술치료의 이해-이론과 실제-. 서울: 학지사.

정인석(2006). 상담심리학의 기초. 서울: 대왕사.

조영숙(2012). 집단미술치료가 저소득층 아동의 사회성 향상에 미치는 영향에 대한 사례연구. 특수아동교육연구, 14(1), 291-314.

조용태(2003). 통합교육의 이해. 서울: 특수교육.

조효숙·이진숙(2008). 독서치료 프로그램이 저소득층 아동의 우울, 자아존중감, 정서조절능력에 미치는 효과. 놀이치료연구, 12(3), 105-123.

차영희(2010). 유·아동 상담의 기초. 서울: 창지사.

최명선(2011). 아동상담 처음부터 끝까지. 한국학술정보: 이담 Books.

최영희·김영희·심희옥·심미경(2009). 아동상담. 서울: 창지사.

최인경·최선남(2009). 인지행동 집단미술치료가 저소득층 아동의 분노표현과 자아존중감에 미치는 효과 -소조활동을 중심으로-. 상담학연구, 10(2), 1097-1112.

최혜원, 최연실(2019). 다문화가족 학령기 아동의 사회적 기술 향상을 위한 해결중심 집단미술치료 프로그램의 효과성 검증. 가족과 가족치료, 27(4), 549-570.

홍경자(2001). 상담의 과정. 서울: 학지사.

황순자(1995). 무속에 나타난 예술적 요소와 예술심리치료. 교육연구논총, 17(1), 201-219.

Achenbach, J. M., & Edelbrock(1983). Manual for the child behavior checklist and revised child behavior profile.

Achenbach, T. M.(1991). *Manual for the Child Behavior Checklist/4-18 and 1991 Profile*. Burington, VT: University of Vermont Department of Psychiatry.

Achenbach, T. M.(1995). Developmental issues in assessment, taxonomy, and diagnosis of child and adolescent psychopathology. In D. Cicchetti & D. J. Cohen (Eds.). *Developmental psychopathology. Vol. I : Theory and methods*(pp. 57- 80). New York: Wiley.

American Counseling Association(2005). *Code of ethics and standards of practice*. Alexandria, VA: Author.

American Psychiatric Association(2013). *Diagnostic and Statistical Manual of Mental Disorders-5th edition*(DSM-5). Washington, DC: Author.

American Psychological Association, Division of Counseling Psychology, Committee on Definition(1956). *Counseling Psychology*, 11, 282–285.

Atkinson, D. R.(2002). *Counseling American minorities: A cross-cultural perspective* (6th ed.) New York: McGraw-Hill.

Bellak, & Bellak(1949). An introductory Note on the Children's Apperception Test(CAT).

Belsky, J.(1988). The effects of infant day care reconsidered. *Early Childhood Research Quarterly*, *3*, 235–272.

Bender, L.(1938). *Bender-Gestalt Test*.

Blanco, P. J., & Ray, D. C.(2011). Play therapy in elementary schools: A best practice for improving academic achievement. *Journal of Counseling & Development*, 89, 235–243.

Booth, P. B., & Jernberg, A. M.(2009). *Theraplay: Helping parents and children build better relationships through attachment-based play*. New York: John Wiley & Sons.

Bowlby, J.(1988). Attachment, communication and the therapeutic process. In J. Bowlby(Ed.), *A secure base: Clinical applications of attachment theory*(pp. 137–157). London: Routledge.

Brammer, L.(1988). *The helping relationship: Process and skills*. Englewood Cliffs, N.J.: Prentice-Hall.

Brems, C.(1993). *A comprehensive guide to child therapy*. Needham Heights, MA: Allyn & Bacon.

Brofenbrenner, U.(1993). The ecology of cognitive development: Research models and fugitive findings. In R. H. Wozniak & K. W. Fisher(Eds.), *Development in context* (pp. 3–44). Hillsdale, NJ: Erlbaum.

Burton, L.(1995). Using a dog in an elementary school counseling program. *Elementary School Guidance and Counseling*, *29*(3), 236–240.

Coleman, J., Morris, C., & Glaros, A.(1987). *Contemporary psychology and effective behavior*. Glenview, IL: Scott, Foresman.

Conway, R. N. F., & Gow, L.(1988). Mainstreaming special class students with mild handicaps through group instruction. *Remedial and Special Education*, *9*(5), 34–41.

Davis, N.(1989). The use of therapeutic stories in the treatment of abused children. *Journal of Strategic and Systemic Therapies*, *8*, 18–23.

Dodge, K. A., & Feldman, E.(1990). Issues in social cognition and sociometric status. In S. R. Asher & J. D. Coi(Eds.), *Peer rejection in childhood*(pp. 119–155). Cambridge, MA: Cambridge University Press.

Doll, B., & Doll, C.(1997). *Bibliotherapy with young people: Librarians and mental health professionals working together*. Englewood, Colorado: Libraries Unlimited, Inc.

Doll, E. A.(1991). *Vineland social maturity scale: Condensed manual of directions*. Minesota: America Guidance Service.

DuPaul, G.(1991). *Parents and Teacher Rating of ADHD Symptoms*.

Elkind, D.(1994). *All grown up and no place to go*. Reading, MA: Addison–Wesley.

Ellis, A. (2001). *Overcoming destructive beliefs, feelings, and behaviors: New directions for rational emotive behavior therapy*. New York: Prometheus Books.

Erikson, E.(1968). *Identity, youth, and crisis*. New York: Norton.

Frankenburg, W. K., Dodds, J. et al.(1988). Denver Developmental Screening Test Ⅱ(Baley Scales of Infant Development, 1967; 1993), (Developmental Observation Checklist System, 1994), (Developmental Assessment of Young Children, 1998), (K–DIAL–3, 전병운·조광순·이준석, 2004).

Friedberg, R. D., & McClure, J. M.(2002). *Clinical practice of cognitive therapy with children and adolescents: The nuts and bolts*. New York: Guilford.

Geldard, K., & Geldard, D.(1997). *Counseling children: A practical introduction*. Thousand Oaks, A Sage Publications Ltd.

Geldard, K., & Geldard, D.(2008). *Counseling children- A practical introduction(3rd ed.)*. LA: Sage Publication Inc.

Ginsburg, K. R.(2007). The importance of play in promoting healthy child development and maintaining strong parent–child bonds. *Pediatrics, 119*(1), 182–191.

Giordano, M., Landreth, G., & Jones, L.(2005). *A practical handbook for building the play therapy relationship*. Maryland: Jason Aronson.

Gladding, S.(1995). *Family therapy: History, theory, and practice*. Englewood Cliffs, NJ: Prentice Hall.

Gumaer, J.(1984). *Counseling and therapy for children*. New York: Free Press.

Hammer(1958). *The clinical application of projective drawings*. Springfield, IL: Charles C Thomas.

Henderson, D. A., & Thompson, C. L.(2011). *Counseling children*(8th ed.). Bermont, CA: Brooks/Cole.

Hoghughi, M.(1992). *Assessing child and adolescent disorders: A practice manual*. London: Sage Publications.

Jernberg, A. M.(1979). *Theraplay: A new treatment using structured play for problem children and their families*. San Francisco: Jossey-Bass.

Kamphaus, R. W., & Reynolds, C. R.(1987). *Clinical and reserch applications of the K-ABC. American guidence Services*. NM: Circle Pines.

Kaufman, A., & Kaufman, N.(1979). Dimensions of problem behaviors of emotionally disturbed children as seen by their parents and teacher. *Psychology in the Schools*, *16*, 207–217.

Kaufman, A. S.(1980). Kaufman Assessment Battery for Children: K-ABC.

Keat, D. B.(1990). Change in child multimodal counseling. *Elementary School Guidance and Counseling*, 24, 4.

Kenny, D. T. (2018). *From id to intersubjectivity: Talking about the talking cure with master clinicians*. Routledge.

Landreth, G.(1991). *Play therapy: The art of the relationship*. Muncie, IN: Accelerated Development.

Lawrence, G., & Kurpius, S. E. R.(2000). Legal and ethical issues involved when counseling minors in non-school settings. *Journal of Counseling and Development*, 78, 130– 136.

LeVine, E., & Salee, A.(1992). *Listen to our children: Clinical theory and prctice*(2nd ed.). Dunuque, IA: Kendall-Hunt.

Malchiodi, C. A.(2003). *Handbook of art therapy*. New York: Guilford Press.

Malchiodi, C. A.(2005). *Expressive therapies*. New York: Guilford Press.

Marsh, E. J., & Wolfe, D. A.(2010). *Abnormal child psychology*(4th ed.). Bermont, CA: Wadsworth.

Maslow, A.(1970). *Motivation and personality*(2nd ed.). New York: Harper & Row.

Mattin, D. J., Graske, M. K., & Davis, M. K.(2000). Relation of therapeutic alliance with outcome and meta-analytic review. *Journal of Consulting and Clinical Psychology*, 68, 438-450.

Merydith, S. P., Prout, H. T., & Blaha, J.(2003). Social desirability and behavioral rating scales: An exploratory study with the child behavior checklist: 4-18. *Psychology in the Schools, 40*, 225-235.

Nystul, M. S.(2003). *Introduction to counseling: An art ad science perspective*, Boston: Allyn & Bacon.

O'Brien, M.(1993). Pets as counselors. *Elementary School Guidance and Counseling, 4*, 308.

O'connor, K.(2001). 놀이치료 입문. (송영혜·윤지현 역. 원제: The play therapy primer). 서울: 시그마프레스. (원저 1991년 출판).

Psychometric Properties in a Community-Based Sample. *Journal of Clinical Child Psychology, 20*, 245-253.

Ray, D., Bratton, S., Rhine, T., & Jones, L.(2001). The effectiveness of play therapy: Responding to the critics. *International Journal of Play Therapy, 10*(1), 85-108.

Reid, S. E.(2001). The psychology of play and games. In C. E. Schaefer & S. E. Reid(Eds.), *Game play: Therapeutic use of childhood games*(2nd ed.). New York: Wiley. 1-36.

Remley, T. P., & Herlihy, B.(2005). *Ethical, legal, and professional issues in counseling* (2nd ed.). Upper Saddle River, NJ: Merrill.

Schaefer, C., & Reid, S.(1986). *Game play: Therapeutic use of childhood games*. New York: Wiley.

Selman, R. L.(1980). *The growth of interpersonal understanding: Developmental and clinical analyses*. New York: Academic Press.

Steinberg, L.(2007). Risk taking in adolescence: New perspectives from brain and behavioral science. *Current Directions in Psychological Science*, 16, 55-59.

Surgeon General(2000). Children and mental health(pp. 124-220). In *Mental health: A report of the Surgeon General*. Retrieved from www. surgeongeneral.gov/library/ mentalhealth/ toc.html.

Sutton-Smith, B., & Roberts, J.(1971). The cross cultural and psychological study of games. *International Review of Sports Sociology, 6*, 79-87.

Thompson, C. L., & Henderson, D. A.(2007). *Counseling children*(7th ed.). Belmont, CA: Thomson.

Trice-Black, S., Bailey, C. L., & Kiper-Riechel, M.(2013). Professional school counseling. *Play therapy in school counseling, 16*(5), 303-312.

Trivedi, L., & Peal, J.(1995). Animal facilitated counseling in the elementary school: A literature review and practical considerations. *Elementary School Guidance and Counseling, 29*(3), 223-234.

Turner, B. A.(2009). 모래놀이치료핸드북. (김태련 외 15인 공역. 원제: The handbook of sand play therapy). 서울: 학지사. (원저 2005년 출판).

VanFleet, R., Sywulak, A. E., & Sniscak, C. C.(2010). *Child-centered play therapy*. New York: Guilford Press.

Vygotsky, L.(1978). *Mind in society: The development of higher psychological processes*. Cambridge, MA: Harvard University Press.

Wadsworth, B.(2003). *Piaget's theory of cognitive and affective development: Foun-dations of constructivism*(5th ed.). Boston: Allyn & Bacon.

Wallerstein, J., & Kelly, J.(1996). *Surviving the breakup: How children and parents cope with divorce*. New York: Basic Books.

Watamura, S., Donzella, B., Alwin, J., & Gunnar, M.(2003). Morning-to-afternoon increase in cortisol concentrations for infants and toddlers at child care: Age differences and behavior correlates. *Child Development*, 74(4), 1006-2010.

WECHSLER(1974). *Manual WISC-R: Wechsler intelligence scale for children—Revised*. New York: Psychological Corporation.

Welfel, E. R.(2006). *Ethics in counseling and psychotherapy: Standards, research, and emergind issues*(3rd ed.). Pacific Grove, CA: Brooks/Cole.

Wenar, C., & Kerig, P.(2006). 발달정신병리학 -영아기부터 청소년기까지-. (이춘재 외 공역. 원제: Developmental Psychopathology). 서울: 박학사. (원저 2004년 출판).

Wertheimer, M.(1923). Untersuchungen zur Lehre con der Gestalt: Ⅱ. *Psychologische Forschung, 4*, 301-350.

Williamson, G. G., & Anzalone, M. E.(2001). *Sensory integration and self-regulation in infants and toddlers: Helping very young children interact with their environment*. Washington D.C.: Zero to Three Press.

Wright, J. H., Basco, M. R., & Thase, M. E.(2009). 인지행동치료. (김정민 역. 원제: Learning cognitive-behavior therapy). 서울: 학지사. (원저 2005년 출판).

Yalom, I. D.(1995). *The theory and practice of group psychotherapy*. New York: Basic Books.

〈인터넷 사이트〉

위키백과사전. http://ko.wikipedia.org

American Art Therapy Association(미국미술치료학회). http://www.arttherapy.org/

American Library Association(미국도서관협회). http://www.ala.org/

National Coalition of Creative Arts Therapies Associations(국제통합예술치료협회). http://www.nccata.org/

저자 소개

문혁준

가톨릭대학교 아동학전공 교수

김정민

명지대학교 아동학과 교수

김태은

한양사이버대학교 아동학과 교수

양성은

인하대학교 아동심리학과 교수

이진숙

전북대학교 아동학과 교수

이희선

가천대학교 유아교육과 교수

아동상담과 치료

초판 1쇄 발행 2021년 3월 19일
초판 2쇄 발행 2023년 7월 14일

지 은 이 | 문혁준 · 김정민 · 김태은 · 양성은 · 이진숙 · 이희선
펴 낸 이 | 김기섭
책임편집 | 이현남
펴 낸 곳 | www.changjisa.com
08589 서울시 금천구 가산디지털 1로 83 파트너스타워1차 9층
전화 (02) 719-2211~3
팩스 (02) 701-9386
등 록 | 1977년 4월 28일 · 제1-421호

ISBN 978-89-426-1434-9 (93370)

값 17,000원